中华人民共和国
最高人民法院案例选

第七辑

中国应用法学研究所 主编

法律出版社
LAW PRESS·CHINA
北京

图书在版编目(CIP)数据

中华人民共和国最高人民法院案例选. 第七辑 / 中国应用法学研究所主编. -- 北京 : 法律出版社, 2023
ISBN 978-7-5197-7647-3

Ⅰ. ①中… Ⅱ. ①中… Ⅲ. ①案例-汇编-中国 Ⅳ. ①D920.5

中国国家版本馆 CIP 数据核字(2023)第 038772 号

中华人民共和国最高人民法院案例选
(第七辑)
ZHONGHUA RENMIN GONGHEGUO ZUIGAO RENMIN FAYUAN ANLI XUAN(DI-QI JI)

中国应用法学研究所 主编

策划编辑 朱 峰
责任编辑 韩泓宇 马秋婧
装帧设计 臧晓飞

出版发行 法律出版社
编辑统筹 辞书·融出版编辑部
责任校对 王 丰
责任印制 吕亚莉
经 销 新华书店

开本 710 毫米×1000 毫米 1/16
印张 20.75 字数 316 千
版本 2023 年 3 月第 1 版
印次 2023 年 3 月第 1 次印刷
印刷 天津嘉恒印务有限公司

地址:北京市丰台区莲花池西里 7 号(100073)
网址:www.lawpress.com.cn
投稿邮箱:info@lawpress.com.cn
举报盗版邮箱:jbwq@lawpress.com.cn

销售电话:010-83938349
客服电话:010-83938350
咨询电话:010-63939796

书号:ISBN 978-7-5197-7647-3
定价:129.00 元

评析”等八大要素,格式规范,要素齐全,便于阅读与检索。

通过《最高人民法院案例选》中英文版的出版,我们希望借此实现以下目的:一是完善案例指导制度,促进法律适用标准统一。丛书系统编辑出版最高人民法院每年审结的经典案例,希望能够指导各级人民法院审判工作,统一司法标准,规范法官自由裁量权,实现类案类判,促进司法公正、维护法制统一,树立人民法院的司法权威和司法公信,有效预防法律风险。二是传播司法理念,促进法治中国建设。丛书通过以案说法的方式,向人民群众传达最高人民法院对当下经济、文化、科技和社会生活发展中出现的新型、疑难、复杂问题的裁判理念和裁判方法,希望通过典型案例弘扬法治、彰显正义、惩恶扬善,向社会传播司法理念,提供正确指引。三是贡献中国司法智慧,促进国际司法文化交流。丛书面向全世界发行中英文版,用中国声音讲述中国司法故事,生动直观地展示中国特色社会主义法治的成就和经验,推进中外司法案例的比较研究,促进国际司法文化交流,传播中国特色社会主义法治理念。特别是在全面深化改革开放和建设人类命运共同体的关键时期,丛书对于中国法治文化“走出去”、推进“一带一路”法治合作和建设,向国际社会展示中国特色社会主义司法制度的优越性,为全球治理贡献中国司法智慧和司法经验,传播中华司法文明,具有深远影响。

编辑委员会

2023 年 2 月

序　言

中华人民共和国最高人民法院作为国家最高审判机关，每年审结大量重大、疑难案件，对中国法治进程产生重大影响，为世界贡献了中国司法智慧。为充分发挥最高人民法院案例的法律价值和社会功能，实现以案例“服务司法审判实践、服务经济社会发展、服务法学教育研究、服务中外法学交流、服务法治中国建设”的目标，经最高人民法院批准，自2018年开始，由中国应用法学研究所编译出版《中华人民共和国最高人民法院案例选》（以下简称《最高人民法院案例选》）中英文版，面向海内外发行。

《最高人民法院案例选》所收录案例，均由最高人民法院各审判执行部门严格筛选。这些案例在揭示或阐明法律适用规则、确立新的裁判方法、填补法律漏洞或空白等某一方面或某些方面具有典型意义。案例撰写者均为案件的主审法官，是最高人民法院各审判业务领域的专家，具有精深的法律素养和丰富的裁判经验，熟悉案件事实、审理思路、裁判方法和法律适用，能够最直观、最清晰、最准确地向读者传达案件裁判的司法过程、方法和理念。

《最高人民法院案例选》分为三大板块：（1）“大法官案例”栏目，选取由最高人民法院院领导（大法官）担任审判长审理的、在全国乃至全球具有重大影响的案件。（2）“指导性案例”栏目，选取最高人民法院发布的指导性案例，反映影响中国司法进程的热点、前沿、疑难案件，以发挥案例对统一法律适用及其对相关法律问题的预判和预警作用。（3）“典型案例”栏目，广泛选取刑事、民商事与执行、知识产权、海事海商、行政等典型案例，集中体现最高人民法院当年在各个审判领域的最新探索和裁判成果。

编辑者通过考察国内外司法案例的体例设计，兼顾不同法系读者的阅读习惯，用副标题准确点明案例的核心法律问题和焦点所在，并用“裁判摘要”的通用表达方式，准确阐明案例贡献的裁判规则。每篇案例体例包括：“标题”“副标题”“裁判摘要”“案件基本信息”“简要案情”“案件焦点”“裁判结果”“裁判摘要

中华人民共和国

最高人民法院案例选

（第七辑）

编辑委员会

中 华 人 民 共 和 国

最高人民法院案例选

（第七辑）

编审委员会

法律、法规、司法解释及其他规范性文件简称表

序号	全　　称	简　　称
1	《中华人民共和国民法典》	《民法典》
2	《中华人民共和国环境保护法》	《环境保护法》
3	《中华人民共和国民法通则》	《民法通则》
4	《中华人民共和国合同法》	《合同法》
5	《中华人民共和国公司法》	《公司法》
6	《中华人民共和国会计法》	《会计法》
7	《中华人民共和国担保法》	《担保法》
8	《中华人民共和国合伙企业法》	《合伙企业法》
9	《中华人民共和国侵权责任法》	《侵权责任法》
10	《中华人民共和国企业破产法》	《企业破产法》
11	《中华人民共和国民法总则》	《民法总则》
12	《中华人民共和国招标投标法》	《招标投标法》
13	《中华人民共和国物权法》	《物权法》
14	《中华人民共和国反垄断法》	《反垄断法》
15	《中华人民共和国行政处罚法》	《行政处罚法》
16	《中华人民共和国专利法》	《专利法》
17	《中华人民共和国行政诉讼法》	《行政诉讼法》
18	《中华人民共和国食品安全法》	《食品安全法》
19	《中华人民共和国种子法》	《种子法》
20	《中华人民共和国涉外民事关系法律适用法》	《涉外民事关系法律适用法》

续表

序号	全　　称	简　　称
21	《中华人民共和国劳动法》	《劳动法》
22	《中华人民共和国社会保险法》	《社会保险法》
23	《中华人民共和国民事诉讼法（试行）》	《民事诉讼法（试行）》
24	《中华人民共和国民事诉讼法》	《民事诉讼法》
25	《中华人民共和国著作权法》	《著作权法》
26	《中华人民共和国反不正当竞争法》	《反不正当竞争法》
27	《中华人民共和国药品管理法》	《药品管理法》
28	《中华人民共和国土地管理法》	《土地管理法》
29	《中华人民共和国国家赔偿法》	《国家赔偿法》
30	《中华人民共和国水污染防治法》	《水污染防治法》
31	《中华人民共和国环境噪声污染防治法》	《环境噪声污染防治法》
32	《中华人民共和国固体废物污染环境防治法》	《固体废物污染环境防治法》
33	《中华人民共和国环境影响评价法》	《环境影响评价法》
34	《中华人民共和国著作权法实施条例》	《著作权法实施条例》
35	《中华人民共和国商标法实施细则》	《商标法实施细则》
36	《中华人民共和国招标投标法实施条例》	《招标投标法实施条例》
37	《中华人民共和国政府信息公开条例》	《政府信息公开条例》
38	《中华人民共和国渔业港航监督行政处罚规定》	《渔业港航监督行政处罚规定》
39	《全国人民代表大会常务委员会关于修改〈中华人民共和国招标投标法〉、〈中华人民共和国计量法〉的决定》	《关于修改〈招标投标法〉、〈计量法〉的决定》
40	《最高人民法院关于审理环境民事公益诉讼案件适用法律若干问题的解释》	《环境民事公益诉讼司法解释》
41	《最高人民法院关于适用〈中华人民共和国民事诉讼法〉的解释》	《民事诉讼法司法解释》
42	《最高人民法院关于民事执行中变更、追加当事人若干问题的规定》	《关于民事执行中变更、追加当事人的规定》

续表

序号	全　　称	简　　称
43	《最高人民法院关于人民法院执行工作若干问题的规定（试行）》	《关于人民法院执行工作若干问题的规定（试行）》
44	《最高人民法院关于人民法院民事执行中拍卖、变卖财产的规定》	《拍卖变卖规定》
45	《最高人民法院关于适用〈中华人民共和国公司法〉若干问题的规定（四）》	《公司法规定（四）》
46	《最高人民法院关于审理买卖合同纠纷案件适用法律问题的解释》	《审理买卖合同纠纷案件司法解释》
47	《最高人民法院关于审理建设工程施工合同纠纷案件适用法律问题的解释》	《建设工程施工合同司法解释》
48	《最高人民法院关于审理建设工程施工合同纠纷案件适用法律问题的解释（一）》	《建设工程施工合同司法解释（一）》
49	《最高人民法院关于审理建设工程施工合同纠纷案件适用法律问题的解释（二）》	《建设工程施工合同司法解释（二）》
50	《最高人民法院关于适用〈中华人民共和国担保法〉若干问题的解释》	《担保法司法解释》
51	《最高人民法院关于适用〈中华人民共和国民法典〉有关担保制度的解释》	《民法典担保制度司法解释》
52	《最高人民法院关于审理专利授权确权行政案件适用法律若干问题的规定（一）》	《审理专利授权确权行政案件的规定（一）》
53	《最高人民法院关于知识产权民事诉讼证据的若干规定》	《知识产权民事诉讼证据规定》
54	《最高人民法院关于审理因垄断行为引发的民事纠纷案件应用法律若干问题的规定》	《审理因垄断行为引发的民事纠纷案件的规定》
55	《最高人民法院关于人民法院办理执行异议和复议案件若干问题的规定》	《关于人民法院办理执行异议和复议案件若干问题规定》
56	《最高人民法院关于审理侵害知识产权民事案件适用惩罚性赔偿的解释》	《知识产权惩罚性赔偿司法解释》
57	《最高人民法院关于审理侵害植物新品种权纠纷案件具体应用法律问题的若干规定（二）》	《审理侵害植物新品种权纠纷案件的规定（二）》

续表

序号	全　称	简　称
58	《最高人民法院关于审理技术合同纠纷案件适用法律若干问题的解释》	《技术合同司法解释》
59	《最高人民法院关于适用〈中华人民共和国合同法〉若干问题的解释（二）》	《合同法解释（二）》
60	《最高人民法院关于审理侵犯专利权纠纷案件应用法律若干问题的解释》	《审理侵犯专利权纠纷案件司法解释》
61	《最高人民法院关于审理侵犯专利权纠纷案件应用法律若干问题的解释（二）》	《审理侵犯专利权纠纷案件司法解释（二）》
62	《最高人民法院关于审理商标授权确权行政案件若干问题的规定》	《审理商标授权确权行政案件规定》
63	《最高人民法院关于审理商标授权确权行政案件若干问题的意见》	《审理商标授权确权行政案件若干问题的意见》
64	《最高人民法院关于审理行政赔偿案件若干问题的规定》	《关于审理行政赔偿案件若干问题的规定》
65	《最高人民法院关于适用〈中华人民共和国行政诉讼法〉的解释》	《行政诉讼法司法解释》
66	《最高人民法院关于行政诉讼证据若干问题的规定》	《行政诉讼证据规定》
67	《最高人民法院、最高人民检察院、公安部关于办理非法集资刑事案件适用法律若干问题的意见》	《办理非法集资刑事案件适用法律若干问题的意见》
68	《最高人民法院关于审理民事、行政诉讼中司法赔偿案件适用法律若干问题的解释》	《审理民事、行政诉讼中司法赔偿案件司法解释》
69	《最高人民法院关于人民法院民事调解工作若干问题的规定》	《人民法院民事调解工作规定》
70	《最高人民法院关于在执行工作中如何计算迟延履行期间的债务利息等问题的批复》	《在执行工作中如何计算迟延履行期间的债务利息等问题的批复》
71	《最高人民法院关于审理工伤保险行政案件若干问题的规定》	《审理工伤保险行政案件若干问题的规定》
72	《最高人民法院关于审理政府信息公开行政案件若干问题的规定》	《审理政府信息公开行政案件的规定》

目　　录

指导性案例

北京市朝阳区自然之友环境研究所与中国水电顾问集团新平开发有限公司、中国电建集团昆明勘测设计研究院有限公司生态破坏民事公益诉讼案
——“损害社会公共利益重大风险”的判断 …… 3

典型案例

民商事与执行

王某与马某合同纠纷指定管辖案
——管辖协议约定不明时管辖法院的确定 …… 17

青岛广和源集团有限公司与青岛金轩置业有限公司不当得利纠纷案
——给付型不当得利纠纷中“没有合法根据”的证明责任分配 …… 27

阿特拉斯设备有限公司与河北阿特拉斯设备制造有限公司股东知情权纠纷案
——股东可以查阅原始凭证和记账凭证的前提条件 …… 34

中国十五冶金建设集团有限公司与戴某建设工程分包合同纠纷案
——总承包人因垫付工程款与分包人之间的纠纷仍适用专属管辖的规定 …… 45

江苏南通二建集团有限公司与上海农村商业银行股份有限公司浦东分行、上海佳程房地产开发有限公司等建设工程施工合同纠纷案
——承包人出具虚假的工程款收款证明对其行使建设工程价款优先受偿权的影响 …… 53

惠元（厦门）房地产发展有限公司与中铁二局集团有限公司、中铁二局建设有限公司建设工程施工合同纠纷案
——承发包双方签订的与中标合同内容不一致的补充协议能否作为确定双方权利义务的依据 …… 64

中国有色金属工业第六冶金建设有限公司与信阳捷鸣土石方工程有限公司等建设工程施工合同纠纷案
——BT模式下项目投资人对实际施工人付款责任的认定 …… 74

中原再担保集团股份有限公司与河南方欣米业集团股份有限公司管理人责任纠纷案
——股权质权人能否代位投资人（股东）在公司破产重整程序中行使股东权利 …… 82

国电电力发展股份有限公司与贾某、国电燃料有限公司等与公司有关的纠纷案
——小股东提起股东代表诉讼时的法律适用 …… 91

周某与三台县斌莉水力发电站变更、追加被执行人执行争议案
——个人独资企业转让后不能直接变更被执行人 …… 101

重庆建工第七建筑工程有限责任公司与都兰县水利局建设工程合同执行复议案
——执行回转孳息计算标准的法律适用 …… 112

深圳市基础工程有限公司与云浮泓泰投资置业有限公司建设工程施工合同纠纷执行监督案
——顺位在后债权人接受以物抵债时受偿债权金额的计算 …… 131

知识产权

台州市路桥吉利机动车驾驶培训有限公司等与台州市路桥区东港汽车驾驶培训学校等 13 家驾培单位横向垄断协议纠纷案
——垄断协议豁免的证明责任及条款效力的认定 …………………… 138

海南盛华建设股份有限公司诉海南省市场监督管理局反垄断行政处罚案
——垄断协议行政处罚数额的司法审查 ………………………………… 149

四川新绿色药业科技发展有限公司诉国家知识产权局发明专利权无效行政纠纷案
——专利行政诉讼中新证据的审查 …………………………………… 157

江苏亲耕田农业产业发展有限公司与江苏省金地种业科技有限公司侵害植物新品种权纠纷案
——《种子法》中销售行为的界定及其惩罚性赔偿规制 ………… 165

娱美德有限公司与亚拓士软件有限公司等侵害计算机软件著作权、确认合同无效纠纷案
——共有著作权权利的行使问题 ……………………………………… 175

石家庄泽兴氨基酸有限公司、河北大晓生物科技有限公司与北京君德同创生物技术股份有限公司侵害技术秘密纠纷案
——技术许可合同保密期限届满后保密义务的负担 ……………… 184

胡某某与岳某侵害实用新型专利权纠纷案
——实用新型专利中功能性特征内容的认定 ………………………… 195

格吕伦塔尔有限公司诉国家知识产权局发明专利无效行政纠纷案
——化合物新晶型的创造性判断 ……………………………………… 201

未某某与得力富企业股份有限公司侵害计算机软件著作权纠纷案
——技术措施有效性的认定 …………………………………………… 205

江苏靶标生物医药研究所有限公司、常州南京大学高新技术研究院诉国家知识产权局发明专利申请驳回复审行政纠纷案
——相关技术领域公知常识的认定与证明 …… 212

诺奥思诉国家知识产权局商标申请驳回复审行政纠纷案
——英文商标显著性的司法审查标准 …… 218

东方风行（北京）传媒文化有限公司诉国家知识产权局商标异议复审行政纠纷案
——对《商标法》第32条后半段的审查 …… 225

广州赖特斯商务咨询有限公司与双飞人制药股份有限公司及一审被告广州医药有限公司、深圳市立丰医药有限公司等侵害商标权及不正当竞争纠纷案
——商标侵权诉讼中商标在先使用是否成立的判断 …… 233

华润（集团）有限公司、华润知识产权管理有限公司与成都市金牛区华润灯饰商店侵害商标权及不正当竞争纠纷案
——类似服务及公民姓名合理使用的判定 …… 239

行政

高某某诉山东省枣庄市山亭区人民政府行政赔偿案
——保障原有生活水平不降低原则在涉集体土地征收类行政赔偿案件中的适用 …… 247

王某某诉山东省日照市东港区人民政府行政赔偿案
——公平补偿原则的参照适用 …… 257

金月亮林业发展有限公司、吴某甲申请南宁市公安局刑事违法查封、扣押、冻结赔偿案
——争点效理论在国家赔偿案件中的应用 …… 265

蔡某某申请安徽省宿州市中级人民法院错误执行赔偿案
——错误执行侵犯债权时赔偿范围的界定 …… 271

周某某诉广东省东莞市人民政府工伤行政复议案
——劳动者被认定工伤的权利不因其与工伤责任主体达成并履行民事赔偿协议而排除 …… 280

海南亿隆城建投资有限公司诉海南省文昌市人民政府、文昌市生态环境局罚款及行政复议案
——行政机关应准确界定违法主体及违法责任 …… 289

文昌盈海清澜水务有限公司诉海南省文昌市生态环境局、海南省文昌市人民政府环保行政处罚及行政复议案
——实施行政处罚应当审慎与善意，考虑当事人主观过错，坚持过罚相当 …… 301

万某某诉江西省丰城市人民政府政府信息公开案
——政府信息公开案件中公开义务机关的判断 …… 312

附录　中华人民共和国最高人民法院案例选电子书二维码 …… 318

指导性案例

北京市朝阳区自然之友环境研究所
与
中国水电顾问集团新平开发有限公司、
中国电建集团昆明勘测设计研究院有限公司
生态破坏民事公益诉讼案

——“损害社会公共利益重大风险”的判断

【裁判摘要】

人民法院审理环境民事公益诉讼案件，应当贯彻保护优先、预防为主原则。原告提供证据证明项目建设将对濒危野生动植物栖息地及生态系统造成毁灭性、不可逆转的损害后果的，人民法院应当从被保护对象的独有价值、损害结果发生的可能性、损害后果的严重性及不可逆性等方面，综合判断被告的行为是否具有《环境民事公益诉讼司法解释》第 1 条规定的“损害社会公共利益重大风险”。

【案件基本信息】

1. 诉讼当事人

再审申请人（一审原告、二审上诉人）：北京市朝阳区自然之友环境研究所（以下简称自然之友环境研究所）

被申请人（一审被告、二审上诉人）：中国水电顾问集团新平开发有限公司（以下简称新平开发公司）

被申请人（一审被告、二审被上诉人）：中国电建集团昆明勘测设计研究院有限公司（以下简称昆明设计院）

---

* 本书“有章”二维码中的内容为裁判文书原文。——编者注

2. 案件索引与裁判日期

一审：云南省昆明市中级人民法院（2017）云 01 民初字 2299 号判决（2020 年 3 月 16 日）

二审：云南省高级人民法院（2020）云民终 824 号判决（2020 年 12 月 22 日）

再审审查：最高人民法院（2021）最高法民申 3881 号裁定（2021 年 11 月 22 日）

3. 案由

生态破坏民事公益诉讼

【简要案情】

戛洒江一级水电站工程由新平开发公司开发建设，昆明设计院是该工程总承包方及受托编制《云南省红河（元江）干流戛洒江一级水电站环境影响报告书》（以下简称《环境影响报告书》）的技术单位。戛洒江一级水电站坝址位于云南省新平县，下游距新平县水塘镇约 6.5 千米，电站采用堤坝式开发，坝型为混凝土面板堆石坝，最大坝高 175.5 米，水库正常蓄水位 675 米，淹没区域涉及红河上游的戛洒江、石羊江及支流绿汁江、小江河。水库淹没影响和建设征地涉及新平县和双柏县 8 个乡（镇）。戛洒江一级水电站项目建设自 2011—2014 年分别取得了国家发展和改革委员会、国土资源部[1]、环境保护部[2]等多个相关主管部门关于用地、环评、建设等批复和同意。2017 年 7 月 21 日，环境保护部办公厅向新平开发公司发出《关于责成开展云南省红河（元江）干流戛洒江一级水电站环境影响后评价的函》，责成新平开发公司就该项目建设开展环境影响后评价，采取改进措施，并报环境保护部备案。后评价工作完成前，不得蓄水发电。2017 年 8 月至今，新平开发公司主动停止对戛洒江一级水电站建设项目的施工。按工程进度，戛洒江一级水电站建设项目已完成“三通一平”工程并修建了导流洞。

〔1〕 根据 2018 年国务院机构改革方案，组建自然资源部，不再保留国土资源部。

〔2〕 根据 2018 年国务院机构改革方案，成立生态环境部，不再保留环境保护部。

绿孔雀为典型热带、亚热带林栖鸟类，主要在河谷地带的常绿阔叶林、落叶阔叶林及针阔混合林中活动，杂食类，为稀有种类，属国家一级保护动物，在《中国濒危动物红皮书》中列为“濒危”物种。就绿孔雀相关问题，昆明市中级人民法院发函云南省林业和草原局，2019 年 4 月 4 日，云南省林业和草原局进行了函复。此后，昆明市中级人民法院又向该局调取了其编制的《元江中上游绿孔雀种群现状调查报告》，该报告载明戛洒江一级水电站建成后，蓄水水库将淹没海拔 680 米以下河谷地区，将对绿孔雀目前利用的沙浴地、河滩求偶场等适宜栖息地产生较大影响。同时，由于戛洒江一级水电站的建设，淹没区公路将改造重修，也会破坏绿孔雀等野生动物适宜栖息地。对暂停建设的戛洒江一级水电站，应评估停建影响，保护和恢复绿孔雀栖息地措施等。2018 年 6 月 29 日，云南省人民政府下发《云南省人民政府关于发布云南省生态保护红线的通知》，对外发布《云南省生态保护红线》。根据《云南省生态保护红线》附件 1《云南省生态保护红线分布图》所示，戛洒江一级水电站淹没区大部分被划入红河（元江）干热河谷及山原水土保持生态保护红线范围，在该区域内，绿孔雀为其中一种重点保护物种。

陈氏苏铁为国家一级保护植物。2015 年后被列入《云南省生物物种红色名录》（2017 版），为极危物种。原告自然之友环境研究所提交了其在绿汁江、石羊江河谷等戛洒江一级水电站淹没区拍摄到的陈氏苏铁照片。证人刘某（×××××助理研究员）出庭作证，陈氏苏铁仅在我国红河流域分布。按照世界自然保护联盟的评价标准，陈氏苏铁应为濒危。

自然之友环境研究所向昆明市中级人民法院起诉，请求人民法院判令新平开发公司及昆明设计院共同消除戛洒江一级水电站建设对绿孔雀、陈氏苏铁等珍稀濒危野生动植物以及热带季雨林和热带雨林侵害危险，立即停止水电站建设，不得截流蓄水，不得对该水电站淹没区内植被进行砍伐。

云南省昆明市中级人民法院于 2020 年 3 月 16 日作出（2017）云 01 民初 2299 号判决：（一）新平开发公司立即停止基于现有环境影响评价下的戛洒江一级水电站建设项目，不得截流蓄水，不得对该水电站淹没区内植被进行砍伐。对戛洒江一级水电站的后续处理，待新平开发公司按生态环境部要求完成环境影响后评价，采取改进措施并报生态环境部备案后，由相关行政主管部门视具体情况依法作出决定。(二) 由新平开发公司于本判决生效后30日内向自然之友环境研究所支付因诉讼发生的合理费用8万元。(三) 驳回自然之友环境研究所的其他诉讼请求。宣判后，自然之友环境研究所以戛洒江一级水电站应当永久性停建为由，新平开发公司以水电站已经停建且划入生态红线，应当驳回自然之友环境研究所诉讼请求为由，分别提起上诉。云南省高级人民法院于2020年12月22日作出（2020）云民终824号判决驳回上诉，维持原判。自然之友环境研究所不服二审判决，向最高人民法院申请再审。

【案件焦点】

如何在公益诉讼中判断侵权人行为是否具有损害生态环境公共利益的重大风险。

【裁判结果】

最高人民法院经审查认为，本案基于现有环境影响评价下的戛洒江一级水电站建设项目继续建设势必导致包含国家一级重点保护动物绿孔雀的栖息地及国家一级重点保护植物陈氏苏铁的生境在内的生物生境被淹没，并对涉案淹没区整个生态系统生物多样性和生物安全构成紧迫、严重且不可逆的重大风险。

首先，本案系生物多样性保护预防性环境民事公益诉讼案件。生物多样性是人类赖以生存和发展的重要基础。人民法院审理此类预防性公益诉讼案件，既应贯彻保护优先、预防为主原则，从被保护对象的独有价值、损害结果发生的可能性、损害后果的严重性及不可逆性等方面，综合判断被告的行为是否具有《环境民事公益诉讼司法解释》第1条规定的“损害社会公共利益重大风险”，推动把自然资源开发利用行为对生态环境造成的影响控制在合理范围内，维护生态安全。同时，又应贯彻绿色发展理念，坚持保护与可持续利用自然资源原则，统筹协调发展经济、保障民生和保护生态环境之间的关系，促进人与自然和谐共生。依据本案查明的事实，涉案项目继续建设势必导致包含国家一级重点保护动物绿孔雀的栖息地及国家一级重点保护植物陈氏苏铁的生境在内的生物生境被淹没，并对涉案淹没区整个生态系统生物多样性和生物安全构成紧迫、严重且不可逆的重大风险，一审、二审法院据此判令新平开发公司立即停止基于现有环境影响评价下的项目建设，既充分考虑了对涉案淹没区生物多样性予以及时保护的现实需要，又兼顾了采取预防性措施的必要性、合理性和司法介入的适度性，有效防范了涉案区域生物生境面临的重大风险。

其次，依据二审查明的事实，中国电力建设股份有限公司于2020年10月30日作出《关于水电顾问公司终止云南省红河（元江）干流戛洒江一级水电站工程建设事项的批复》，同意中国水电工程顾问集团有限公司终止涉案工程的投资建设，针对已开展的工程建设部分，全面做好各项善后工作。据此，新平开发公司所属集团公司中国水电工程顾问集团的上级单位中国电力建设股份有限公司已明确决定终止涉案项目投资建设，且新平开发公司已开始进行善后工作，自然之友环境研究所主张涉案绿孔雀栖息地等生物生境仍存在被破坏的重大风险，缺乏充分事实依据。最终裁定驳回自然之友环境研究所的再审申请。

【裁判摘要评析】

本案系我国首例珍稀野生动物保护预防性环境民事公益诉讼案，被评为2021年推动法治进程十大案例，也是我国司法领域唯一入选了联合国《生物多样性公约》第十五次缔约方大会第一阶段展览中国展区的案例，在世界环境司法大会上被欧洲环保协会评为全球十大生物多样性案例之首。本案裁判对在审理环境民事公益诉讼案件中判断“损害社会公共利益重大风险”具有一定指导意义，有利于完善风险预防性环境民事公益诉讼裁判规则，推动预防性公益诉讼不断发展。

一、司法解释明确“损害社会公共利益重大风险”的背景

由最高人民法院于2014年12月8日由审判委员会第1631次会议通过，自2015年1月7日起施行的《环境民事公益诉讼司法解释》中首次将“具有损害社会公共利益重大风险”行为明确为可以提起环境民事公益诉讼范围。该规定将环境侵权行为扩大解释包括了风险行为，贯彻了我国《环境保护法》“预防为主”的基本原则，也是国际环境法预防原则在我国环境侵权领域的具体体现。

预防原则是指对开发和利用环境行为所产生的环境质量下降或者环境破坏等应当事前采取预测、分析和防范措施，以避免、消除由此可能带来的环境损害。[1] 预防原则要求在环境资源利用行为实施之前和实施之中，采取政治、法律、经济和行政等各种手段，防止环境利用行为导致环境污染或生态破坏现象的发生。我国在20世纪70年代开展环境保护工作时便将预防为主、防治结合原则作为防治工业污染的方针政策。预防原则包含两层含义：一是运用已有的知识和经验，对开发和利用环境行为带来的可能的环境危害事前采取措施以避免危害的发生；二是在科学技术水平不确定的条件下，基于现实的科学知识评价环境风险，即对开发和利用环境行为可能带来的尚未明确或无法具体确定的环境危害进行事前预测、分析和评价，促使开发决策避免这种可能造成的环境危害及其风险的出现。可能的环境危害，一般是指运用通常的知识或者经验，就足以判断决策对象具有较高的造成公众环境权益等具体危害可能性的状态。而风险则是指运用现有的科学知识可以得知决策的对象存在某种具体危险，但又无法肯定针对该危险所采取的对策措施能够避免该危险及其可能造成的危害的状态。[2]

国外有关环境侵权规定的形式不尽相同，关于是否将风险行为作为环境侵权行为范畴，规定不一。有的法律中并未明确风险行为属于环境侵权，如《日本环境基本法》第2条规定："本法所称'公害'是指伴随企(事)业活动及其他人为活动而发生的相当范围的大气污染、水体污染、土壤污染、噪声、振动、地面沉降和恶臭，并由此而危害人的健康或生活环境(包括与人的生活有密切关系的财产以及动植物及繁衍的环境)。"《德国环境赔偿责任法》第3条第1款规定："一项损害系因材料、振动、噪声、压力、射线、气体、蒸汽、热量或者其他现象而引起的，以这些现象是在土地、空气或者水中传播为限，此项损害系因环境侵害而产生"。《瑞典环境损害赔偿法》第3条规定："由下列原因造成的损害或伤害应当予以赔

[1] 汪劲：《环境法学》(第4版)，北京大学出版社2018年版，第49页。
[2] 参见汪劲：《环境法学》(第4版)，北京大学出版社2018年版，第49-50页。

偿：（1）河流、湖泊或者其他水域的污染；（2）地下水的污染；（3）地下水位的变化；（4）空气污染；（5）土壤污染；（6）噪声；（7）振动；（8）其他类似侵害。”〔1〕

有的则明确风险行为也属于环境侵权行为范畴。如1980年联合国环境规划署（UNEP）和世界自然保护联盟（IUCN）制定的《世界自然保护大纲》（World Conservation Strategy）曾就“预期的环境政策”作出规定，“试图预测重要的经济、社会及生态事件，比试图只对这些事件作出反应的政策，越来越重要”“这种预期的环境政策包括所有行动以确保任何可能影响环境的重大决定，均在其最早阶段，充分地考虑到资源保护及其他的环境要求。这些政策并非企图代替反应性或治理性的政策，而是纯粹起加强作用而已”。〔2〕 1985年，联合国在《保护臭氧层维也纳公约》中明确提出了预防原则。《欧洲侵权法原则》第六编使用了救济方式的提法，其中不仅规定了损害赔偿，还规定了非财产损害赔偿，尤其是在第104条中规定了预防措施。〔3〕 欧盟《关于预防和补救环境损害的环境责任指令》第5条第1款规定，在环境损害尚未发生，但存在发生此种损害的急迫危险时，行为人应当毫不迟疑地采取必要的预防性措施。〔4〕 法国司法部委托学者起草的《法国债法和时效制度改革草案》中侵权法第1369~1条规定：“如果损害可能扩大、继续或永久化，法官基于受害人请求，可以采取一切避免上述结果出现的措施，包括停止侵害行为。法官同样得命令受害人采取上述措

〔1〕 参见最高人民法院环境资源审判庭编著：《最高人民法院关于环境民事公益诉讼司法解释理解与适用》，人民法院出版社2015年版，第245页。《瑞典环境资源损害赔偿法》已经于1998年被《瑞典环境法典》综合吸收，条款序号变更为第32章第3条［Section 3 of Chapter 32（Compensation for Certain Kinds of Environmental Damage and Other Private Claims）of the Swedish Environmental Code］，https：//www. government. se/legal-documents/2000/08/ds-200061/。

〔2〕 参见1980年《世界自然保护大纲》“国家的工作重点”（Priorities for National Action）一节中的“预期的环境政策”（Policy Making and the Integration of Conservation and Development）。

〔3〕 See Christian von Bar, Eric Clive, & Hans Schulte-Nölke eds. , Principles, Definitions and Model Rules of European Private Law: Draft Common Frame of Reference（DCFR）, Sellier European Law Publishers, 2009, p. 191.

〔4〕 See Directive 2004/35/CE of the European Parliament and of the Council of 21 April 2004 on Environmental Liability with regard to the Prevention and Remedying of Environmental Damage, Official Journal L143 30/04/2004, p. 0056-0075. 王利明：《侵权责任法研究》（第2版·下卷），中国人民大学出版社2016年版，第483页。

施，其费用由侵害人负担。法官也可以命令侵害人先行支付此必要费用。"[1] 这表明，损害的预防已经成为侵权责任法发展的主要趋势。它们和救济性的侵权责任方式，可以全面发挥了侵权责任法的应有作用，预防性责任方式的引入使侵权责任法在社会中的地位更加突出。[2]

针对已经发生的损害社会公共利益的行为提起环境民事公益诉讼，是公益诉讼制度的应有之义，毋庸赘言。但是，针对尚未发生实际损害后果的行为，也即针对具有损害社会公共利益重大风险的行为能否提起环境民事公益诉讼，学界和实务界存在不同的认识。如将具有损害社会公共利益重大风险的行为作为可起诉的一类对象，超越了《环境保护法》第58条之规定；对具有损害社会公共利益重大风险的行为提起诉讼欠妥当；以及很多工程项目在立项时未能充分进行环境影响评估，存在环境损害隐患，但在未造成环境损害结果前，有关机关和组织能否提起公益诉讼阻止工程的继续进行等。[3]

然而，从法律渊源和制度依据上看，对风险行为可诉具有正当性。其一，习近平总书记在党的十八届四中全会上代表中央政治局对《中共中央关于全面推进依法治国若干重大问题的决定》起草情况所作的说明中指出，在现实生活中，对一些行政机关违法行使职权或者不作为造成对国家和社会公共利益侵害或有侵害危险的案件，如国有资产保护、国有土地使用权转让、生态环境和资源保护等，由于与公民、法人和其他社会组织没有直接利害关系，使其没有也无法提起公益诉讼，导致违法行政行为缺乏有效司法监督，不利于促进依法行政，严格执法，加强对公共利益的保护。这里也强调了公益诉讼不仅针对"造成对国家和社会公共利益侵害"的案件，也包括"有侵害危险的案件"。其二，由于环境污染和生态破坏具有不可逆性，事后的补救往往耗资巨大甚至不可挽救，所以基于预防原则，在被告的行为可能严重危及环境和生态安全，可能造成环境和生态难以恢复

---

〔1〕 参见石佳友：《论侵权责任法的预防职能——兼评我国〈侵权责任法（草案）〉（二次审议稿）》，载《中州学刊》2009年第4期。

〔2〕 参见王利明：《侵权责任法研究》（上卷），中国人民大学出版社2010年版，第575-576页。

〔3〕 参见最高人民法院环境资源审判庭编著：《最高人民法院关于环境民事公益诉讼司法解释理解与适用》，人民法院出版社2015年版，第34-35页。

时，应当允许提起诉讼以阻止正在进行的可能导致环境污染和生态破坏的行为。这从《民法典》第1167条规定的“消除危险”责任承担方式也可以得到印证。如果危险确实存在，对他人人身、财产和社会公共利益造成现实威胁，但还未发生实际损害的，可以提起诉讼要求其消除潜在的危险。这也为“环境民事公益诉讼既可以针对违法行为已经造成了现实的损害，也可以是尚未造成现实的损害”提供了法律依据。只要行为人有违法行为，相关主体就可以对其进行诉讼，要求其承担相应的法律责任，而不论其是否已经带来实际的损失。

在吸收前述经验的基础上，最高人民法院在司法解释中首次明确风险行为的可诉性。第一，“损害社会公共利益重大风险”中的“风险”是指运用现有的科学知识可以得知决策的对象存在某种具体危险，但又无法肯定针对该危险所采取的对策措施能够避免该危险及其可能造成的危害的状态。第二，这种风险应当是“现实存在”的。即是被已知科学或生活常识高度现实化的可能造成环境损害的现象，对于转基因、生物多样性破坏等尚不具备确定科学性的现象不构成现实存在的风险。第三，这种风险需要是“正在发生”或者“即将发生”的。“正在发生”指行为虽未构成实际损害但已经构成实际危险，“即将发生”指行为虽尚未构成实际危险但如果不采取措施将确定成为实际危险。在危险的判断中，行为人（一般是企业）环境风险评估是风险转化为危险的客观标准之一，通过事先的风险评估行为预计出可能现实发生的环境危险。在美国，企业一般制定详细的环境风险与应急响应预案，在环境风险转化为现实危险的情况下，企业往往先按照预案要求自行采取预防性措施，最大限度地及时减轻或消除可能发生的污染。〔1〕

二、司法实践中对于“损害社会公共利益重大风险”的判断标准

原《侵权责任法》中并没有使用“风险”的概念，而是用了“危险”的概念。从语义上来讲，风险是可能发生的危险，在环境侵权领域，风险所表达的语境比危险更为准确。比如，《环境保护法》第63条第1项规定的“建设项目未依法进行环境影响评价，被责令停止建设，拒不执行

〔1〕 See David B. Graham & Tomas D. Johns, The Corporate Emergency Response Plan: A Smart Strategy, 27 Natural Resources & Environment 2. 最高人民法院环境资源审判庭编著：《最高人民法院关于环境民事公益诉讼司法解释理解与适用》，人民法院出版社2015年版，第273页。

的”，即在建设项目未经环境影响评价擅自开工建设的情形下，对于生态环境而言，面临的就是风险而不是现实的危险，因为未经环境影响评价而进行的工程施工，可能会发生实际损害的后果，也可能根本不发生实际损害的后果。

由于尚未发生实际损害的后果，司法实践中应该从严把握具有损害社会公共利益重大风险的污染环境、破坏生态的行为，不应允许原告随意针对尚未发生损害结果的行为提起诉讼。从《环境保护法》的立法精神出发，第63条规定的可以处以行政拘留的4种情形，可以视为具有损害社会公共利益重大风险的污染环境、破坏生态的行为，包括“建设项目未依法进行环境影响评价，被责令停止建设，拒不执行的”“违反法律规定，未取得排污许可证排放污染物，被责令停止排污，拒不执行的”“通过暗管、渗井、渗坑、灌注或者篡改、伪造检测数据，或者不正常运行防治污染设施等逃避监管的方式违法排放污染物的”“生产、使用国家明令禁止生产、使用的农药，被责令改正，拒不改正的”。除此之外，企事业单位和其他生产经营者超过污染物排放标准或者超过重点污染物排放总量控制指标排放污染物的行为也可以视为具有损害社会公共利益重大风险的行为。

另外，实践中还有一种情况是，生产经营者在生产过程中并不存在违法排污进而污染环境的行为，但是其生产的产品在被社会公众消费的过程中却因产品质量的瑕疵或者缺陷而对环境造成危害。比如，炼油企业在将原油生产加工成成品油的过程中，并未造成环境损害，但其生产出的成品汽油由于未按照规定标准完成脱硫等工艺项目，导致汽油在使用过程中产生的废弃硫化物超标，最终造成空气严重污染。对于这种情形下的环境污染行为，也应当允许法律规定的机关和有关组织依据“具有重大风险”这一规定以相关生产企业为被告提起环境民事公益诉讼。

三、本案明确的裁判规则意义

《环境民事公益诉讼司法解释》颁布后，司法实践中出现了部分预防性公益诉讼案件，对于预防不可逆转的重大生态环境损害发挥了积极作用，也细化了对“重大风险”的判断标准。本案就是典型的预防性环境民事公益诉讼。本案是人民法院第一次在生物多样性保护环境民事公益诉讼审理过程中，适用《环境民事公益诉讼司法解释》第1条“对已经损害社会公共利益或者具有损害社会公共利益重大风险的污染环境、破坏生态的行为提起诉讼”中“具有损害社会公共利益重大风险”的规定，突破了“无损害即无救济”的诉讼救济理念，是环境保护法“保护优先，预防为主”原则在环境司法中的具体落实与体现。

本案中，自然之友环境研究所已举证证明戛洒江一级水电站如果继续建设，则涉案工程淹没区势必导致国家一级保护动物绿孔雀的栖息地及国家一级保护植物陈氏苏铁的生境被淹没，生物生境面临重大风险的可能性毋庸置疑。此外，从损害后果的严重性来看，戛洒江一级水电站下游淹没区动植物种类丰富，生物多样性价值及遗传资源价值可观，该区域不仅是绿孔雀及陈氏苏铁等珍稀物种赖以生存的栖息地，也是各类生物与大面积原始雨林、热带雨林片段共同构成的一个完整生态系统，若水电站继续建设，其所产生的损害将是可以直观估计预测且不可逆转的。而针对该现实上的重大风险，新平开发公司并未就其不存在的主张加以有效证实，而仅以《环境影响报告书》加以反驳，缺乏足够证明力。因此，本案结合生态环境部责成新平开发公司对项目开展后评价工作的情况及戛洒江一级水电站未对绿孔雀采取任何保护措施等事实，认定戛洒江一级水电站继续建设将对绿孔雀栖息地、陈氏苏铁生境以及整个生态系统生物多样性和生物安全构成重大风险。二审判决开发公司立即停止项目建设，在环境影响后评价后再作出决定，有效防范了绿孔雀栖息地面临的重大风险，统筹协调发展经济、保障民生和保护生态环境之间的关系，有利于促进人与自然和谐共生，且涉案项目已终止建设并开始进行善后工作，绿孔雀栖息地面临的重大风险已得到有效控制，故裁定驳回自然之友环境研究所的再审申请。

最高人民法院再审审查合议庭成员：刘小飞　朱婧　叶阳

（编写人：刘慧慧* 审稿人：韩德强　王惠诗涵）

---

* 刘慧慧，法学硕士，中华人民共和国最高人民法院环境资源审判庭综合办主任。

典型案例

民商事与执行

王某与马某合同纠纷指定管辖案

——管辖协议约定不明时管辖法院的确定

【裁判摘要】

管辖协议约定不明确，起诉时无法据此确定具体管辖法院的，应当按照法定管辖确定管辖法院。

【案件基本信息】

1. 诉讼当事人

原告：王某

被告：马某

2. 案件索引与裁判日期

最高人民法院（2021）最高法民辖 60 号裁定（2021 年 12 月 17 日）

3. 案由

合同纠纷

【简要案情】

王某与马某签订期货交易合作协议约定，王某一次性向马某交学费 10,000 元、账户操作费 10,000 元，由马某负责操作中衍期货 100081910 期货交易账户，发生争议在长沙市当地的人民法院诉讼解决。因马某错误操作，致王某遭受严重损失，王某向辽宁省法库县人民法院提起诉讼。辽宁省法库县人民法院经审查认为，涉案协议约定，发生争议，在长沙市当地的人民法院诉讼解决。王某户籍地为长沙市芙蓉区×××××号×单元×××，因此，湖南省长沙市芙蓉区人民法院对本案有管辖权，于 2020 年 9 月 3 日裁定将案件移送湖南省长沙市芙蓉区人民法院处理。湖南省长沙市芙蓉区人民法院认为移送不当，层报湖南省高级人民法院请示指定管辖。

湖南省高级人民法院认为，本案系合同纠纷。《民事诉讼法司法解释》第 30 条规定："根据管辖协议，起诉时能够确定管辖法院的，从其约定；不能确定的，依照民事诉讼法的相关规定确定管辖。"期货交易合作协议约定："如在协议执行过程中出现分歧可协商解决，如协商未果双方同意在长沙市当地的人民法院诉讼解决。"根据王某提交的起诉材料及诉讼请求，本案标的额属于基层人民法院级别管辖标准，期货交易合作协议虽约定由"长沙市当地的人民法院诉讼解决"，但湖南省长沙市下辖多个基层人民法院，根据期货交易合作协议上述条款无法确定本案管辖法院，故本案应当依照《民事诉讼法》相关规定确定管辖。《民事诉讼法》第 23 条[1]规定："因合同纠纷提起的诉讼，由被告住所地或者合同履行地人民法院管辖。"马某住所地为辽宁省沈阳市××县×××乡×××村×××××，辽宁省法库县人民法院作为被告住所地人民法院，对本案有管辖权。湖南省高级人民法院因与辽宁省高级人民法院协商未果，报请最高人民法院指定管辖。

【案件焦点】

期货交易合作协议关于"如在协议执行过程中出现分歧可协商解决，如协商未果双方同意在长沙市当地的人民法院诉讼解决"的约定是否有效，能否据此确定管辖法院。

【裁判结果】

最高人民法院经审理认为，本案系合同纠纷。《民事诉讼法司法解释》第 30 条规定："根据管辖协议，起诉时能够确定管辖法院的，从其约定；不能确定的，依照民事诉讼法的相关规定确定管辖。"具体到本案，期货交易合作协议约定，如协商未果双方同意在长沙市当地的人民法院诉讼解决。本案的诉讼标的额符合基层人民法院级别管辖标准，但长沙市有多个基层人民法院，无法根据前述管辖协议确定具体的管辖法院，本案应当依照

[1] 2021 年《民事诉讼法》修正后，本条变更为第 24 条，以下同。

《民事诉讼法》第23条规定，由被告住所地或者合同履行地人民法院管辖。辽宁省法库县人民法院作为被告住所地有管辖权的法院，在先行立案的情况下，将本案移送湖南省长沙市芙蓉区人民法院处理不当，最高人民法院予以纠正。综上所述，依照《民事诉讼法》第36条[1]、第154条[2]的规定，裁定本案由辽宁省法库县人民法院审理。

【裁判摘要评析】

当事人仅约定了某一地域的法院管辖，没有将具体的连接点与管辖法院联系起来，能否依据某个实际连接点确定管辖法院，实践中存在不同认识。本案通过解决辽宁、湖南两地法院管辖权争议，明确当事人仅约定了某一地域的法院管辖的，不能按照级别管辖的标准从上级法院往下确定具体的法院，管辖协议按照无效处理，应当依照《民事诉讼法》（2021年修正）第24条规定，由被告住所地或者合同履行地人民法院管辖。本涉案及《民事诉讼法》第35条、《民事诉讼法司法解释》第30条的理解适用，下文分别展开分析，对裁判理由作进一步说明。

一、协议管辖

（一）协议管辖的概念

协议管辖，又称合意管辖或者约定管辖，是指双方当事人在纠纷发生之前或发生之后，以合意方式约定解决他们之间纠纷的管辖法院。[3] 协议管辖制度源自罗马法，是意思自治原则在民事诉讼领域的具体体现。当前，世界许多国家和地区立法规定和司法实践允许当事人协商选择争议解决法院。协议管辖制度作为法定管辖制度的补充，其基本价值在于，其一，有利于充分体现“两便”原则和当事人自由处分原则。便利当事人诉讼和便利法院审判是确定立案管辖的基本原则。但是，由于司法实践情况较为复杂且具有法定管辖权的法院可能有多个，具有法定管辖权的法院可能不方便诉讼和审理，通过赋予当事人协议管辖的权利，在若干具有法定

---

〔1〕 2021年《民事诉讼法》修正后，本条变更为第37条。

〔2〕 2021年《民事诉讼法》修正后，本条变更为第157条。

〔3〕 具体参见全国人大常委会法制工作委员会民法室编著：《〈中华人民共和国民事诉讼法〉释解与适用》，人民法院出版社2012年版，第39-40页。

管辖权的法院之中选定一个，或者在此之外增加新的与争议有实际联系的法院，决定和安排彼此之间如何负担诉讼成本，有利于当事人根据自身情况来选择便于自己进行诉讼的法院管辖。其二，可以减少管辖争议。实践中，合同类纠纷和其他财产权益纠纷，容易受地方保护主义影响，出现争抢管辖问题。当事人明确选择管辖法院的，将使被选择法院之外的其他有管辖权的法院因此丧失了管辖权，失去争夺管辖权的理由，被选择的法院也很难推诿，这有利于及时确定管辖法院，避免因管辖争议延误纠纷解决。

（二）协议管辖的类型

学理上认为，当事人合意选择唯一管辖法院，只认可协议选择的特定法院管辖而排除其他法院的管辖，称为排他性管辖协议或者专属性管辖协议。仅使依法有管辖权的法院与约定的没有管辖权的法院有管辖权，称为非排他性管辖协议或者附加性管辖协议〔1〕。2012 年修改《民事诉讼法》之前，当事人只能从被告住所地、合同履行地、合同签订地、原告住所地、标的物所在地法院中协议选择，因此仅承认排他性管辖协议或者专属性管辖协议。2012 年《民事诉讼法》施行以后，当事人可以协议选择的法院范围、类型进一步扩充，允许当事人书面协议选择被告住所地、合同履行地、合同签订地、原告住所地、标的物所在地等与争议有密切联系的人民法院管辖。另外，2022 年《民事诉讼法司法解释》第 30 条第 2 款规定，管辖协议约定两个以上与争议有实际联系的地点的人民法院管辖，原告可以向其中一个人民法院起诉。从前述规定看，我国《民事诉讼法》实际上承认了非排他性管辖协议的效力。

（三）协议管辖的性质

管辖协议以当事人双方的合意为基础，就其类型和性质而言，与其他种类的管辖有很大差别，法律性质关系其效力和构成要件的认定。对于管辖协议的法律性质，民事诉讼理论界主要的学说有两种，一是诉讼合同说。此种学说认为，管辖协议是当事人之间的诉讼法上的合同，属于诉讼契约。所谓诉讼契约，是指以产生诉讼法上的效果为直接目的的当事人之间的合

〔1〕 参见刘学在、孙曦晖：《合意管辖与应诉管辖之再探讨》，载《时代法学》2013 年第 6 期。

意，也被称为诉讼上的合意，属于当事人所为的产生诉讼法律效果的诉讼行为。其直接的、主要的效力发生在诉讼领域，目的是为本身没有管辖权的法院设定管辖权，诉讼法据此要规定协议管辖的合法性和效力。[1] 二是私法契约说。此种学说认为，管辖协议是私法上的契约。《德国民事诉讼法》便以这样的观点为理论支撑，将管辖协议视为私法契约，订立实体法合同的代理权通常也可用于订立管辖协议，管辖协议可以根据《民法典》的规定被撤销，但只能在被告对本案进行辩论之前。在这一时刻之前协议也可以附条件。这意味着一旦书面管辖协议存在欺诈或重大误解的情形，则直接适用实体法规定，认定协议无效或撤销协议。[2] 笔者认为，管辖协议形式上以合同形式订立，内容上系关于管辖法院的约定，兼具诉讼法与民法的双重属性，因此，在效力判定上，应当兼顾适用实体法与程序法有关规定。

（四）协议管辖的构成要件

协议管辖的构成要件是各国和地区立法规定的重点。日本规定的要件主要有五个：（1）仅适用于第一审法院；（2）当事人的诉讼为专属管辖的，不能约定协议管辖；（3）须以基于一定法律关系而生的诉讼为限，否则不能适用协议管辖；（4）协议的管辖法院必须特定，但不限于一个；（5）当事人的合意须有文书证明。《德国民事诉讼法》在1974年修订以前，当事人可以广泛适用协议管辖，但过去当事人选择管辖法院多被经济上的强者利用，以便约定对自己方便的法院管辖。1974年修订后，对非商人之间（如商人和消费者）的协议管辖有较多限制，对商人等特定主体之间的合意管辖则没有限制。根据《德国民事诉讼法》第38~40条的规定，协议管辖须要符合以下一般性合法要件：（1）只能针对第一审订立协议管辖；（2）选择的法院必须是可以特定的法院；（3）只能针对基于特定法律关系订立，而不是当事人之间可能产生的所有法律纠纷；（4）诉讼所涉及的是财产权的请求；（5）不存在专属管辖。

---

〔1〕 参见张卫平：《民事诉讼法》（第5版），法律出版社2019年版，第136页。

〔2〕 参见王福华：《协议管辖制度的进步与局限》，载《法律科学（西北政法大学学报）》2012年第6期。

考察我国《民事诉讼法》立法修改历程，可以发现，1982 年《民事诉讼法（试行）》中，没有协议管辖的条文，直至 1991 年公布施行的《民事诉讼法》才确立了协议管辖制度，分别在第 25 条和第 244 条规定了国内民事诉讼的协议管辖和涉外民事诉讼的协议管辖。其中，第 25 条规定："合同的双方当事人可以在书面合同中协议选择被告住所地、合同履行地、合同签订地、原告住所地、标的物所在地人民法院管辖，但不得违反本法对级别管辖和专属管辖的规定。"该条规定赋予了合同类案件当事人协议选择合同签订地、原告住所地和标的物所在地等五个地点法院管辖的权利。2012 年修改的《民事诉讼法》进一步完善了协议管辖制度：一是在适用案件范围方面，增加了"其他财产权益纠纷"；二是在管辖法院范围方面，增加了"等与争议有实际联系的地点"，扩大了当事人协议选择管辖法院的范围。2022 年修订的《民事诉讼法》第 35 条规定："合同或者其他财产权益纠纷的当事人可以书面协议选择被告住所地、合同履行地、合同签订地、原告住所地、标的物所在地等与争议有实际联系的地点的人民法院管辖，但不得违反本法对级别管辖和专属管辖的规定。"根据该条规定，当事人协议选择管辖法院应当符合以下条件：（1）只有合同或者其他财产权益纠纷的双方当事人可以协议选择管辖法院，因身份关系产生的民事纠纷的当事人不能协议选择管辖法院；（2）可以协议选择的法院应当是被告住所地、合同履行地、合同签订地、原告住所地、标的物所在地等与争议有实际联系的地点的人民法院；（3）当事人协议约定的管辖法院必须明确或者可以明确；（4）协议选择管辖法院不得违反《民事诉讼法》对级别管辖和专属管辖的规定；（5）当事人协议管辖应当采用书面形式。[1]

二、法定管辖

（一）法定管辖的概念

所谓法定管辖是指由法律直接规定某些法院有权对某类案件进行管辖和受理。[2] 根据《民事诉讼法》的规定，管辖分为级别管辖、地域管辖、

---

〔1〕 参见全国人大常委会法制工作委员会民法室编著：《〈中华人民共和国民事诉讼法〉释解与适用》，人民法院出版社 2012 年版，第 37-40 页。

〔2〕 参见姜启波、孙邦清：《诉讼管辖》，人民法院出版社 2008 年版，第 27-28 页。

移送管辖、指定管辖。其中，地域管辖就是按照人民法院的主管范围和当事人住所地来划分同级人民法院之间审判第一审民事案件的权限。地域管辖根据各种不同民事案件的特点来确定，具体分为一般地域管辖、特殊地域管辖、专属管辖、协议管辖。级别管辖只是确定民事案件第一审由哪一级法院审判，而地域管辖则是在确定级别管辖之后，再确定由哪个地方的人民法院管辖。所以，只有根据地域管辖的规定，才能最后确定案件由哪一个地方的人民法院受理、审判。[1]《民事诉讼法》对地域管辖作出了一般原则规定，即原告到被告住所地法院进行诉讼。同时，为方便当事人诉讼和人民法院对案件的审理，《民事诉讼法》又补充了几种例外情形，比如第23条规定，对不在中华人民共和国领域内居住的人提起的有关身份关系的诉讼、对被采取强制性教育措施的人、对被监禁的人提起的诉讼等几种情形，由原告住所地人民法院管辖。

法定管辖中法院之所以有管辖权是基于法律的规定，协议管辖则是基于当事人的共同意愿来确定管辖法院。对于合同纠纷的管辖法院，当事人有协议管辖约定的，依约定；无约定，则依法定，由被告住所地或者合同履行地法院管辖。本案中，两地法院争议的焦点是应按照协议管辖还是法定管辖确定管辖法院。

（二）特殊地域管辖

《民事诉讼法》第24~33条规定了特殊地域管辖的几种情形。特殊地域管辖，是指以诉讼标的所在地或者引起民事法律关系产生、变更、消灭的法律事实所在地为标准确定的管辖。[2] 相较一般地域管辖而言，特殊地域管辖是《民事诉讼法》针对特定类型案件的诉讼管辖作出的规定。同时，这些特殊地域管辖的情形并不排斥一般地域管辖的适用。也就是说，这些特殊情形的法定管辖，允许当事人住所地确定的一般地域管辖和法律事实所在地、诉讼标的物所在地确定的特殊地域管辖进行共同管

---

[1] 参见全国人大常委会法制工作委员会民法室编著：《〈中华人民共和国民事诉讼法〉释解与适用》，人民法院出版社2012年版，第24页。

[2] 参见全国人大常委会法制工作委员会民法室编著：《〈中华人民共和国民事诉讼法〉释解与适用》，人民法院出版社2012年版，第27页。

辖，从而使多个人民法院对同一案件有共同管辖权。

其中，《民事诉讼法》第 24 条规定，因合同纠纷提起的诉讼，由被告住所地或者合同履行地人民法院管辖。因合同发生纠纷，有的是因合同是否成立发生的争议；有的是因合同变更发生的争议；有的是因合同的履行发生的争议。法律规定因合同纠纷提起的诉讼，由被告住所地或者合同履行地人民法院管辖，便于法院查明案情，也便于在必要时及时采取财产保全等紧急措施，进而利于合同纠纷的正确解决。

三、协议管辖约定不明确的处理

（一）协议管辖的效力认定

实践中，当事人由于法律知识的限制，在协议中约定多个法院或者约定管辖法院不够明确的情形经常出现，如常见的约定“当事人双方均可向各自所在地的法院起诉”“由某地域法院管辖”。另外，管辖法院的确定，首先考虑地域管辖，其次考虑级别管辖。在按照诉讼标的额和案件影响程度确定级别管辖法院时，当事人双方在纠纷发生前无法预见今后争执的标的额和是否具有重大影响。因此，要求当事人在纠纷前约定的管辖法院明确、具体、唯一，在实践中是比较困难的。

对此，2015 年《民事诉讼法司法解释》充分尊重当事人双方的真实意思表示，扩大当事人达成管辖协议的自由。该解释第 30 条规定：“根据管辖协议，起诉时能够确定管辖法院的，从其约定；不能确定的，依照民事诉讼法的相关规定确定管辖。管辖协议约定两个以上与争议有实际联系的地点的人民法院管辖，原告可以向其中一个人民法院起诉。”通过修订有关条文，避免了大面积认定管辖协议无效，也减少了因约定不明确造成法院间“推管辖”或“抢管辖”情况发生。但是，对于当事人约定管辖法院不够明确，管辖协议是否有效的问题，实践中仍认识不一。

（二）不同观点及理由

一种观点认为，即使管辖协议没有明确指向某个或者某些法院，起诉时只要依据某个实际连接点能够确定管辖法院，管辖协议就应按照有效处理。主要理由是：（1）当事人订立管辖协议，说明当事人已经形成了管辖合意，应当充分尊重当事人意思表示；（2）虽然当事人管辖协议没有明确指向某个具体法院，但只要当事人选择发生纠纷时提交某地法院解决的意思是明确的，案件中有具体的连接点可以与管辖法院联系起来，就应当认定管辖协议有效，以避免造成法院间“推管辖”。

另一种观点认为，根据管辖协议约定，起诉时无法确定具体管辖法院的，管辖协议按照无效处理。主要理由是：（1）当事人协议约定的管辖法院必须明确或者可以明确，是协议管辖的构成要件之一，对于管辖协议没有明确指向某个具体法院的，不能无限扩大当事人协议管辖的自由。（2）当事人约定管辖法院不够明确，只有根据管辖协议约定的地域能够确定具体管辖法院的，才能认定管辖协议有效。（3）如果因某个法院对应了《民事诉讼法》第35条规定的五个连接点中的任意一个，就确定该法院具有管辖权，这样处理超出了当事人达成协议时可预见的管辖法院的范围。

（三）本案的处理

本案管辖约定不明确且无法确定具体法院。本案中，当事人约定“如在协议执行过程中出现分歧可协商解决，如协商未果双方同意在长沙市当地的人民法院诉讼解决”。根据此约定，能否确定本案管辖法院，两地法院发生争议。辽宁法院采纳了前述第一种观点，认为涉案协议约定在长沙市当地的人民法院诉讼解决，而王某户籍地为长沙市芙蓉区××××号×单元×××，因此，长沙市芙蓉区系与争议有实际联系的地点，故裁定将本案移送湖南省长沙市芙蓉区人民法院处理。湖南法院则采纳了第二种观点，认为根据王某提交的起诉材料及诉讼请求，本案标的额属于基层人民法院级别管辖标准，但长沙市下辖多个基层法院，根据期货交易合作协议协议管辖条款无法确定本案管辖法院，应当依照《民事诉讼法》的相关规定确定管辖。对于两地法院争议，最高人民法院明确，本案的诉讼标的额符合基层人民法院级别管辖标准，但长沙市有多个基层人民法院，无法根据涉案管辖协议确定具体的管辖法院，本案应当依照《民事诉讼法》规定，由被告住所地或者合同履行地人民法院管辖。

笔者认为，当事人仅约定了某一地域的法院管辖，但没有将具体的连接点与管辖法院联系起来，可以按照级别管辖标准往上确定具体的法院（上级法院相对于下级法院而言是唯一的），但不能按照级别管辖的标准从上级法院往下确定具体的法院（一个上级法院对应的下级法院一般有多个，特殊情况除外）。以本案为例，当事人约定发生争议，由长沙市当地的人民法院诉讼解决，如本案诉讼标的额达到中级人民法院的管辖标准，本案由长沙市中级人民法院管辖，则该管辖协议有效；如本案诉讼标的额仅达到长沙市基层人民法院的管辖标准，由于长沙市基层人民法院有多个而无法确定具体的法院，管辖协议无效，只能按照法定管辖确定法院。如果因为长沙市某个基层人民法院对应了《民事诉讼法》第35条规定的五个连接点中的任意一个，就确定该基层人民法院具有管辖权，这样处理超出了当事人达成协议时可预见的管辖法院的范围，视同双方达成了两个管辖合意：第一个合意是“长沙市的法院”；第二个合意是“长沙市的原告住所地、合同履行地等法院”，而从协议字面意思看，无法解释出当事人有第二个合意。

综上所述，本案系合同纠纷，根据《民事诉讼法》第35条规定，当事人可以书面协议选择被告住所地、合同履行地、合同签订地、原告住所地、标的物住所地等与争议有实际联系的地点的人民法院管辖，但由于涉案管辖协议约定不明确，起诉时不能据此确定管辖法院，依照《民事诉讼法》第24条关于“因合同纠纷提起的诉讼，由被告住所地或者合同履行地人民法院管辖”的规定，辽宁省法库县人民法院作为被告住所地有管辖权的法院，对本案具有管辖权，在先行立案的情况下，移送湖南省长沙市芙蓉区人民法院处理不当。

最高人民法院合议庭成员：包剑平　李盛烨　张娜

（编写人：李朋*　审稿人：李明）

---

* 李朋，法学硕士，中华人民共和国最高人民法院立案庭，一级法官助理。

青岛广和源集团有限公司
与
青岛金轩置业有限公司
不当得利纠纷案

——给付型不当得利纠纷中“没有合法根据”[1] 的证明责任分配

【裁判摘要】

1. 给付型不当得利纠纷中，主张不当得利的一方关于对方取得利益“没有合法根据”的主张，建立在否定自身给付行为的基础之上，应当由主张不当得利的一方对自己的行为提供证据。

2. 给付型不当得利纠纷中“没有合法根据”所对应的基础事实是，主张不当得利的一方当事人所作出的给付行为欠缺给付原因，这可以通过证明作出给付行为的具体原因、该给付原因自始不存在或者嗣后丧失等积极事实来证明，并非现实中未曾发生、无法证明的消极事实。

【案件基本信息】

1. 诉讼当事人

再审申请人（一审原告、二审上诉人）：青岛广和源集团有限公司（以下简称广和源集团）

被申请人（一审被告、二审被上诉人）：青岛金轩置业有限公司（以下

[1] 关于不当得利构成要件中的“没有合法根据”，《民法通则》与《民法典》的规定略有不同：原《民法通则》第92条表述为“没有合法根据”，而《民法典》第122条表述为“没有法律根据”。相较之下，《民法典》的表述更为精确。但由于本案法律事实发生于《民法典》施行之前，故仍采用原《民法通则》的表述。

简称金轩置业公司)

2. 案件索引与裁判日期

一审：山东省青岛市中级人民法院（2020）鲁 02 民初 1636 号判决（2020 年 12 月 30 日）

二审：山东省高级人民法院（2021）鲁民终 654 号判决（2021 年 6 月 8 日）

再审审查：最高人民法院（2021）最高法民申 6981 号裁定（2021 年 12 月 13 日）

3. 案由

不当得利纠纷

【简要案情】

张某某为广和源集团法定代表人，李某某为金轩置业公司前股东。在担任金轩置业公司股东期间，李某某本人及其关联人与广和源集团法定代表人张某某作为股东的相关公司发生多笔资金往来。其中 2012 年 2 月至 7 月，广和源集团向金轩置业公司转款六笔共计 7400 万元；2012 年 3 月 14 日金轩置业公司向广和源集团转款 700 万元。广和源集团在另案中以民间借贷纠纷为由起诉金轩置业公司和案外人，请求法院判令金轩置业公司返还借款 6700 万元及利息，该案生效判决驳回广和源集团的诉讼请求。

后广和源集团提起本案诉讼，以不当得利为由请求判令金轩置业公司返还 6700 万元并支付资金占用费；金轩置业公司则主张涉案款项实为土地投资款，不构成不当得利。一审判决以广和源集团不能证明涉案转款缺乏基础法律关系、欠缺给付目的，未能完成不当得利的证明责任为由，判决驳回其诉讼请求。广和源集团不服一审判决提起上诉，二审判决驳回上诉，维持原判。广和源集团以金轩置业公司不能证明其收取涉案款项具有合法依据、原审法院对举证责任分配错误等为由，依据《民事诉讼法》（2017 年修正）第 200 条[1]第 2 项、第 6 项之规定申请再审。

【案件焦点】

给付型不当得利纠纷中，“没有合法根据”要件的证明责任是否应由请

〔1〕 2021 年《民事诉讼法》修正后，本条变更为第 207 条。以下同。

求人/受损人承担。

【裁判结果】

最高人民法院经审查认为，本案是因广和源集团向金轩置业公司转款而引发的不当得利纠纷，“没有合法根据”所对应的基础事实是明确的积极事实而非消极事实，广和源集团关于金轩置业公司取得涉案款项“没有合法根据”的主张建立在否定自身转账行为的基础之上，相较于金轩置业公司，广和源集团更有能力对自身的行为提供证据。综上所述，本案应由广和源集团对其向金轩置业公司转款自始或嗣后欠缺给付原因承担举证证明责任，广和源集团关于原审法院对于本案举证责任分配错误的再审申请理由不能成立，裁定驳回其再审申请。

【裁判摘要评析】

证明责任被誉为“民事诉讼的脊梁”，我国通说认为证明责任具有双重含义——行为意义上的证明责任和结果意义上的证明责任。行为意义上的证明责任是指当事人对所主张的事实负有提供证据证明的责任；结果意义上的证明责任是指在事实处于真伪不明的状态时，主张该事实的当事人应承担的不利诉讼结果，主要表现为其实体法上的权利主张得不到人民法院的确认和保护。故证明责任如何分配，对于案件结果影响甚巨。作为我国民事诉讼法中证明责任分配的一般规则，“谁主张，谁举证”规则无疑适用于绝大多数案件。但在不当得利纠纷中，是否仍应由主张不当得利的一方对“没有合法根据”（无法律上的原因）这一构成要件事实承担证明责任，存在不同认识，这也正是本案的核心争议。根据利益之取得是否基于给付行为，可将不当得利区分为给付型不当得利和非给付型不当得利。本案裁判结论明确了在给付型不当得利纠纷中，应当由主张不当得利的一方（请求人/受损人，以下简称请求人）对包括“没有合法根据”在内的四项构成要件承担证明责任；对于统一此类案件法律适用和裁判尺度具有重要意义。

一、“没有合法根据”的证明责任分配规则应予明确

根据《民法通则》[1] 第92条[2]的规定，不当得利返还请求权有四项

---

〔1〕 根据《民法典》的规定，《民法通则》于2021年1月1日废止。

〔2〕 现为《民法典》第122条：“因他人没有法律根据，取得不当利益，受损失的人有权请求其返还不当利益。”以下同。

构成要件，即一方取得利益，他方受到损失，取得利益与受到损失之间存在因果关系以及获利“没有合法根据”。作为原告的请求应当证明对前三个构成要件承担证明责任自无疑义，诉讼中当事人的争议焦点与案件审理难点往往在于：究竟应由请求人对于对方受益“没有合法根据”承担证明责任，还是由被请求人/受益人（以下简称被请求人）对于自己获利“没有合法根据”承担证明责任。

对于该问题，既往司法裁判观点并不统一：第一种观点认为，除非法律另有规定，民事诉讼应依据“谁主张，谁举证”原则来分配证明责任，故应由请求人证明对方之受益“没有合法根据”。第二种观点认为，“没有合法根据”属于消极事实，请求人系主张消极事实的人，依照证明责任的消极事实学说，不负证明责任，故应由被请求人对自己受益“有合法根据”承担证明责任。第三种观点则认为，应当采用非统一说，区分不当得利的具体类型，在给付型不当得利中由请求人证明对方之受益“没有合法根据”，而在非给付型不当得利中由被请求人证明其受益“有合法根据”。

证明责任的分配决定了在争议事实不明时由何方承担败诉风险。在被请求人受益是否“没有合法根据”这一待证事实处于真伪不明状态时，审理法院持不同观点，可能导致在当事人所能提供的证据并无二致的情况下，案件的最终结果截然相反：如果法院将“没有合法根据”要件事实的证明责任分配给被请求人，则应由被请求人承担不利后果。换言之，法院将支持请求人的主张，判令被请求人应当返还所取得的利益。反之，如果法院将该要件事实的证明责任分配给请求权人，则应由请求人承担不利后果，其返还不当得利的主张将不被支持。正因为司法实践中对于“没有合法根据”的证明责任分配规则存在不同认识，有的当事人在以民间借贷为由诉请对方偿还借款却因不能证明借贷关系存在而面临败诉风险时，转而援引不当得利制度改变请求权基础，意图将对给付原因这一要件事实的证明责任转移给对方当事人，从而规避民间借贷诉讼中举证不能的风险。近年来，全国法院新收不当得利纠纷一审民事案件数量呈持续增长态势，〔1〕这或许也能在某种程度上反映出有越来越多的当事人采用了该诉讼策略。

---

〔1〕 2016 年全国法院新收一审不当得利纠纷案件 4.8 万件，2017 年为 5.3 万件，2018 年为 6.2 万件，2019 年为 7.4 万件，2020 年为 7.8 万件，2021 年则已超过 9 万件。

不当得利返还请求权的功能在于使不正当的财产移动恢复原状，对民法上的请求权基础以及法律规则具有补充功能，解决这些法律中难以解决的问题，并排除不公正的结果。[1] 作为一种独立的法律制度，不当得利具有严格的适用范围，不能作为当事人在其他具体民事法律关系中缺少证据时的请求权基础。仅因审理法院对“没有合法根据”这一要件事实的证明责任分配规则存在认识分歧，而导致当事人可能面临截然相反的裁判结果，显然有违实质公平，人民法院裁判的公信力也不免受到冲击。因此，有必要明确“没有合法根据”构成要件的证明责任分配规则，避免因对该问题认识不一致而导致“类案不同判”。

二、给付型不当得利中“没有合法根据”并非无法证明的消极事实

对于不当得利请求权中“没有合法根据”要件事实的证明责任分配规则之所以存在分歧，很大程度上是受证明责任的消极事实学说影响。消极事实说将待证事实划分为积极事实（肯定事实）和消极事实（否定事实），凡主张积极事实的当事人应当承担举证责任，主张消极事实的当事人无须承担举证责任。消极事实说建立在假定消极事实与积极事实泾渭分明的基础之上，但同一事实从不同的角度可能存在积极事实和消极事实两种不同的理解，二者的界限往往很模糊，转换表述的方式就能使二者互相换位，[2] 而且并非所有的消极事实均存在证明困难的情形。事实上，消极事实说已经被现代证明责任理论所抛弃，我国现行法律亦未采纳该理论。

在给付型不当得利中，消极事实说的缺陷表现得极为明显。从表述上来看，“没有合法根据”属于否定待证事实，其边界不清、范围宽泛、内容不确定，诉讼证明对象无法特定化，似乎确实无法证明。然而在给付型不当得利的具体个案中，“没有法律根据”所对应的基础事实是给付行为欠缺给付原因，包括给付原因自始欠缺、嗣后消灭、不能实现等，系由若干积极事实组合而成。故“没有合法根据”要件事实可以通过两个步骤得以证明：首先，请求人可以证明其给付的原因，即财产变动系基于履行合同等

---

〔1〕 参见王洪亮：《〈民法典〉中得利返还请求权基础的体系与适用》，载《法学家》2021 年第 3 期。

〔2〕 参见张江莉：《不当得利中“无法律上原因”之证明》，载《政法论坛》2010 年第 2 期。

给付行为；其次，证明该给付基础不成立、无效、被撤销、被解除或者误认存在其他债务而为非债清偿。如请求人能够证明上述积极事实，则已证明被请求人获益“没有合法根据”。因此，至少在给付型不当得利中，“没有合法根据”并非无法证明的消极事实，以此为由将相应证明责任分配给被请求人，理论依据不足，也难谓公平合理。

三、给付型不当得利中“没有合法根据”的证明责任应由请求人承担

尽管理论通说认为不当得利可分为给付型不当得利和非给付型不当得利，但无论《民法通则》还是《民法典》都并未在立法层面体现上述区分。非统一说主张视不当得利的类型不同而将对“没有合法根据”的证明责任分别分配给请求人或被请求人，有基于对实质正义的追求而要求司法僭越立法之嫌，其正当性也并非没有争议。鉴于本案为典型的给付型不当得利，故仅就给付型不当得利中“没有合法根据”的证明责任应由请求人承担作进一步说明。

第一，依现行法律规定，“没有合法根据”的证明责任应当由请求人承担。《民事诉讼法司法解释》第 91 条规定，除法律另有规定外，主张法律关系存在的当事人，应当对产生该法律关系的基本事实承担举证证明责任；主张法律关系变更、消灭或者权利受到妨害的当事人，应当对该法律关系变更、消灭或者权利受到妨害的基本事实承担举证证明责任。这是我国民事诉讼制度中关于证明责任分配的一般规则，其理论依据为法律要件分类说中的规范说。由此可见，证明责任及其分配问题主要是实体法领域的问题，证明责任分配规则蕴藏于实体法规范本身，应当以相关法律规范的具体内容以及法条构造、规范文义为根据解释证明责任的分配问题，证明责任分配的任务在请求权基础的检索过程中即可同步完成。按照实体法规范来分配证明责任，规则上相对清晰、简单，具有较强的可操作性，更符合法律规范的解释规则，在司法中也具有更明显的可预期性。现行法并没有关于不当得利实行举证责任倒置的规定，无论依原《民法通则》第 92 条还是现《民法典》第 122 条，没有合法根据均系构成不当得利的要件事实，根据上述实体法所确立的证明责任分配规则，应该由主张具有不当得利返还请求权的当事人（请求人）对包括“没有合法根据”在内的四项成立要件事实承担证明责任。

第二，给付型不当得利中，请求人距离“没有合法根据”这一要件事实更近，具有更强的举证能力。给付型不当得利中的给付，指基于特定目的而有意识地增加他人财产的行为，此时特定的给付目的就是被请求人受益的法律原因，即《民法通则》第 92 条所称“合法根据”。之所以给付行为会造成不当得利，就是因为给付一方的给付目的欠缺。因此，在给付型不当得利中，请求人主张被请求人受益没有合法根据，本质上是主张自己所为的给付欠缺原因；请求人对被请求人占有现状的否定评价，实际上建立在否定自身移转财产行为的基础之上。由于给付行为系请求人主动实施，相关财产权益在请求人控制下发生变动，被请求人只是被动地受领给付，对于出于何种原因给付、该原因是否真实存在，请求人应该比被请求人更清楚。既然损益变动在请求人的风险控制领域之内，相较于被请求人，请求人具有更强的举证能力，由其承担相应的证明责任自然也更为合理。本案中，广和源集团基于其向金轩置业公司转款行为而提起不当得利纠纷诉讼，作为控制财产利益变动的主体，理应更有能力对自身转移财产行为提供证据，故应由其对“没有合法根据”承担证明责任，而不是由金轩置业公司证明其受领给付具有法律上的原因。

第三，如果将“没有合法根据”的证明责任分配给被请求人，将导致不合理的后果，并有可能诱发道德风险。例如，社会生活中，债权人在接受清偿后通常将借据归还债务人或者当着债务人的面销毁，如果日后债务人以不当得利为由诉请债权人返还相应款项，债权人极有可能因为无法提供借据来证明其受益具有合法根据而面临败诉风险。为此，债权人不仅不能归还或者销毁借据，反而应当妥善、永久保存。这种后果显然极为荒谬，殊不可取。

最高人民法院再审审查合议庭成员：谢勇　张艳　李赛敏

（编写人：李赛敏* 审稿人：杨奕）

---

* 李赛敏，法学博士，中华人民共和国最高人民法院民事审判第一庭，三级高级法官。

阿特拉斯设备有限公司
与
河北阿特拉斯设备制造有限公司
股东知情权纠纷案

——股东可以查阅原始凭证和记账凭证的前提条件

【裁判摘要】

1. 合资公司未能举证证明合资一方具有不正当目的，该合资一方有权查阅合资公司的会计账簿。

2. 合资合同特别约定，合资一方有权自行指定审计师审计合资公司账目的，由于审计师在审计合资公司账目时，必然涉及原始凭证和记账凭证，在合资双方存在特别约定的情形下，应当允许合资一方查阅包括原始凭证在内的会计账簿。

【案件基本信息】

1. 诉讼当事人

再审申请人（一审原告、二审上诉人）：阿特拉斯设备有限公司（Atlas Equipment Company, Inc.，以下简称阿特拉斯设备公司）

被申请人（一审被告、二审被上诉人）：河北阿特拉斯设备制造有限公司（以下简称河北阿特拉斯设备制造公司）

2. 案件索引与裁判日期

一审：石家庄市中级人民法院（2015）石民五初字第 00346 号判决（2017 年 9 月 25 日）

二审：河北省高级人民法院（2018）冀民终 4 号判决（2018 年 1 月 25 日）

再审：最高人民法院（2020）最高法民再170号判决（2021年2月3日）

3. 案由

股东知情权纠纷

【简要案情】

河北阿特拉斯设备制造公司是一家中外合资经营企业，合资双方持股比例各为50%。根据合营合同及章程，合资公司董事会由5名董事组成，其中中方委派3名，外方委派2名，董事长由中方委派，副董事长由外方委派，董事长是公司的法定代表人。董事会除对修改章程、解散公司、公司合并、增加注册资本、分红等事项须经全体董事一致同意外，其余事项按多数方式表决通过。董事会必须有4名董事出席方能有效召开，所作出的决议才具有法律效力。因合资双方发生矛盾，自2010年起至本案起诉时止，合资公司无法正常召开董事会。阿特拉斯设备公司起诉合资公司，请求行使查阅权。

一审法院判决：（一）河北阿特拉斯设备制造公司向阿特拉斯设备公司提交2015年至判决生效日的年度财务审计报告和财务报表；（二）驳回阿特拉斯设备公司的其他诉讼请求。阿特拉斯设备公司提起上诉，二审法院维持原判。阿特拉斯设备公司申请再审，最高人民法院提审本案。

【案件焦点】

股东可以查阅原始凭证和记账凭证的前提条件。

【裁判结果】

最高人民法院经审理认为，河北阿特拉斯设备制造公司未能举证证明阿特拉斯设备公司查阅会计账簿具有不正当目的，阿特拉斯设备公司请求查阅原始凭证在内的会计账簿并指定审计师对合资公司账目进行审计，具有合同依据和法律依据。判决：（一）撤销一审、二审判决；（二）河北阿特拉斯设备制造公司提供自公司成立之日起至其实际提供日止的公司章程、董事会会议记录、决议、财务会计报告供阿特拉斯设备公司查阅及复制，并提供包括原始会计凭证在内的所有会计账簿供阿特拉斯设备公司查阅；（三）由阿特拉斯设备公司自行聘请具有资质的机构和人员对河北阿特拉斯设备制造公司的账目进行审计。

【裁判摘要评析】

《公司法》第33条规定:“股东有权查阅、复制公司章程、股东会会议记录、董事会会议决议、监事会会议决议和财务会计报告。股东可以要求查阅公司会计账簿。股东要求查阅公司会计账簿的,应当向公司提出书面请求,说明目的。公司有合理根据认为股东查阅会计账簿有不正当目的,可能损害公司合法利益的,可以拒绝提供查阅,并应当自股东提出书面请求之日起十五日内书面答复股东并说明理由。公司拒绝提供查阅的,股东可以请求人民法院要求公司提供查阅。”其中,明确“股东可以要求查阅会计账簿”,股东在查阅会计账簿时,是否有权查阅原始凭证和记账凭证呢?如果可以,需要满足什么样的条件?结合案例,本文具体解读如下。

一、股东会计账簿查阅权概述

(一)股东会计账簿查阅权的含义

股东知情权(information right)是指股东了解公司信息的权利。从实质上看,该种权利主要包括公司股东了解公司经营状况、财务状况以及其他与股东利益存在密切关系的公司情况;从形式上来看,主要表现为股东查阅公司一系列文档,包括公司章程、股东会会议记录、董事会会议记录、监事会会议记录、公司财务会计报告,以及股东名册、公司债权存根等。[1] 由此可以看出,股东查阅公司会计账簿,实为行使股东知情权的表现形式之一。

公司法下的股东知情权主要是查阅权,就是查看公司档案的权力。[2] 股东查阅权的行使是股东知情权实现的核心手段,知情权诉求往往以行使查阅权开始。《公司法》规定股东可以查阅的公司文件材料分为两类,一类属于公开的,可以不受限制地查阅和复制,比如公司章程、股东会会议记录、董事会会议决议、监事会会议决议和财务会计报告;另一类属于不公

〔1〕 参见施天涛:《公司法论》(第4版),法律出版社2018年版,第264页。

〔2〕 参见朱锦清:《公司法学》(修订本),清华大学出版社2019年版,第375页。

开的，涉及公司的商业秘密，例如会计账簿及有关凭证。《公司法》并未将制作公司会计账簿涉及的有关凭证列入股东可以行使知情权的范围，但是，公司股东可以根据需要写入公司章程，作为股东共同遵守的规范，以保障股东权利。

为了平衡股东与公司的利益，《公司法》在规定股东查阅权的同时，对查阅权的行使也设定了一些限制。股东查阅公司会计账簿应当遵循适当的程序。首先，有意查账的股东应向公司提出书面请求，并适当说明查账目的。其次，由公司对股东查账目的进行实质审查，以判断查账目的是否正当。公司要就其主张的“股东查阅会计账簿有不正当目的，可能损害公司合法利益”承担证明责任。公司无故拒绝提供查阅，股东可请求人民法院强制公司提供查阅。

（二）股东会计账簿查阅权的理论基础

依学界通说，以民事权利的内容为标准，可以将民事权利区分为人身权、财产权、知识产权和社员权。社员权是指社团中的成员依据其在社团中的地位而对该社团产生的权利。[1] 社员权的权利主体是社员，其相对人是社团。社员只是社团的一分子。所以社员权与其他权利不同，不是个人法上的权利，而是团体法上的权利。

社员权包括非经济性的与经济性的。前者又称共益权，后者又称自益权。社员权中最重要的一种是营利社团法人里的社员权，即股东权。股东权中非经济性质的权利有会议参加权、决议权、选举权与被选举权、股东会决议撤销诉权、股东会决议无效诉权、董事会决议无效或撤销的诉权、股东会召集请求权等。经济性质的权利有股息分配请求权、剩余财产分配请求权、新股认购权、股份收购请求权等。社员权是团体法中的概念，除由法律规定的外，由该团体的章程去规定。[2] 自益权与共益权间的界限并非泾渭分明。某些共益权是自益权的手段，兼具共益权和自益权的特点，会计账簿查阅权即属此类。股东行使查阅权，在外观上表现为个体股

---

〔1〕 参见李永军：《民法总论》，中国政法大学出版社 2018 年版，第 43 页。

〔2〕 参见王利明主编：《民法》（第 9 版 · 上册），中国人民大学出版社 2022 年版，第 107-108 页。

东为维护自身的利益，在客观上可以促进优化公司治理结构，最终可以维护全体股东的共同利益。

以股东权利的性质为标准进行划分，可以将股东权利分为固有权和非固有权。固有权又称不可剥夺权，是公司法赋予股东的、不得以公司章程或股东（大）会决议予以剥夺或限制的权利。非固有权又称可剥夺权，是指依公司章程或股东（大）会决议可剥夺或可限制的权利。共益权多属于固有权，而自益权多属于非固有权。[1] 因为知情权属于共益权且该权利是股东行使其他股权的基础和前提，所以通说认为股东知情权属于固有权。股东根据《公司法》第 33 条规定享有的知情权是最重要的法定知情权和股东固有权利，不得被剥夺。[2]

根据是否需要股东持有一定比例的股份才能行使权利，可将股权分为单独股东权和少数股东权。自益权均为单独股东权；共益权中虽然有相当一部分是单独股东权，但限于持有一定比例以上股份才能行使权利的情形也不少见。可以由股东单独行使的权利为单独股东权。法律对这种权利的行使没有设置任何限制，只要持有公司股份即可行使股权。[3] 由于《公司法》对行使账簿查阅权的股东的持股比例与持股期限未作限制规定，因此，账簿查阅权应属单独股东权。从理论上说，任何一名诚信股东都有权行使账簿查阅权。

从更为积极的方面来理解，股东知情权不仅指单纯地了解公司有关信息的权利，而且包含着对公司进行检查监督的权利（right of inspection），比如对公司提出建议或者质询。股东享有选任经理人和对公司重大事项进行决策的权利，而知情权是股东有效决策和对经理人进行必要监督的前提条件。当然，在范围上，《公司法》上股东的知情权要比第 33 条规定的查阅、复制相关文件材料的范围更宽。

---

〔1〕 参见赵旭东主编：《公司法》（第 3 版），中国政法大学出版社 2018 年版，第 154 页。

〔2〕 参见贺小荣、曾宏伟：《〈关于适用《中华人民共和国公司法》若干问题的规定（四）〉的理解与适用》，载《人民司法（应用）》2017 年第 28 期。

〔3〕 参见施天涛：《公司法论》（第 4 版），法律出版社 2018 年版，第 257-258 页。

（三）股东会计账簿查阅权的意义

公司控股股东有机会参与公司的经营管理活动，通常无须行使会计账簿查阅权，因此，会计账簿查阅权对公司中小股东更具有实际意义。从大量的股东知情权纠纷案件来看，公司大股东往往会操纵公司，阻挠中小股东查阅公司会计账簿，中小股东难以了解公司的经营内幕，无法作出准确决策并进行有效监督，收益权无法得到保障。赋予股东查阅会计账簿的权利，有利于股东了解公司的真实财务状况。虽然股东知情权本身并不包含具体的利益，但股东知情权的行使往往是维护其他权利、实现具体利益的工具和手段，股东与公司、中小股东与控股股东之间的纠纷往往围绕和肇始于知情权。

股东行使查账权是对各方当事人利益冲击最小的救济方法。在对中小股东提供的五大途径之中，查阅权行使成本最低，对公司及有关各方利益的冲击最小。股东查账的结果并不影响公司的股权结构，也不减少公司的净资产，更不影响公司的寿命。相反，股东查账的结果有助于公司和股东们堵塞公司治理漏洞，提升公司的投资价值与核心竞争力。因此，股东的查账权应当成为各类救济方式中的首要选择。股东行使查账权，有助于提高公司在股东中间的透明度，从而规范公司治理和经营行为。在中小股东查账的威慑、阻遏和教育功能面前，理性的控制股东和管理层往往会好自为之，善待中小股东。查账权的这一积极作用甚至有可能大大超越其对查账股东的个体维权作用。[1]

二、股东会计账簿查阅权的理论争议

《公司法》第33条对有限责任公司股东查阅的对象采取了列举式的规定，并未涉及原始凭证。在起草《公司法规定（四）》的过程中，对于股东查阅范围是否包括会计原始凭证，存在较大的争议。在最终通过的版本中，删去了关于股东可以查阅会计原始凭证的规定，而留待司法实践继续探索。总结而论，学界关于股东可以查阅公司会计账簿的主张可归纳为狭义说与广义说两种观点。

---

〔1〕 参见刘俊海：《现代公司法》（第3版·上册），法律出版社2015年版，第366-367页。

狭义说认为，会计凭证[1]、会计账簿和财务会计报告是三个完全不同的概念，既然现行《公司法》仅将股东可查阅的范围限定为会计账簿与财务会计报告，没有涉及会计凭证之类的原始凭证，此种列举式的立法没有给扩张解释或广义理解留有余地。因此，股东账簿查阅权的对象只能是会计账簿，而不应该扩展到会计凭证。有学者从"查账"与"审计"文义的区别入手，认为股东查账权的范围应仅限于查阅公司账簿，而不应包括采取检查原始凭证等方式对公司财务进行审计的内容。还有学者通过会计实务的角度与公司立法意图的角度进行分析，从字面的解释入手，认为会计账簿的概念无法将会计凭证的概念包容进去。

广义说则认为，为了保护股东的知情权，为其提供充分、真实、全面的公司经营信息和财务信息，使法律在社会变化与经济发展中同步，应当对《公司法》的相关规定作扩张性解释，即股东查阅的范围不仅包括会计账簿，还应该包括制作会计账簿的原始凭证，如会计原始凭证、发票、传票、合同书、纳税申报书、电传、书信、电话记录、电文等。或者有人退一步认为，股东查阅会计账簿有疑问时，应允许其延伸查阅作为记账依据的原始凭证，因为相对于财务会计报告和会计账簿而言，会计原始凭证造假难度较大，其对于有效保护股东的合法权益具有实质意义。还有学者提出，基于我国公司治理的现状考虑，股东查阅范围有必要包括原始凭证。[2]

公司法立法上的空白以及理论上的论争，必然反映在司法实践中，给司法实践带来了矛盾与困惑，司法裁决也在广义说和狭义说之间摇摆。有的法院在其判决书中明确认为股东查阅权的范围不包括原始会计凭证，但有的法院在判决书中与之持相反的观点。无论广义说还是狭义说，矛盾的焦点在于，如果过于限制股东的知情权，将有可能严重影响股东权益，进而打击全社会投资的积极性，甚而不利于市场经济的建设和社会诚信的建设。如肆意扩张股东知情权的范围，则很容易造成公司商业秘密的泄露，给公司的竞争对手以可乘之机，最终也会因公司的利益受损而给股东

---

[1] 《会计法》第14条第1款规定："会计凭证包括原始凭证和记帐凭证。"

[2] 参见杜万华主编：《最高人民法院公司法司法解释（四）理解与适用》，人民法院出版社2017年版，第189-190页。

带来伤害。

《公司法规定（四）》的起草者认为，解释对于查阅原始凭证和记账凭证没有作出规定，主要原因是《公司法》第33条第2款明确规定股东只能请求查阅会计账簿，而会计账簿并不包括原始凭证和记账凭证。司法解释出台后，人民法院应当严格按照法律和司法解释处理案件，不应当随意超越法律和司法解释的规定。[1]《公司法规定（四）》发布后，中国裁判文书网公布的案例显示，人民法院对于股东查阅会计账簿问题基本上都采取了从严的标准，将原始凭证排除在查阅会计账簿的范围之外。

三、如何正确理解股东会计账簿查阅权

股东账簿查阅权的范围涉及公司和股东之间利益的平衡。基于会计账簿查阅权的法理、《公司法》第33条的立法目的以及会计凭证的功能，股东查阅会计凭证存在合理性和必要性。

（一）股东查阅会计账簿的行权范围延展于原始凭证符合立法目的

《公司法》第33条规定采取了列举的方式，看似明确，但争议一直延续。最新版的公司法释义对会计账簿查阅权的范围予以明确——股东只能查阅与其查阅目的相关的公司账簿，包括公司的会计凭证。该条第2款虽然未明确将“公司会计凭证”写入条款，但目前法院的审判实践，一致认为“公司的具体经营活动只有通过查阅原始凭证才能知晓，不查阅原始凭证，中小股东可能无法准确了解公司真正的经营状况”。因此，股东可查阅的范围包括公司的会计凭证。[2] 从公司法释义的表述来看，上述结论也是源于司法实践做法。在最高人民法院公报案例“李××、吴×、孙×、王××诉江苏佳德置业发展有限公司股东知情权纠纷案”[3] 中，法院运用目的解释和体系解释的方法，支持了该案股东查阅公司会计凭证的诉讼请求。前述公司法释义中的表述，正是源于该公报案例判决书的主文。然而，该公报案例发布于2011年，在2017年9月1日《公司法规定（四）》施行后，最

---

〔1〕 参见杜万华主编：《最高人民法院公司法司法解释（四）理解与适用》，人民法院出版社2017年版，第192-193页。

〔2〕 宋燕妮、赵旭东主编：《中华人民共和国公司法释义》，法律出版社2019年版，第75页。

〔3〕 载《最高人民法院公报》2011年第8期（总第178期）。

高人民法院尚未发布有关股东知情权的指导性案例或者典型案例。

根据《会计法》的有关规定，填制会计凭证是登记会计账簿和编制财务会计报告的基础。会计凭证与会计账簿是两个独立的概念，二者并不具有包含关系。虽然扩张解释须扩大法律条文的文义范围，但是仍须在法条可能文义的范围内，即扩张前后的文义内涵必须相同，非原有文义所能预测的，不能为扩张解释。将会计账簿解释为包含会计凭证，超出了会计账簿可能文义的范围，有违扩张解释的实质。[1] 然而，根据《会计法》第 9 条、第 15 条的规定，会计账簿依据会计凭证制订，股东若要核实会计账簿的真实性，就必须查阅会计凭证。对《公司法》第 33 条第 2 款采取严格解释，会产生股东虽有权查阅会计账簿，却无权查证其真实性的不合理结果，显然无法切实保障股东的知情权。会计凭证、会计账簿和财务会计报告所反映的信息内容实质上是一样的，区别在于在不同的会计阶段，各自的功能不同。其中会计凭证是制作会计账簿、财务会计报告的原始依据，也是第三方审计重点查阅的对象。股东查阅会计账簿与第三方审计时查阅公司账簿都是为了证实公司账簿的真实性。赋予股东对会计凭证的查阅权，可以防止管理层通过财务造假，损害公司和其他股东的利益。将账簿查阅权的行权范围扩展至会计凭证，虽然面临解释上的障碍，但是符合立法的价值取向和实践的需要。

（二）公司章程可以约定扩展法定知情权范围

实务中，公司章程所约定的股东知情权范围，有时会超越《公司法》第 33 条的规定，比如章程规定股东有权要求公司提供审计报告、管理账目资料等。对于公司章程是否可以扩展法定股东知情权的范围问题，在司法实践中存在两种截然不同的观点：持否定态度的观点认为，公司具有独立人格，股东约定的超越法律规定的知情权范围，会影响公司的正常经营秩序和合法权益；《公司法》第 33 条规定属强制性规定，并未授权公司章程

---

〔1〕 参见杨宏芹、焦芙蓉：《会计凭证查阅权的反思与重构》，载《证券法苑》（第 27 卷），法律出版社 2019 年版，第 429 页。

作出例外规定。持肯定态度的观点认为，根据《公司法》第 11 条[1]的规定，公司章程对公司、股东及公司高级管理人员均具有法律约束力。因此，公司章程规定的股东知情权应当得到尊重和执行。虽然扩大股东知情权范围与公司利益可能会有潜在冲突，但全体股东一致同意即公司同意，公司对自身利益自由处分不属于法律强制干预的范围。

《公司法规定（四）》的起草者认为，公司法作为规范市场主体的民事法律之一，其立法的精神在于赋予民事主体最低限度的权利自由，不必过分限制当事人的意思自治权利。公司章程作为公司的自治规范，其具体内容体现了股东的共同意志。当公司章程赋予股东的权利小于《公司法》第 33 条设定的股东知情权范围时，上述法律规定应作为强制性法律规范加以适用，该章程约定无效；但是，当公司章程赋予股东的知情权大于《公司法》规定的范围时，只要经股东自愿同意，则该约定应该优于法律规定适用；即便公司利益可能因此受损，也是集体合意的结果，不应以此作为否定公司章程效力的理由。因此，对于股东以公司章程为依据请求行使超过法定范围知情权的主张，人民法院原则上应予支持。[2]

本案中，合资合同关于合资一方的单方审计权的约定，实质上突破了法定知情权的范围。最高人民法院经审理认为，本案中合资双方持股比例各为 50%，不存在小股东滥用股东权利妨碍公司正常经营的情形。况且，双方在合资合同中有“合同各方有权各自承担费用自行指定审计师审计合营公司的账目”的特别约定。河北阿特拉斯设备制造公司章程亦规定，“合营各方有权自费聘请审计师查阅合营公司账簿。查阅时，合营公司应提供方便”。合资双方通过章程、合资合同约定的公司内部治理事项，属于当事人意思自治权利的范畴，缔约双方应当诚实守信，予以遵守。河北阿特拉斯设备制造公司亦确认，审计师在审计合资公司的账目时，必然涉及原始凭证和记账凭证。在合资双方约定合资一方有权自行指定审计师审

---

〔1〕《公司法》第 11 条规定：“设立公司必须依法制定公司章程。公司章程对公司、股东、董事、监事、高级管理人员具有约束力。”

〔2〕参见杜万华主编：《最高人民法院公司法司法解释（四）理解与适用》，人民法院出版社 2017 年版，第 210-211 页。

计合资公司账目的情况下，股东知情权的范围不宜加以限缩，否则，将与设置股东知情权制度的目的背道而驰。在河北阿特拉斯设备制造公司未能举证证明阿特拉斯设备公司查阅会计账簿具有不正当目的的情况下，阿特拉斯设备公司请求查阅原始凭证在内的会计账簿并指定审计师对合资公司账目进行审计，具有合同依据和法律依据。

四、结语

本案对于股东查阅权行使的限制与突破问题进行了积极探索。本案判决通过对公司法规范的任意性解释，试图揭示公司内部事项中公司章程自治边界确定的规律和标准。在认定外方股东查阅目的正当的基础上，审慎地支持了外方股东查阅公司原始凭证的请求。判决阐明了《公司法》关于股东查阅权规定的立法目的，准确把握立法精神，体现了公司治理结构下对当事人意思自治的尊重，对此类案件的审理具有一定的参考意义。

最高人民法院再审合议庭成员：马东旭　杨兴业　郭载宇

（编写人：许英林*　审稿人：李明）

---

* 许英林，法律硕士，中华人民共和国最高人民法院民事审判第四庭，法官助理。

中国十五冶金建设集团有限公司
与
戴某
建设工程分包合同纠纷案

——总承包人因垫付工程款与分包人之间的纠纷仍适用专属管辖的规定

【裁判摘要】

建设劳动者工资属于建设工程价款的一部分。因分包人未按照建设工程分包合同的约定支付工人劳务报酬，致使法院判决总承包人在分包人未履行判决确定的义务时承担垫付责任，由此而引发的诉讼，应由建设工程所在地法院专属管辖。

【案件基本信息】

1. 诉讼当事人

原告：中国十五冶金建设集团有限公司（以下简称中冶建设集团）

被告：戴某

2. 案件索引与裁判日期

一审：广东省高级人民法院（2021）粤民辖847号裁定（2022年3月14日）

二审：最高人民法院（2022）最高法民辖59号裁定（2022年4月20日）

3. 案由

建设工程分包合同纠纷

【简要案情】

一、案件的由来

2017年7月21日，广东省广州市增城区人民法院（以下简称增城区人民法院）受理了王某等10人诉戴某、中冶建设集团劳务合同纠纷十案。该院经审理认定，中冶建设集团将奥园康威广场工程分包给戴某，戴某雇请王某等人在该项目工地从事泥工工作，案外人周某代表中冶建设集团对王某等工人进行管理。做工后拖欠王某等人的工资，所拖欠工资有王某等人提交由戴某签署的工资表和欠条为证，戴某对此亦无异议。中冶建设集团是涉案工程的施工总承包公司，戴某是涉案工程的分包人，由戴某招聘工人从事建筑工作，双方构成建设施工的分包合同关系。戴某不具备用工资格，中冶建设集团将劳务分包给不具有施工资质的戴某，造成拖欠工人工资，存在过错。根据《广东省工资支付条例》第33条第3款“分包建设工程的发包人违法分包、转包或者违法允许他人以本企业名义承揽工程发生拖欠工资的，由分包建设工程的发包人垫付劳动者工资”的规定，无论中冶建设集团是否已结清工程款给戴某，都应对戴某拖欠工人工资承担垫付责任。中冶建设集团承担垫付责任后，可另寻途径向戴某追偿。据此，增城区人民法院于2017年11月27日作出（2017）粤0183民初4907~4912号，6734~6737号10件判决，判令戴某支付王某等人相应劳务报酬及利息；在戴某未履行判决确定的义务时，由中冶建设集团承担垫付责任。2018年10月10日，增城区人民法院依王某等10人的执行申请，在戴某查无可供执行财产后，向中冶建设集团发出缴款通知书。中冶建设集团共计垫付款项335,134元。

2020年，中冶建设集团向增城区人民法院诉称，为了履行法院生效判决确定的义务，不仅为戴某垫付了王某等10名劳务工人的劳务报酬，而且为戴某垫付了由于其延迟付款发生的利息以及执行费、案件受理费等费用，共计垫付款项335,134元。垫付上述款项后，多次向戴某追讨，戴某故意躲避，至今拒不返还垫付的款项。请求判令戴某返还其垫付的工人劳务报酬及利息和由此支出的律师费、案件受理费、担保费、财产保全费等合理支出的全部诉讼费用。增城区人民法院审查认为，根据广州市中级人民法院（2018）粤 01 民终 5995～6000 号，6286～6289 号和该院的（2017）粤 0183 民初 4907～4912 号，6734～6737 号判决，戴某支付王某等人相应劳务报酬及利息，在戴某未履行判决确定的义务时，由中冶建设集团承担垫付责任。中冶建设集团承担垫付责任后，可另寻途径向戴某追偿。现中冶建设集团履行垫付责任后，起诉戴某返还其代为垫付的款项，故本案应为追偿权纠纷。根据《民事诉讼法》（2021 年修正）第 24 条和《民事诉讼法司法解释》第 18 条的规定，该案被告戴某住所地位于四川省渠县，合同履行地不明确，亦由被告住所地法院管辖。同时，该案系追偿权纠纷，并非建设工程分包合同纠纷，不能由不动产所在地法院管辖。因此，该院对该案没有管辖权。故增城区人民法院于 2020 年 8 月 20 日作出（2020）粤 0118 民初 7222 号裁定，对中冶建设集团的起诉不予受理。中冶建设集团不服，提起上诉。2021 年 2 月 7 日，广州市中级人民法院作出（2021）粤 01 民终 3427 号裁定，驳回上诉，维持原裁定。

二、本诉情况

2021 年 4 月 26 日，中冶建设集团向四川省渠县人民法院（以下简称渠县人民法院）提起本案诉讼，请求判令戴某返还其垫付的工人劳务报酬及利息和由此支出的律师费、案件受理费、担保费、财产保全费等合理支出的全部诉讼费用。渠县人民法院认为，本案属于建设工程合同纠纷，应由建设工程所在地法院专属管辖。因涉案项目位于广州市增城区，遂于 2021 年 4 月 29 日作出（2021）川 1725 民初 1972 号裁决将该案移送至增城区人民法院。增城区人民法院认为，本案系追偿权纠纷，应根据被告住所地或者合同履行地确定管辖，不属于法律规定的专属管辖情形，遂逐级报请广东省高级人民法院指定管辖。2021 年 12 月 20 日，广东省高级人民法院致函四川省高级人民法院协商本案管辖事宜，但协商未果。广东省高级人民法院依照《民事诉讼法》第 38 条之规定，以渠县人民法院有管辖权，其将本案移送增城区人民法院不当为由，将该案报请最高人民法院指定管辖。

【案件焦点】

本案纠纷是否属于建设工程所在地法院专属管辖。

【裁判结果】

最高人民法院经审理认为，《广东省工资支付条例》明确了广东省内建设工程发包人的法定支付义务，即中冶建设集团除了履行涉案建设工程分包合同中明确的付款义务外，还应当履行广东省地方性法规所规定的垫付劳动者工资义务。增城区人民法院亦依照前述条例作出（2017）粤0183民初4907~4912号，6734~6737号10件判决，认定"在戴某未履行判决确定的义务时，由中冶建设集团承担垫付责任"，同时载明"中冶建设集团承担垫付责任后，可另寻途径向戴某追偿"。建设劳动者工资属于建设工程价款的一部分，故本案实质纠纷系发包人中冶建设集团垫付工程款之后与分包人戴某之间的建设工程分包合同纠纷，应由建设工程所在地法院专属管辖。因此裁定本案由增城区人民法院审理。

【裁判摘要评析】

管辖权是法院对案件实行审判权的前提条件，非管辖法院对诉讼就不应该审理和判决，所以有无管辖权是诉讼要件之一。法院依职权应随时查清管辖权。[1] 如果法院在受理案件时就发现自己没有管辖权，那么就应当告知当事人向有管辖权的法院提起诉讼；如果法院在受理案件后发现本院对案件没有管辖权，那么就应当把案件移送到有管辖权的法院审理。因为专属管辖事关民事诉讼制度的特殊安排，且排除了其他法院的管辖，为了维护这一专属权，相关法院应当依职权主动予以审查。[2]

一、案由之争

判断涉案纠纷是否属于专属管辖的核心是厘定本案的实质纠纷，表现形式是案由的确定。在本案审理中，两省三级法院出现了三个案由，导致对案件是否属于专属管辖产生争议。

（一）追偿权纠纷说

增城区人民法院认为，中冶建设集团所承担的为债务人戴某垫付劳动者工资的责任是由《广东省工资支付条例》所规定，并由法院生效裁判所

---

〔1〕 参见［日］高桥宏志：《重点讲义民事诉讼法》，张卫平、许可译，法律出版社2007年版，第2页。

〔2〕 参见张卫平：《民事诉讼法》，法律出版社2004年版，第290页。

确定的，具备对劳动者工资的强制性担保性质，中冶建设集团代替债务人戴某垫付劳动者劳务报酬后，依法取得代位求偿权，由此产生的追偿所垫付的款项引发的纠纷，系属于追偿权纠纷。

但根据《最高人民法院关于印发修改后〈民事案件案由规定〉的通知》的精神，追偿权纠纷包含两种情况：一是担保责任追偿权纠纷，二是合伙债务追偿权纠纷。[1] 这主要是因为担保责任追偿权及合伙债权追偿权，均有明确的法律依据。《担保法》[2] 第 31 条[3]、第 57 条[4]以及《担保法司法解释》[5] 的相关规定，明确了担保责任追偿权系保证人、物上保证人以及无效担保人均享有的一项民事权利。《民法通则》第 35 条第 2 款、《合伙企业法》第 40 条均规定了合伙人内部的追偿权。[6] 因获得追偿权需要

---

〔1〕 参见最高人民法院民事案件案由规定课题小组编著：《最高人民法院民事案件案由规定理解与适用》，人民法院出版社 2011 年版，第 203-204 页。

〔2〕 根据《民法典》的规定，《担保法》于 2021 年 1 月 1 日废止。

〔3〕 本条现为《民法典》第 700 条："保证人承担保证责任后，除当事人另有约定外，有权在其承担保证责任的范围内向债务人追偿，享有债权人对债务人的权利，但是不得损害债权人的利益。"以下同。

〔4〕 本条现为《民法典》第 392 条："被担保的债权既有物的担保又有人的担保的，债务人不履行到期债务或者发生当事人约定的实现担保物权的情形，债权人应当按照约定实现债权；没有约定或者约定不明确，债务人自己提供物的担保的，债权人应当先就该物的担保实现债权；第三人提供物的担保的，债权人可以就物的担保实现债权，也可以请求保证人承担保证责任。提供担保的第三人承担担保责任后，有权向债务人追偿。"以下同。

〔5〕 根据 2020 年 12 月 23 日通过的《最高人民法院关于废止部分司法解释及相关规范性文件的规定》，《担保法司法解释》于 2021 年 1 月 1 日废止。

〔6〕 担保责任追偿权，又称代位求偿权，是指为债务人提供担保的第三人，在承担了担保责任后，享有的向债务人追偿的权利。担保人只要按照担保合同的约定向债权人清偿或者依据法律规定向债权人承担赔偿责任后，即可取得对债务人的偿还请求权，即追偿权。根据《担保法》第 31 条的规定，保证人在承担保证责任后，可以向债务人追偿，理论上将保证人的这种权利称为保证人追偿权，《担保法》的这一规定是明确赋予保证人的。至于物上保证人也同样享有追偿权，《担保法》第 57 条规定了第三人作抵押人时对债务人享有的追偿权，这一规定同样适用于第三人作出质人时的情况。另外，《担保法司法解释》特别规定将保证人的追偿权同样赋予承担了过错赔偿责任的无效担保的担保人，开了过错责任可以追偿的先例。因此，担保人的追偿权成为保证人、物上保证人以及无效担保人均享有的一项民事权利。合伙债务追偿权是指清偿了合伙债务的合伙人对超过自己应当承担数额的部分向其他合伙人追偿的权利。《民法通则》第 35 条第 2 款规定："合伙人对合伙的债务承担连带责任，法律另有规定的除外，偿还合伙债务超过自己应当承担数额的合伙人，有权向其他合伙人追偿。"《合伙企业法》第 40 条规定，合伙人由于承担无限连带责任，清偿数额超过法律规定的其亏损分担比例的，有权向其他合伙人追偿。两部法律都规定了合伙人内部的追偿权。参见最高人民法院民事案件案由规定课题小组编著：《最高人民法院民事案件案由规定理解与适用》，人民法院出版社 2011 年版，第 203-204 页。

法律明确规定，故本案中，中冶建设集团虽履行了垫付责任，但并不能当然认定其由此获得了追偿权。增城区人民法院认定本案纠纷系追偿权纠纷有所不当。

(二) 劳动合同纠纷说

广东省高级人民法院认为，本案的基础法律关系是由王某等人与戴某劳务合同纠纷衍生出来的，中冶建设集团作为分包建设工程的总承包人代替债务人戴某垫付工人劳务报酬后，依照生效判决，“承担垫付责任后，另寻途径向戴某追偿”。本案的案由应依据基础的权利义务关系确定为劳务合同纠纷。

但中冶建设集团与戴某之间并无劳务合同，双方也并没有形成实质上的劳动关系，将案由确定为劳动合同纠纷，缺乏事实依据，也不足以揭示两者纠纷的实质。两者之间有更为直接的法律关系，无须通过拟制的劳务关系解决纠纷。

(三) 建设工程分包合同纠纷说

渠县人民法院和四川省高级人民法院认为，根据原告中冶建设集团提起本案诉讼的事实和理由，本案是因戴某未按照双方建设工程分包合同的约定支付工人劳务报酬，致使法院判决中冶建设集团在戴某未履行判决确定的义务时承担垫付责任，进而引发的诉讼。审理原、被告之间的纠纷仍是审查双方建设工程分包合同的履行情况。故本案的基础法律关系应为建设工程分包合同纠纷，应由建设工程所在地法院专属管辖。涉案项目位于广州市增城区，本案应由增城区人民法院管辖。最高人民法院最终认同这一观点，具体理由下文详细论述。

二、追本溯源探究纠纷实质

本案诉争标的物为建设劳动者工资。本案源于王某等人与戴某的劳务合同纠纷。《广东省工资支付条例》第 33 条第 3 款所规定的“……工程发生拖欠工资的，由分包建设工程的发包人垫付劳动者工资”较《国务院保障农民工工资支付条例》第 29 条“建设单位应当以未结清的工程款为限先行垫付被拖欠的农民工工资”以及《建设工程施工合同司法解释（一）》第 43 条“……判决发包人在欠付建设工程价款范围内对实际施工人承担责任”的规定，更加充分地保证了劳动者的权益，同时也增加了发包人的义务。这意味着，中冶建设集团除了履行涉案建设工程分包合同中明确的付款义务，还应当履行广东省地方性法规所规定的垫付劳动者工资义务。增城区人民法院亦根据前述条例作出（2017）粤0183民初4907等10件判决，认定“在戴某未履行判决确定的义务时，由中冶建设集团承担垫付责任”。

建设劳动者工资属于建设工程价款的一部分。根据国务院有关行政主管部门的规定，常用的关于建设工程价款组成部分的规定有两个。一是住建部、财政部印发的《建筑安装工程费用项目组成》第1条第1款规定：“建筑安装工程费用项目按费用构成要素组成划分为人工费、材料费、施工机具使用费、企业管理费、利润、规费和税金。”二是原建设部[1]《建设工程施工发包与承包价格管理暂行办法》第5条第1款规定：“工程价格由成本（直接成本、间接成本）、利润（酬金）和税金构成。”二者虽然表述不同，但内涵基本一致。[2] 就目前的成文依据和行业共识而言，建设工程价款均包括人工费，故建设劳动者工资属于建设工程价款的一部分。

本案实质纠纷系建设工程分包合同纠纷。根据本案的来源和中冶建设集团的诉讼请求及理由可知，本案纠纷系因分包人未按照建设工程分包合同的约定以及广东省地方性法规的规定支付工人劳务报酬，致使法院判决总承包人在分包人未履行判决确定的义务时承担垫付责任而引发的诉讼。建设劳动者工资属于建设工程价款的一部分，本案实质纠纷系总承包人垫付工程款之后与分包人之间的建设工程分包合同纠纷，应由建设工程所在地法院专属管辖。

三、确定由不动产所在地法院专属管辖的意义

一是便于对案件的调查审理。这是专属管辖立法价值中实际控制原则的体现，只有当事人及诉讼标的物都在该法院的控制之下，才能使法院对案件作出较为全面的调查取证，能够对诉讼标的物进行保全或勘察，并能

---

〔1〕 根据2008年国务院机构改革方案，组建住房和城乡建设部，不再保留建设部。

〔2〕 参见最高人民法院民事审判第一庭编著：《最高人民法院建设工程施工合同司法解释（二）理解与适用》，人民法院出版社2019年版，第437-438页。

够保证判决的执行，并使法院能够及时执行判决以实现当事人的合法权益。[1] 涉案工程位于广东省广州市增城区，被告人戴某常年在此地从事承揽工程分包活动，由增城区人民法院管辖本案，既可以方便当事人参加诉讼，又可以方便法院取证或者采取其他强制措施，便于法院强制执行判决。

二是符合人民群众的正义观。2014 年 10 月《中共中央关于全面推进依法治国若干重大问题的决定》中指出，努力让人民群众在每一个司法案件中感受到公平正义。人民群众的感受不仅仅是判决结果的公平公正，也在诉讼的参与过程中感受司法程序的价值和温度。本案诉讼产生的原因具有一定的特殊性，亦是本案适用专属管辖的考量因素之一。如前所述，增城区人民法院据以判令中冶建设集团承担垫付责任的广东省地方性法规（《广东省工资支付条例》），与最高人民法院颁布的司法解释（《建设工程施工合同司法解释（一）》）以及国务院颁布的行政法规（《国务院保障农民工工资支付条例》）不同，增城区人民法院理应更加熟悉广东省地方性法规、涉诉纠纷产生的由来、纠纷产生的因果关系、双方的过错，理应更能顺利、正确地对案件进行审判，作出公正的判决结果。但遗憾的是增城区人民法院裁定驳回中冶建设集团的诉讼请求。使当事人前往远在千里之外的四川省渠县进行诉讼，案件尚未开始审理，便引起两省三级法院程序损耗，徒增当事人诉讼成本，不符合人民法院的工作目标。最高人民法院裁定本案由增城区人民法院专属管辖，符合专属管辖的法律规定，有利于案件的调查研究，就地解决，充分保障当事人的诉讼权利，注重法律效果、社会效果，彰显我国司法制度优越性。

最高人民法院二审合议庭成员：孙祥壮　于明　贾清林

（编写人：孙祥壮*　丁一**　审稿人：李明）

---

〔1〕 参见黄川：《民事诉讼管辖研究——制度、案例与问题》，中国法制出版社 2001 年版，第 28-29 页。

* 孙祥壮，法学博士，中华人民共和国最高人民法院第一巡回法庭，二级高级法官。

** 丁一，法学硕士，中华人民共和国最高人民法院第一巡回法庭，一级法官助理。

江苏南通二建集团有限公司
与
上海农村商业银行股份有限公司浦东分行、
上海佳程房地产开发有限公司等
建设工程施工合同纠纷案

——承包人出具虚假的工程款收款证明对其行使建设工程价款优先受偿权的影响

【裁判摘要】

承包人不得滥用建设工程价款优先受偿权。承包人的过错行为使工程款债权形成已获清偿的外观，发包人的其他债权人基于该外观而产生的合理信赖利益应予保护。承包人事后就该部分工程款债权主张建设工程价款优先受偿权的，人民法院不予支持。

【案件基本信息】

1. 诉讼当事人

再审申请人（一审原告、二审上诉人）：江苏南通二建集团有限公司（以下简称南通二建集团）

被申请人（一审第三人、二审上诉人）：上海农村商业银行股份有限公司浦东分行（以下简称上海农商行浦东分行）

被申请人（一审被告、二审被上诉人）：上海佳程房地产开发有限公司（以下简称佳程房地产公司）

一审被告、二审被上诉人：上海佳程企业发展有限公司（以下简称佳程企业发展公司）

一审被告、二审被上诉人：上海栩宽企业发展有限公司（以下简称栩宽企业发展公司）

一审被告、二审被上诉人：上海五牛素福投资中心（有限合伙）（以下简称五牛投资中心）

一审被告、二审被上诉人：五牛股权投资基金管理有限公司（以下简称五牛基金公司）

一审被告、二审被上诉人：深圳五牛股权投资基金管理有限公司（以下简称深圳五牛基金公司）

2. 案件索引与裁判日期

一审：上海市第一中级人民法院（2017）沪 01 民初 1450 号判决（2020 年 4 月 13 日）

二审：上海市高级人民法院（2020）沪民终 433 号判决（2020 年 12 月 4 日）

再审：最高人民法院（2021）最高法民申 3629 号裁定（2021 年 8 月 10 日）

3. 案由

建设工程施工合同纠纷

【简要案情】

2015 年 4 月，佳程房地产公司与南通二建集团签订上海浦东佳程广场项目总承包工程施工合同（以下简称施工合同，系暂定总价合同），约定合同价为 1.8 亿元。2016 年 10 月，南通二建集团与佳程房地产公司签订补充协议（以下简称 2016 年补充协议）。约定：为保证第三方监管及时提交监管报告、项目开发贷款不被终止，南通二建集团配合在监管方要求的资金确认函上盖章（佳程房地产公司明确该确认函内容不作为南通二建集团实际收款依据），配合佳程房地产公司提请开发贷款 4000 万～5000 万元。南通二建集团先后向佳程房地产公司发送函件、联系单，要求佳程房地产公司履行 2016 年补充协议约定，支付工程款 6926 万元。因佳程房地产公司拖欠工程款，南通二建集团自 2017 年 1 月 28 日起停工。

一审审理中，佳程房地产公司（甲方）和南通二建集团（乙方）签订补充协议书，约定：(1) 双方确认在协议签署之前，甲方在施工合同项下共计欠付乙方工程进度款6926万元…… (4) 双方一致同意并确认，在协议签署后，双方继续履行施工合同，对复工后的工程量的工程进度款按月审核支付等。后佳程房地产公司未依约履行付款义务。2015年4月21日至2016年12月19日，佳程房地产公司向南通二建集团汇款共计145,432,901元。2015年4月24日至2016年12月21日，南通二建集团向佳程房地产公司汇款共计115,692,901元。南通二建集团取得上海农商行浦东分行向佳程房地产公司发放的贷款145,432,901元，因未到施工合同约定的支付进度款的时间节点，根据佳程房地产公司的要求，将其中的115,692,901元返还给佳程房地产公司，南通二建集团实际取得工程款为2974万元。

一审法院委托审价单位对涉案工程已完成工程量的造价进行司法鉴定，审价单位明确涉案工程造价中确定项目合计153,033,864元及争议项目金额。

2016年3月28日，上海农商行浦东分行与佳程房地产公司签订借款合同、抵押合同，约定佳程房地产公司向上海农商行浦东分行借款4亿元用于商业用房开发，同时以涉案工程进行抵押并办理了抵押登记。上海农商行浦东分行向佳程房地产公司发放贷款共计373,242,901元。南通二建集团提交佳程房地产公司出具的承诺函证明佳程房地产公司承诺通过南通二建集团账户过渡的银行贷款资金不作为工程款付款依据，南通二建集团系应佳程房地产公司要求在施工方已收到资金确认函上盖章，实际上南通二建集团并未收到该过渡款项。佳程房地产公司、上海农商行浦东分行对上述证据的真实性予以认可。

南通二建集团向一审法院起诉请求：(1) 解除南通二建集团与佳程房地产公司签订的施工合同；(2) 判令佳程房地产公司返还南通二建集团履约保证金200万元；(3) 判令佳程房地产公司支付南通二建集团工程款；(4) 判令佳程房地产公司支付南通二建集团停工损失；(5) 佳程房地产公司赔偿南通二建集团因逾期支付工程款所致资金财务成本损失；(6) 确认南通二建集团有权在佳程房地产公司欠付的上述债务范围内，以涉案工程折价或者变卖的价款优先受偿等。

一审法院判决：(一）确认涉案施工合同于2018年7月4日解除；(二）南通二建集团于判决生效之日起15日内将上海浦东佳程广场（G1-12地块）工程场地交还给佳程房地产公司；(三）佳程房地产公司于判决生效之日起15日内支付南通二建集团工程款127,964,663.49元；(四）南通二建集团在佳程房地产公司欠付工程款127,964,663.49元范围内就涉案上海浦东佳程广场（G1-12地块）项目工程折价或者拍卖的价款享有优先受偿权；(五）佳程房地产公司于判决生效之日起15日内返还南通二建集团履约保证金200万元；(六）佳程房地产公司于判决生效之日起15日内支付南通二建集团停工损失，按每天1.05万元计算，自2017年3月31日起至判决生效之日止；(七）佳程房地产公司于判决生效之日起15日内支付南通二建集团财务成本损失，以92,481,114.2元为本金，按年利率6.65%计算，自2017年3月31日起至判决生效之日止；以127,964,663.49元为本金，按年利率6.65%计算，自判决生效日之次日起至佳程房地产公司实际付清工程款之日止；(八）佳程企业发展公司就判决第三、五、六、七项对佳程房地产公司的债务承担连带责任；(九）驳回南通二建集团的其余诉讼请求。

南通二建集团不服一审判决，上诉请求：撤销一审判决第三、四、七、八项，依法改判应付工程款金额为130,012,950.16元，判决栩宽企业发展公司、五牛投资中心对佳程房地产公司的债务承担连带清偿责任，五牛基金公司、深圳五牛基金公司对五牛投资中心的债务承担连带清偿责任。

上海农商行浦东分行上诉请求：依法改判一审判决第四项，判决南通二建集团对工程款不享有优先受偿权。

二审法院判决撤销了一审判决第四项，维持了一审判决其他判项。

南通二建集团不服，向最高人民法院申请再审。

【案件焦点】

承包人出具虚假的工程款收款证明对其行使建设工程价款优先受偿权的影响。

【裁判结果】

最高人民法院经审查认为，关于南通二建集团就涉案工程应否享有建设工程价款优先受偿权的问题，建设工程价款优先受偿权是建设工程承包人享有的一项法定优先权，但承包人不得滥用该项权利，且在特定情形下，因承包人自身存在过错行为，其还可能丧失建设工程价款优先受偿权。本案南通二建集团就涉案工程应否享有建设工程价款优先受偿权，应结合南通二建集团所实施行为的主观过错、后果、是否损害他人合法权益、是否影响建筑工人利益等因素综合予以认定。第一，从主观过错来看，南通二建集团在原审中自认其曾向上海农商行浦东分行出具了落款时间分别为2016年3月31日、5月10日、5月23日、8月22日、8月30日的5份施工方已收到资金确认函，确认收到工程款261,466,700元。南通二建集团作为长期专业从事工程建设的市场主体，应对上海农商行浦东分行要求其出具收到资金确认函的目的以及其出具收到资金确认函所产生的法律后果具有相应的认知。在此情况下，南通二建集团仍向上海农商行浦东分行出具与实际收到工程款金额不符的施工方已收到资金确认函，并将其实际收到的145,432,901元工程款中的115,692,901元返还给了佳程房地产公司，配合佳程房地产公司套取上海农商行浦东分行贷款。南通二建集团的行为在主观上存在重大过错，其应对此承担相应的法律责任。第二，从行为后果来看，南通二建集团在原审中自认由其出具的5份资金确认函载明其已收到佳程房地产公司支付的工程款合计261,466,700元，超过原审法院认定的南通二建集团施工工程的总价款157,704,663.49元。发包人欠付工程款是承包人享有建设工程价款优先受偿权的前提和基础，南通二建集团在收到资金确认函中确认收到的工程款已超出其实际应得的工程款，其因为自身的过错行为丧失了主张建设工程价款优先受偿权的事实基础，其不应再享有该项优先权。第三，从是否损害他人权益的角度来看，虽然南通二建集团出具5份收到资金确认函的对象为上海农商行浦东分行，但该行为导致佳程房地产公司从上海农商行浦东分行获取的本应用于支付工程款的贷款被挪作他用，而具有优先受偿权的工程款未获清偿，必然会影响佳程房地产公司其他债权人的债权受偿，故南通二建集团出具收到资金确认函的行为，不仅损害了上海农商行浦东分行的合法权益，而且损害了佳程房地产公司其他债权人的合法权益，其对佳程房地产公司享有的工程款债权不应再优先于上海农商行浦东分行对佳程房地产公司享有的贷款债权，以及其他债权人对佳程房地产公司享有的债权。第四，南通二建集团并未提供证据证明其就涉案工程不享有建设工程价款优先受偿权会损害建筑工人利益。综上所述，二审判决认定南通二建集团就涉案工程因其自身过错行为不享有建设工程价款优先受偿权，并无不当。南通二建集团申请再审新提交的启东市公安局立案告知单、鉴定意见通知书、立案决定书、苏州同济司法鉴定所司法鉴定意见书，不足以推翻其在原审中关于上述5份收到资金确认函由其出具的自认，亦不能证明原审认定的施工方已收到资金确认函均系伪造；其申请再审新提交的上海市监察委员会公告、上海市不动产登记信息、上海银行人民币单位委托贷款借款合同、上海市建设工程施工合同，不足以证明上海农商行浦东分行存在主观恶意、未尽到合理审查义务的情形。南通二建集团所提交的上述证据材料均不属于《民事诉讼法》第200条第1项规定的足以推翻原判决的新证据。据此，最高人民法院作出(2021)最高法民申3629号裁定：驳回南通二建集团的再审申请。

【裁判摘要评析】

建设工程价款优先受偿权是《合同法》[1]第286条[2]赋予承包人的优先权利，该权利优先于抵押权、一般债权。实践中，发包人为获得建设资金，通常以正在施工的建设工程向银行申请贷款并办理抵押登记。贷款银行为确保其抵押权行使和实现不受建设工程价款优先受偿权的影响和限制，以及借款人按照合同约定使用贷款等目的，往往在发放贷款的过程中要求承包人确认其已收到的工程款数额。本案上海农商行浦东分行向佳程房地产公司发放贷款的过程中，为确保抵押权得以实现，要求南通二建集团出具收到工程款的确认函；南通二建集团为配合佳程房地产公司获取银行贷款，出具了与其实际收到的工程款数额不符的施工方已收到资金确认函。佳程房地产公司获取银行贷款后，将本应用于支付工程款的贷款挪作

---

〔1〕 根据《民法典》的规定，《合同法》于2021年1月1日废止。

〔2〕 现为《民法典》第807条："发包人未按照约定支付价款的，承包人可以催告发包人在合理期限内支付价款。发包人逾期不支付的，除根据建设工程的性质不宜折价、拍卖外，承包人可以与发包人协议将该工程折价，也可以请求人民法院将该工程依法拍卖。建设工程的价款就该工程折价或者拍卖的价款优先受偿。"以下同。

他用。后因佳程房地产公司未能按约支付工程款，南通二建集团提起本案诉讼，请求判令佳程房地产公司支付工程款，并确认南通二建集团对该部分工程款享有建设工程价款优先受偿权等。关于南通二建集团出具虚假的工程款收款证明对其行使建设工程价款优先受偿权的影响，可分析如下。

一、承包人出具的虚假工程款收款证明的效力分析

诚信原则是民法的基本原则，被称为民法的“帝王条款”。民事主体应本着善意的原则，相互配合，保护对方的合理期待与信赖；尊重他人的合法权益，尊重社会公共利益；善意行使权利，不得滥用权利。南通二建集团为配合佳程房地产公司套取银行贷款，在实际未收到相应工程的情况下，向上海农商行浦东分行出具虚假的工程款收款证明，其滥用承包人权利出具虚假证明材料的行为违背了诚信原则，侵害了上海农商行浦东分行作为相对方的合理信赖利益，一定程度上扰乱了金融市场秩序，应给予否定性评价。

《民法总则》〔1〕第143条〔2〕规定，具备下列条件的民事法律行为有效：（1）行为人具有相应的民事行为能力；（2）意思表示真实；（3）不违反法律、行政法规的强制性规定，不违背公序良俗。承包人出具虚假工程款收款证明的行为并非其真实意思表示，当该虚假意思表示涉及第三人时，该行为的对内、对外效力有所不同。

（一）对内效力

《民法总则》第146条第1款〔3〕规定：“行为人与相对人以虚假的意思表示实施的民事法律行为无效。”该规定是关于通谋虚伪行为的法律效力的规定。所谓通谋虚伪意思表示，是指行为人和相对人一致同意对外表示的事项对其不发生法律效力，即双方当事人所达成的一致仅是表面假象，实际上不欲使其发生法律行为上的效果。〔4〕本案中南通二建集团为配合佳程房地产公司获取银行贷款，在佳程房地产公司拟定的施工方已收到资金确

---

〔1〕根据《民法典》的规定，《民法总则》于2021年1月1日废止。

〔2〕现为《民法典》第143条。以下同。

〔3〕现为《民法典》第146条第1款。

〔4〕参见［德］卡尔·拉伦茨：《德国民法通论》（下），王晓晔等译，法律出版社2003年版，第497页。

认函上加盖公司印章，作出与其实际收到的工程款不一致的虚假意思表示，其与佳程房地产公司之间虚构债权债务的行为无效，即施工方已收到资金确认函在南通二建集团与佳程房地产公司之间不发生法律效力。

（二）对外效力

行为人以虚伪意思表示所实施的行为对第三人是否产生法律效力，法律并无明文规定。在《中华人民共和国民法总则（草案）》审议期间，曾将有关通谋虚伪表示实施的法律行为不得对抗善意第三人的内容写进草案中。[1] 因考虑到民事法律行为无效对第三人产生的法律后果较复杂，不宜一概规定不得对抗善意第三人，因此该条最终未保留。虽然目前我国法律未明文规定虚伪意思表示所实施的民事法律行为对第三人的效力，但根据《民法典》第 7 条规定的诚信原则、第 172 条规定的表见代理、第 311 条规定的动产善意取得等法律条文所体现的法理精神和价值导向来看，民法旨在鼓励诚实守信、保护交易安全、维护社会稳定，保护善意第三人的合理信赖利益亦是民法的题中应有之义。故行为人以虚假意思表示实施的民事法律行为，第三人对该行为外观产生合理信赖利益且尽到审慎注意义务的，该行为对第三人发生法律效力。实务中，判断行为人以虚假意思表示实施的民事法律行为是否对第三人发生法律效力可从以下三个方面予以把握：可信赖的外观、行为人可归责性、第三人善意。

1. 可信赖的外观。可信赖的外观是指行为人作出的意思表示结合相关条款、行为的性质和目的、习惯以及诚信原则，按照规范性解释具有能够被普通人所理解的外在表象。该外观既可以是文书、登记、公告，也可以是特定的行为。本案中，南通二建集团出具的多份施工方已收到资金确认函系以文书形式确认其已收到的工程款数额，该意思表示明确、清晰、具体，具备了能为他人所客观理解的合理信赖基础。

2. 行为人的可归责性。行为人的可归责性即表意人明知其作出的虚假意思表示会使他人陷入错误认识，仍选择作出该意思表示，给他人造成了

---

〔1〕《中华人民共和国民法总则（草案）》（大会审议稿）第 149 条第 1 款规定："行为人与相对人以虚假的意思表示实施的民事法律行为无效，但是双方均不得以此对抗善意第三人。"

利益损失。本案中，南通二建集团作为专业的工程建设主体，其明知上海农商行浦东分行要求其出具收到资金确认函的用意以及其出具该函所产生的法律后果，仍配合佳程房地产公司出具多份施工方已收到资金确认函，其行为在主观上存在过错，具有可归责性。

3. 第三人善意。第三人善意是指第三人对真实情况并不知情，对行为人制造的外观表象已尽谨慎注意义务后仍无法探知行为人隐藏的真实意思，并对该外观产生了合理信赖利益。本案中，上海农商行浦东分行为确保其抵押权得以实现，在发放贷款前委托第三方对佳程房地产公司的用款计划进行审核，并按照工程进度分期发放贷款，同时要求南通二建集团出具收到工程款的确认函件。上海农商行浦东分行对此已尽到谨慎注意义务，是本案的善意第三人，其合理的信赖利益应予保护。

二、建筑工人利益在案件处理中的考量

《建设工程施工合同司法解释（二）》[1] 第23条（《建设工程施工合同司法解释（一）》第42条）规定："发包人与承包人约定放弃或者限制建设工程价款优先受偿权，损害建筑工人利益，发包人根据该约定主张承包人不享有建设工程价款优先受偿权的，人民法院不予支持。"该规定明确承包人处分建设工程价款优先受偿权以不损害农民工等建筑工人权益为前提。本案中，承包人南通二建集团对外出具虚假的工程款收款证明确认工程款收款数额的行为，虽未直接处分其依法享有的建设工程价款优先受偿权，但该行为可能会影响其本享有的工程款债权的实现，如其因此造成资产负债状况恶化，将会影响建筑工人工资的支付，从而损害建筑工人利益。《合同法》第286条赋予承包人建设工程价款优先受偿权的立法本意是为了保护建筑工人这一弱势群体获得劳动报酬进而保障其生存权利，故无论承包人如何处分其建设工程价款优先受偿权或工程款债权，均不得违背法律赋权的本源和初衷。因此，承包人对外出具虚假的工程款收款证明的行为，也应受到是否损害建筑工人利益的评价和考量。判断是否损害建筑工

---

〔1〕 根据2020年12月23日通过的《最高人民法院关于废止部分司法解释及相关规范性文件的决定》，《建设工程施工合同司法解释（二）》已于2021年1月1日废止。

人的利益，要看承包人这一行为是否影响其整体清偿能力，要将承包人整体的资产负债情况以及现金流情况是否因此恶化到影响建筑工人工资支付的程度作为主要的考虑因素。[1] 如经审查，承包人出具虚假的工程款收款证明的行为损害了建筑工人利益，则该行为有违立法精神，应认定无效。

根据前述分析，承包人出具虚假的工程款收款证明对善意第三人发生法律效力，此时便会产生当建筑工人利益与其他债权人合理信赖利益之间发生冲突时如何取舍的问题。从《企业破产法》第113条破产债权清偿顺序等规定不难看出，当面对多种权益均须保护时，法律优先保护劳动者的工资报酬权利。劳动债权与人的基本生活息息相关，是其生存的物质基础。劳动债权能否得到清偿及清偿比例，直接关系到劳动者的基本生存权利。同样，依法优先保护建筑工人利益也是人民法院审理建设工程施工合同纠纷案件时重要的价值取向。因此，当承包人对外出具虚假的工程款收款证明的行为损害建筑工人利益时，该行为对内、对外均无效。发包人的债权人因此造成损失的，可要求承包人对其行为承担过错赔偿责任。

本案已对建筑工人利益进行了充分考量。南通二建集团在本案诉讼中并未提出其出具施工方已收到资金确认函的行为将会导致其资金状况严重恶化并影响建筑工人工资受偿，也无相关证据显示建筑工人利益会因此受损。上海农商行浦东分行为善意第三人，本案不宜否定南通二建集团出具施工方已收到资金确认函的行为的对外效力。

三、承包人出具虚假的工程款收款证明对其所享有的建设工程价款优先受偿权范围的影响

承包人对发包人享有工程款债权是承包人享有建设工程价款优先受偿权的前提和基础。承包人对外出具与实际收到的工程款数额不符的工程款收款证明对其享有的建设工程价款优先受偿权范围造成影响。承包人实际收到的工程款数额低于其对外确认收到的工程款数额的，承包人享有的建设工程价款优先受偿权范围以其应得工程款数额与其对外确认收到的工程

---

〔1〕 参见最高人民法院民一庭编著：《最高人民法院建设工程施工合同司法解释（二）理解与适用》，人民法院出版社2019年版，第475页。

款数额之间的差额为限。承包人对外确认收到的工程款数额已超过其应得的工程款数额的，承包人不再享有建设工程价款优先受偿权。本案中南通二建集团出具的5份施工方已收到资金确认函上载明的工程款合计26,146.67万元，已超过本案工程总价款157,704,663.49元，此时南通二建集团对其实际未获清偿的工程款债权不再享有建设工程价款优先受偿权。

最高人民法院再审审查法院合议庭成员：汪军　薛贵忠　杜微科

（编写人：汪军*　余晴**　魏佳钦***　审稿人：杨奕）

* 汪军，法律硕士，中华人民共和国最高人民法院第三巡回法庭，二级高级法官。

** 余晴，法律硕士，江西省高级人民法院，法官助理。

*** 魏佳钦，法学硕士，中华人民共和国最高人民法院第三巡回法庭，法官助理。

惠元（厦门）房地产发展有限公司
与
中铁二局集团有限公司、中铁二局建设有限公司
建设工程施工合同纠纷案

——承发包双方签订的与中标合同内容不一致的补充协议能否作为确定双方权利义务的依据

【裁判摘要】

施工过程中，发包人与承包人因客观情况发生变化而另行订立与中标合同内容不一致的补充协议，未对招投标时其他竞标人能否中标或以何种条件中标产生影响，也未造成双方权利义务失衡的，不属于背离中标合同实质性内容的合同。一方当事人请求按补充协议确定权利义务的，人民法院应予支持。

【案件基本信息】

1. 诉讼当事人

再审申请人（一审被告、反诉原告，二审上诉人）：惠元（厦门）房地产发展有限公司（以下简称惠元房地产公司）

被申请人（一审原告、反诉被告，二审被上诉人）：中铁二局集团有限公司（以下简称中铁二局集团）

被申请人（一审第三人、反诉被告，二审被上诉人）：中铁二局建设有限公司（以下简称中铁二局建设公司）

2. 案件索引与裁判日期

一审：福建省厦门市中级人民法院（2020）闽02民初399号判决（2020年11月26日）

二审：福建省高级人民法院（2021）闽民终 233 号判决（2021 年 6 月 16 日）

再审审查：最高人民法院（2022）最高法民申 262 号裁定（2022 年 4 月 21 日）

3. 案由

建设工程施工合同纠纷

【简要案情】

2010 年 10 月 25 日，中铁二局建设公司通过招投标程序中标涉案工程。2010 年 11 月 1 日，惠元房地产公司与中铁二局建设公司签订建设工程施工合同。2010 年 11 月 2 日，双方签订星海湾和谐天下一区、二区施工补充合同，上述两份合同在页码上系连续编码。后惠元房地产公司与中铁二局建设公司陆续签订补充协议书及补充合同二至补充合同八等，对停窝工等损失及后续施工事宜、新增加的户型改造工程、已完工工程内容和结算价款、未施工部分工程造价的确定方式、工期、工程款支付等具体事宜作出进一步补充约定。2019 年 12 月 6 日，中铁二局集团通过签订合同主体变更协议成为承包人。2020 年 1 月 20 日，涉案工程经建设单位、勘查单位、设计单位、监理单位、施工单位竣工验收合格。2020 年 3 月 3 日，中铁二局集团与惠元房地产公司签订星海湾和谐天下一区、二区工程结算协议。后因惠元房地产公司未按约支付工程款，中铁二局集团以惠元房地产公司为被告，起诉请求惠元房地产公司按照上述合同主体变更协议、补充合同、补充协议及结算协议等履行支付工程款的义务。

一审、二审判决认定星海湾和谐天下一区、二区施工补充合同是建设工程施工合同的组成部分，上述其他的补充协议等系因工程施工变化和实际需要作出，属于涉案建设工程施工合同的组成文件，并非双方另行订立的实质性内容不一致的合同，惠元房地产公司应按照后续签订的结算协议的约定支付工程款。

二审判决生效后，惠元房地产公司以涉案补充协议等与建设工程施工合同系“黑白合同”为由，向最高人民法院申请再审。

【案件焦点】

发包人与承包人另行订立的补充合同、补充协议是否背离中标合同的实质性内容，与中标合同是否属于“黑白合同”。

【裁判结果】

最高人民法院经审查认为上述补充合同、补充协议、结算协议不构成对建设工程施工合同的实质性变更，与建设工程施工合同之间不属于“黑白合同”关系。第一，星海湾和谐天下一区、二区施工补充合同系对建设工程施工合同的细化补充。惠元房地产公司与中铁二局建设公司于2010年11月1日签订的建设工程施工合同与2010年11月2日签订的星海湾和谐天下一区、二区施工补充合同在页码上系连续编码，建设工程施工合同第一部分“协议书”明确约定“六、组成合同的文件……双方有关工程的洽谈、变更等书面协议或文件为本合同的组成部分”，第三部分“专用条款”明确约定“2. 合同文件及解释顺序详见星海湾和谐天下一区、二区施工补充合同。合同履行中，发包人和承包人有关工程的洽谈、变更等书面协议或文件以及上述内容以外的招标文件内容均视为本合同的组成部分”，建设工程施工合同第一部分“协议书”中的“承包范围”及第三部分“专用条款”中的“风险范围以外合同价款调整方法”“双方约定工期顺延的其他情况”等条款均载明“详见星海湾和谐天下一区、二区施工补充合同”。惠元房地产公司与中铁二局建设公司在签订合同时已经将星海湾和谐天下一区、二区施工补充合同作为建设工程施工合同的组成部分，星海湾和谐天下一区、二区施工补充合同是对建设工程施工合同有关条款的进一步明确和具体细化，并非双方另行订立的实质性内容不一致的合同。第二，在建设工程施工合同的履行过程中，无论该工程是否属于依法必须招标的工程，发包人与承包人可以根据客观情况的变化对工程款的数额及支付节点、停窝工损失、工期等通过补充协议的方式作出新的适当约定。本案中，发包人与承包人根据涉案工程施工情况发生的变化先后签订了一系列补充协议、补充合同，如2014年6月30日的补充协议书系双方对停窝工等损失及后续施工事宜达成协议，补充合同二至补充合同八及星海湾和谐天下一区、二区工程结算协议系双方对新增加的户型改造工程、已完工工程内容和结算价款、未施工部分工程造价的确定方式、工期、工程款支付、违约责任、竣工、工程结算等具体事宜作出进一步补充约定，上述约定均是双方在施工合同履行的过程中因客观情况发生变化所作的真实意思表示，未对招标投标时其他竞标人能否中标或以何种条件中标产生影响。上述协议的签订未违背招标投标制度，未导致发包人与承包人之间的权利义务失衡，并不构成对建设工程施工合同的实质性变更。惠元房地产公司提出的其他再审事由均不能成立。因此，驳回惠元房地产公司的再审申请。

【裁判摘要评析】

《招标投标法》第 5 条规定，采用招标投标作为交易方式的，应当遵循公开、公平、公正和诚实信用原则，营造公平竞争的招投标环境，从而维护招标和各中标人的合法权益。《民法典》第 790 条规定，建设工程的招标投标活动，应当依照有关法律的规定公开、公平、公正进行。招标投标是订立建设工程施工合同的一种重要方式，招标行为是招标人的要约邀请，竞标人根据招标文件进行的投标行为是向招标人发出的要约，中标通知书是招标人向中标人作出的承诺，中标通知书一经发出，承诺生效。[1]《招标投标法》第 46 条规定，招标人和中标人应当自中标通知书发出之日起 30 日内，按照招标文件和中标人的投标文件订立书面合同，该“书面合同”是指《民法典》第 490 条规定的“合同书”，即当事人采用合同书形式订立建设工程施工合同的，自当事人均签名、盖章或者按指印时合同成立。公开、公平、公正以及诚实信用原则应贯穿于建设工程招标投标过程的始终，落实上述原则的根本在于建设工程施工合同的内容与招标文件、投标文件、中标通知书一致，同时根据《招标投标法》第 46 条的规定，招标人和中标人不得再另行订立与中标合同实质性内容不一致的其他协议。然而在实践中，招标人和中标人由于各种原因另行签订补充协议的情况时有发生。招标人和中标人在施工过程中因客观情况发生变化而订立的补充协议是否属于背离中标合同实质性内容的合同，司法实务中存在不同认识。

---

〔1〕 参见最高人民法院民事审判第一庭编著：《最高人民法院新建设工程施工合同司法解释（一）理解与适用》，人民法院出版社 2021 年版，第 223 页。

一、有关“实质性内容”的法律规定

关于建设工程施工合同“实质性内容”的理解，涉及对当事人意思自治的尊重，也涉及招标投标制度的落实，以及建设工程施工合同主体间纠纷的处理。除《招标投标法》第46条提及“中标合同实质性内容”之外，《建设工程施工合同司法解释（一）》第2条对建设工程中标合同的实质性内容也作出了具体规定。

（一）《招标投标法》第46条中的“合同实质性内容”

《招标投标法》由第九届全国人民代表大会常务委员会第十一次会议于1999年8月30日通过，《招标投标法》第46条第1款规定：“招标人和中标人不得再行订立背离合同实质性内容的其他协议。”但《招标投标法》未对中标合同“实质性内容”作出明确界定。当时，全国人民代表大会常务委员会法制工作委员会编写的条文释义中指出，《招标投标法》第46条第1款中规定的“实质性内容”是指投标价格、投标方案等。〔1〕2017年12月27日，第十二届全国人民代表大会常务委员会第三十一次会议通过《关于修改〈招标投标法〉、〈计量法〉的决定》，未对《招标投标法》第46条作出修改。

（二）《建设工程施工合同司法解释（一）》第2条中的“实质性内容”

按照文义解释，“合同实质性内容”是指对当事人的基本权利义务有实质性影响的内容。〔2〕《建设工程施工合同司法解释》（法释〔2004〕14号）第21条规定，当事人就同一建设工程另行订立的建设工程施工合同与经过备案的中标合同实质性内容不一致的，应当以备案的中标合同作为结算工程价款的根据。该条中的中标合同“实质性内容”是指工程价款、工程质量或者工程期限等方面内容。〔3〕《第八次全国法院民事商事审判工作会议（民事部分）纪要》第31条指出，招标人和中标人另行签订的协议改变了工期、工程价款、工程项目性质等，导致合同双方当事人享有的权利义务

---

〔1〕参见卞武耀主编：《中华人民共和国招标投标法释义》，法律出版社2000年版，第108页。

〔2〕参见最高人民法院民事审判第一庭编著：《最高人民法院新建设工程施工合同司法解释（一）理解与适用》，人民法院出版社2021年版，第29页。

〔3〕参见最高人民法院民事审判第一庭编著：《最高人民法院建设工程施工合同司法解释的理解与适用》，人民法院出版社2015年版，第150页。

发生较大变化的，应认定为变更中标合同的实质性内容。《建设工程施工合同司法解释（一）》第2条明确规定建设工程中标合同的实质性内容是指工程范围、建设工期、工程质量、工程价款等。上述四个要素是相互关联的。工程范围决定了中标人施工的边界，不同的施工范围对中标人建筑资质的要求不同，也直接决定招标人支付的工程价款数额和中标人可获得的利润。工程范围的变化往往会引起与建设工期、工程质量要求、工程价款等的变化，《建设工程施工合同司法解释（一）》在以往理解的基础上将工程范围作为了中标合同的实质性内容。建设工期是指完成建设工程的期限，在约定的建设工期内完成施工，可以有效避免招标人对第三方承担逾期违约责任。工程质量关系生产经营的正常运行和人民的生命财产安全，建设工程的质量必须按照现行法律规定、技术标准、设计文件和合同约定得到保障。工程价款是建设工程施工合同当事人权利义务最终的体现，是决定工程中标人的关键因素。

（三）《建设工程施工合同司法解释（一）》第22条的规定

《招标投标法实施条例》第57条规定，招标人与中标人签订的书面合同的标的、价款、质量、履行期限等主要条款应当与招标文件、投标文件的内容一致，招标人和中标人不得再行订立背离合同实质性内容的其他协议。《建设工程施工合同司法解释（一）》第22条规定当事人签订的建设工程施工合同与招标文件、投标文件、中标通知书载明的工程范围、建设工期、工程质量、工程价款不一致，一方当事人可以请求将招标文件、投标文件、中标通知书作为结算工程价款的依据。结合《建设工程施工合同司法解释（一）》第2条，建设工程中标合同的实质性内容应当与招标文件、投标文件、中标通知书保持一致。具体到建设工程领域，《招标投标法实施条例》第57条规定的“主要条款”应理解为建设工程中标合同的“实质性内容”。

二、“背离中标合同实质性内容”的司法认定

从开展招投标活动到签订合同，再到合同履行的这一过程中，当事人享有变更合同的权利。对于招投标文件中未提及的内容，当事人可以在中标合同中予以补充并加以细化、完善；在施工合同履行过程中，当事人可以订立补充协议以适应客观情况的变化。但是中标合同的实质性内容应与招标文件、投标文件、中标通知书一致，补充协议的实质性内容不得背离中标合同。

对于“背离中标合同实质性内容”的认定，学理观点众说纷纭，但可大致分为质和量两个衡量视角。在质的视角上，第一种观点认为应当先认定哪些条款属于中标合同的实质性条款，改变这些实质性条款的补充协议即构成对中标合同的实质性变更。〔1〕第二种观点从落实公开招标投标的意义出发，以是否会破坏建筑市场的公平竞争秩序为标准，补充协议导致不公平竞争的，属于与中标合同实质性内容不一致。〔2〕在量的视角上，第一种观点认为补充协议中的工程量、工程期限、工程价款等可量化要素的变化量超过中标合同1/5的，不属于正常的合同变更，应认定为背离中标合同的实质性内容。〔3〕第二种观点主张在法律规定、国家标准、行业标准等的最低限度范围内，结合个案灵活、从宽判断“实质性内容不一致”，不以变化量的具体占比为认定标准。〔4〕司法实践中，“背离中标合同实质性内容”的认定尚不存在统一的严格适用标准。具体认定时，不应仅机械地考虑相关条款形式或内容上的改变，而应结合工程施工的实际情况，客观判断补充协议等与中标合同不一致的必要性、现实性，同时结合对招投标公平竞争秩序及招标人与中标人权利义务平衡的考量，综合予以判断。

（一）考量补充协议与中标合同不一致的原因

补充协议与中标合同不一致的原因可以分为主观原因和客观原因。主观原因主要包括：(1) 招标人利用自身优势地位与投标人另行签订实际履行的合同；(2) 投标人在签订中标合同后，采取恶意停工等方式要求招标人另行签订施工合同；(3) 招标人与投标人相互串通在中标合同之外签订

〔1〕参见王勇：《对建筑工程领域黑白合同的裁判思路》，载《人民司法（应用）》2016年第7期。

〔2〕参见最高人民法院民事审判第一庭编著：《最高人民法院新建设工程施工合同司法解释（一）理解与适用》，人民法院出版社2021年版，第29页。

〔3〕参见李后龙等：《建设工程招投标纠纷案件审判疑难问题研究》，载《法律适用》2017年第7期。

〔4〕参见方乐坤：《建设工程领域“黑白合同”规则实证研究——解释论的视角》，载《现代法学》2020年第5期。

补充协议等。[1] 客观原因是指在施工合同履行的过程中因客观情况发生变化，招标人与投标人对中标合同进行补充、细化或变更，以使建设工程得以顺利推进。例如，在施工过程中，因招标人设计变更、建设工程规划指标调整、[2] 相关法律或政策变化等客观因素，双方以补充协议等形式变更工程范围的，或因客观自然条件影响而以补充协议等形式变更建设工期，补充协议等的签订属于建设工程施工过程中客观需要的，不应仅依据协议变更的内容机械地认定为对中标合同的实质性内容进行了变更。

（二）考量是否影响其他竞标人中标

《招标投标法》规定招投标程序是为了确保公平、公开、公正的竞争环境，发包人与承包人补充或变更协议的内容以排除其他竞标人中标的可能或提高其他竞标人中标条件的，违背了招标投标制度的初衷，构成对中标合同实质性内容的变更，具体可以考量补充协议等的签订时间。

在中标合同签订后，由于建设工程复杂程度高、履行期限长，随着施工进度的深入，招标人与中标人就工程中出现的具体问题签订补充、变更协议是正常且普遍的。在施工合同履行的过程中，招标人与中标人根据施工情况可以协商变更合同，这是合同自由原则的体现。但是实践中，招标人与中标人在招标投标程序前签订补充协议等的现象大量存在；或者招标人与中标人另行签订补充协议的时间与中标合同的签订时间相隔很短，一般发生在正式施工之前或开始施工时。发生在上述时点的补充协议一般不是基于合同实际履行过程中的客观需要签订的，而是招标人与中标人在招投标程序之外私下订立的“黑合同”，将会使招标投标程序被架空，影响了其他竞标人的合法权益，往往属于背离中标合同实质性内容的协议。例如，在（2021）最高法民申 1851 号裁定中，招标人与中标人签订补充协议与中标合同的时间仅相隔一天，双方对中标合同的工程范围、建设工期等

---

〔1〕 参见林基础、徐楠：《施工合同司法解释第二十一条的适用性研究》，载《建筑经济》2018 年第 12 期。

〔2〕 参见最高人民法院民事审判第一庭编著：《最高人民法院新建设工程施工合同司法解释（一）理解与适用》，人民法院出版社 2021 年版，第 32 页。

进行了变更，最高人民法院认定该补充协议与中标合同实质性内容不一致。[1]

（三）考量是否导致招标人与中标人的权利义务失衡

《招标投标法》等规定了必须招标的工程项目范围，采用招标投标程序订立建设工程施工合同体现了程序公平，建设工程施工合同作为双务合同，给付与对待给付的均衡体现了实质公平原则。[2] 招标人与中标人另行订立的补充协议等较大改变了双方的权利义务关系，导致双方权利义务失衡的，应认定为与中标合同的实质性内容不一致。具体可以考量补充协议与中标合同背离的程度、是否属于当事人的真实意思表示，是否破坏了当事人权利义务的一致性等。

建设工程施工合同中的要素包括可量化要素和不可量化要素。工程范围、建设工期、工程价款是可以量化的要素，判断补充合同中的可量化要素是否构成对中标合同的实质性变更，可以结合变化的比例和数值以及当事人的意思表示综合认定。在（2019）最高法民终 583 号判决中，最高人民法院认为，中标合同约定建设工程总投资下浮后为结算总价，下浮比例由发包人与承包人另行协商，双方在签订中标合同的同日签订补充协议约定下浮比例为 6%，符合中标合同约定，是对中标合同的补充和完善，属于当事人的真实意思表示。[3] 工程质量属于难以量化的要素，补充协议等将工程质量变更为低于法律规定、国家标准、行业标准等的，应属于对中标合同的实质性变更。

工程范围、建设工期、工程价款、工程质量等要素是相互影响的，一种要素变化往往带来其他要素的改变。其中仅个别要素发生变化，但足以破坏招标人与中标人权利义务的一致性的，应认定为构成对中标合同的实质性变更。在司法实践中，补充协议对中标合同的工程价款作了大幅增

---

〔1〕 参见青岛市李沧区世园街道办事处毕家上流社区居民委员会与青岛和瑞城市建设集团有限公司建设工程施工合同纠纷案。

〔2〕 参见韩世远：《合同法总论》（第 4 版），法律出版社 2018 年版，第 52 页。

〔3〕 参见重庆国际贸易集团有限公司与贵州省金沙县天誉合投资管理有限责任公司、贵州省金沙县人民政府建设工程施工合同纠纷案。

加，但并不存在工程量增加及配套工程的，补充协议属于对中标合同的实质性背离。[1] 除此之外，还应考虑要素中的重要内容是否不合理地加重了一方的义务。例如，最高人民法院在（2019）最高法民终 1093 号判决中指出，款项支付方式是工程价款的重要内容，补充协议将工程款的支付方式由预付款加进度付款改为承包人全资垫资施工的，属于对中标合同的实质性变更。[2]

最高人民法院再审审查合议庭成员：汪军　李晓云　金悦

（编写人：汪军[*]　魏佳钦[**]　王海馨[***]　审稿人：李明）

---

〔1〕 参见最高人民法院民事审判第一庭编：《民事审判指导与参考》（总第 55 辑），人民法院出版社 2014 年版，第 129 页。

〔2〕 参见江苏南通二建集团有限公司、天津国储置业有限公司与国储能源化工（天津）有限公司、天津睿拓投资有限公司建设工程施工合同纠纷案。

* 汪军，法律硕士，中华人民共和国最高人民法院第三巡回法庭，二级高级法官。

** 魏佳钦，法学硕士，中华人民共和国最高人民法院第三巡回法庭，法官助理。

*** 王海馨，上海财经大学法学硕士研究生。

中国有色金属工业第六冶金建设有限公司
与
信阳捷鸣土石方工程有限公司等
建设工程施工合同纠纷案

——BT 模式下项目投资人对实际施工人付款责任的认定

【裁判摘要】

基于对实际施工人合法权益保障的考虑，在建设工程施工合同纠纷案件中有限地突破合同相对性原则，符合客观实际。BT 模式下法律主体众多，相较于一般建设工程施工合同有其特殊性，在实践中对于是否认定 BT 模式的项目投资人为发包人身份存在争议，从而对实际施工人付款责任主体的认定产生影响。项目投资人在整个项目中承担融资、项目管理及施工建设等多重角色，实际上承担了类似于发包人的职能，实际施工人可诉请该项目投资人在欠付工程款范围内承担责任。

【案件基本信息】

1. 诉讼当事人

再审申请人（一审被告、二审上诉人)：中国有色金属工业第六冶金建设有限公司（以下简称六冶建设公司)

被申请人（一审原告、二审上诉人)：信阳捷鸣土石方工程有限公司(以下简称捷鸣工程公司)

一审被告、二审上诉人：河南新长城建设有限公司（以下简称新长城建设公司)

一审被告：郑州航空港区国有资产经营管理有限公司（以下简称国资

公司）

2. 案件索引与裁判日期

一审：河南省郑州市中级人民法院（2017）豫01民初5103号判决（2019年7月26日）

二审：河南省高级人民法院（2019）豫民终1441号判决（2020年6月30日）

再审：最高人民法院（2021）最高法民申1513号裁定（2021年9月29日）

3. 案由

建设工程施工合同纠纷

【简要案情】

2014年7月9日，六冶建设公司作为项目投资人，国资公司作为项目发起人，双方签订BT合同，约定投资人负责项目工程的建设和资金筹措，进行项目的投融资、建设和移交。2014年9月26日，六冶建设公司作为总承包方、六冶建设公司第一分公司作受托管理方、新长城建设公司作为分包方签订分包合同，约定六冶建设公司委托六冶建设公司第一分公司对分包工程进行全面管理，新长城建设公司负责本合同工程施工等。同日，六冶建设公司、六冶建设公司第一分公司、新长城建设公司又签订补充条款，约定：本分包合同的主合同是BT合同，分包方必须严格按照主合同约定的方式进行投资、施工、交工，否则无条件承担主合同中相关的违约责任。2014年10月12日，新长城建设公司（甲方）与捷鸣工程公司（乙方）签订路基土方工程承包合同，2015年1月，新长城建设公司（甲方）与捷鸣工程公司（乙方）就新增部分工程量交与乙方施工，签订路基土方工程承包合同补充协议。2015年9月15日，国资公司与六冶建设公司签订BT合同补充协议，双方就国资公司提前支付回购款对应的计算利率标准、计算期间及抵扣方式达成一致意见。2016年10月2日，新长城建设公司郑州分公司与捷鸣工程公司就承包合同终止履行及其相关事宜签订承包合同补充协议。六冶建设公司于2016年10月20日向捷鸣工程公司出具承诺函，同意按照捷鸣工程公司与新长城建设公司确定的付款金额，直接从应付新长城建设公司的工程款中扣除。即六冶建设公司将工程转包给新长城建设公司，新长城建设公司把其中一个标段转包给捷鸣工程公司，也就是本案的实际施工人。涉案工程已经施工完成，竣工验收。国资公司共向六冶建设公司付款 39,743.148684 万元。目前，六冶建设公司与国资公司仍没有完成工程款结算，且不能确定结算完成时间。捷鸣工程公司自认收到工程款共计 2700 万元，后捷鸣工程公司起诉要求支付工程款。

【案件焦点】

二审判决判令六冶建设公司在新长城建设公司欠付捷鸣工程公司工程款 53,607,180 元范围内承担付款责任，是否属于认定事实缺乏证据证明，是否适用法律错误。

【裁判结果】

最高人民法院经审查认为，《建设工程施工合同司法解释》〔1〕（法释〔2004〕14 号）第 26 条规定："实际施工人以转包人、违法分包人为被告起诉的，人民法院应当依法受理。实际施工人以发包人为被告主张权利的，人民法院可以追加转包人或者违法分包人为本案当事人。发包人只在欠付工程价款范围内对实际施工人承担责任。"该规定并未明确转包方、违法分包方是否应对实际施工人承担清偿责任，且 BT 合同中投资人地位较之一般建设工程施工合同的承包人地位具有特殊性。现六冶建设公司未足额支付新长城建设公司工程款，二审判决基于对实际施工人合法权益保障的考虑，根据公平原则，判令六冶建设公司在新长城建设公司欠付工程价款范围内对实际施工人捷鸣工程公司承担责任，并不会损害六冶建设公司的权益。二审判决判令六冶建设公司在新长城建设公司欠付捷鸣工程公司工程款 53,607,180 元范围内承担付款责任并无不当，六冶建设公司该项主张不能成立，驳回六冶建设公司的再审申请。

【裁判摘要评析】

本案对于 BT 模式下如何认定项目投资人的法律主体地位以及基于该认

〔1〕根据 2020 年 12 月 23 日通过的《最高人民法院关于废止部分司法解释及相关规范性文件的规定》，《建设工程施工合同司法解释》于 2021 年 1 月 1 日废止。

定，项目投资人对实际施工人应承担何种付款责任的认定，对同类案件具有参考价值。本案核心争议焦点是，BT 模式中，实际施工人能否突破合同相对性，要求项目投资人承担付款责任。本文将从 BT 项目模式的定义、BT 模式中发包人的认定以及项目投资人对实际施工人应承担的付款责任等三个方面进行分析。

一、何谓 BT 模式

Build-Transfer 模式简称 BT 模式，意为建设—转让模式，即项目发起人选定项目投资人，由项目投资人负责项目的资金筹措和建设。建设完成后，项目发起人按照事先约定的回购计划，向项目投资人支付相应的收购款。BT 模式常见于必须由政府开发的基础设施项目，如交通、能源、电信等领域。[1]

《建设部关于培育发展工程总承包和工程项目管理企业的指导意见》中首次提及 BT 模式。该指导意见第 4 条第 7 项规定：鼓励有投融资能力的工程总承包企业，对具备条件的工程项目，根据业主的要求，按照“建设—转让”（BT）、“建设—经营—转让”（BOT）、“建设—拥有—经营”（BOO）、“建设—拥有—经营—转让”（BOOT）等方式组织实施。

目前对于 BT 模式在法律层面上尚无明确且统一的定义，部分地方政府依照本地实践，出台了关于 BT 模式的地方性法规、规章或规范性文件。2011 年 12 月 11 日颁布的《郑州市政府投资项目 BT 融资建设管理办法》第 3 条规定，本办法所称 BT 模式即“建设—移交”模式，是指由政府授权的项目业主，通过招投标、竞争性谈判或其他合法方式确定项目投资人，由该投资人承担项目的资金筹措和工程建设，项目竣工验收后移交给项目业主，项目业主按合同约定回购项目的融资建设模式。2012 年 8 月 30 日出台的《海口市人民政府关于印发海口市政府投资项目 BT 融资建设管理暂行办法的通知》第 10 条对 BT 项目作了进一步分类：（1）完全 BT 方式，BT 投资人承担纳入项目 BT 范围内的全部建设资金，BT 投资人设立的项目公司

---

〔1〕 参见彭春莲、白莉：《BT 模式下政府与投资人法律关系及争议解决探析》，载《新疆社会科学》2013 年第 5 期。

通过公开的招投标程序选择施工承包商和材料设备供给商等。(2)设计采购施工总承包 BT 方式，BT 投资人承担项目的全部资金并直接承担投资、建设管理和施工，按照合同的约定对工程项目的勘察、设计、采购、施工、竣工验收等施行全过程的承包，即“BT+EPC”方式。

二、BT 模式中发包人的认定

发包人是指具有工程发包主体资格和支付工程价款能力的当事人以及取得该当事人资格的合法继承人。发包人有时也称发包单位、建设单位或业主、项目法人，其应承担以下责任：做好施工前的准备工作，确保建设承包单位准时进入施工现场。向承包人提供符合质量的材料、设备，对工程质量、进度进行检查，组织验收，支付价款，接收工程，交付使用。发包方对承包方完成的建设工程项目，经验收合格，支付价款后应及时交付使用，发挥建设工程效益。

可以看出，发包人主要是为施工做好准备、支付工程款和交付使用。发包人不一定必须是项目或者建筑物的所有人，而是与工程的建设、保障、支付工程款有着直接的关系，BT 模式中的投资建设方除了承担融资建设交付之外，实际中行使了业主职责，有别于传统的建筑施工承包合同。我国法律对 BT 模式没有禁止性规定，实践中，由业主发起（类似 PPP 模式)，旨在解决基础设施建设资金问题，采取以项目公司为融资平台。在 BT 模式下，投资建设方组建 BT 项目公司，在建设期间行使业主职能，对项目进行融资、建设，并承担建设期间的风险。该模式中投资建设方或者总承包方行使业主职能，将工程发包给具体实际承包人施工。

(一)《建设工程施工合同司法解释》第 26 条第 2 款中“发包人”范围的认定

《建设工程施工合同司法解释》(法释〔2004〕14 号) 第 26 条规定：“实际施工人以转包人、违法分包人为被告起诉的，人民法院应当依法受理。实际施工人以发包人为被告主张权利的，人民法院可以追加转包人或者违法分包人为本案当事人。发包人只在欠付工程价款范围内对实际施工人承担责任。”该条系为了保护实际施工人的利益，允许其突破合同的相对性向发包人主张工程款。实践中，建筑工程层层转包、分包的问题屡见不鲜。对于该条司法解释中发包人概念的理解，司法实践中存在不同的做法。第一种观点认为，该条第2款所指的发包人，是静态的、绝对的，仅为建设工程的建设单位。第二种观点认为发包人是动态的相对的，在层层多手转包链条中，中间链条的总承包人、转包人、违法分包人也可能是发包人，实际施工人可以依据本解释的规定向其上手以上提起诉讼。笔者认为，从本条解释的立法本意及司法实践看，第一种观点更为妥当，即本条的发包人应特指建设单位。因为根据《保障农民工工资支付条例》的规定，分包单位拖欠农民工工资的，由施工总承包单位先行清偿，再依法进行追偿。总承包人、转包人、违法分包人拖欠农民工工资的，依法承担清偿责任，而非本条规定的欠付工程款范围的责任。〔1〕

（二）不同BT模式中发包人的具体认定

主流观点认为BT合同为建设工程合同，应适用建设工程领域的法律规范。〔2〕但BT模式涉及投资、融资、建设、移交等一系列活动，法律主体之间的法律关系纷繁复杂，故BT合同相较于一般的建设工程合同又有其独特之处。

《民法典》第788条规定，建设工程合同是承包人进行工程建设，发包人支付价款的合同。根据上述规定，建设工程合同中承包人承担的是工程建设义务，发包人承担的是支付价款义务。BT模式中，常需要项目投资人承担工程建设和筹措资金的双重职能。故BT模式中的项目发起人和项目投资人不能简单地等同于建设工程合同中的“发包人”和“承包人”。

具体而言，依据不同BT模式分述如下：

对于完全BT方式，BT投资人承担纳入项目BT范围内的全部建设资金，BT投资人设立的项目公司通过公开的招投标程序选择施工承包商和材料设备供给商等。在此方式中，BT投资人在项目建设过程中垫资支付工程款，在项目建设期间事实上履行建设单位的相应职责，行使发包人的权利。

---

〔1〕 参见最高人民法院民事审判第一庭编著：《最高人民法院新建设工程施工合同司法解释（一）理解与适用》，人民法院出版社2021年版，第446页。

〔2〕 参见李玉生主编：《建设工程施工合同案件审理指南》，人民法院出版社2019年版，第387页。

对于“BT+EPC”方式，BT投资人承担项目的全部资金并直接承担投资、建设管理和施工，即本案情形。BT项目建设的全部或主体部分由项目投资人垫资建设，分包出去的专业工程或劳务分包的价款也全部由项目投资人先行垫付。有观点认为此种模式下项目投资人与项目发起人之间的法律关系是工程总承包关系，项目投资人的法律地位更接近建设工程施工合同中的总承包人，项目发起人更接近发包人。[1]笔者认为，虽然“BT+EPC”模式中最终由项目发起人依据回购条款支付工程款项，但在项目建设阶段，项目投资人须自行支付工程款项。如项目还须分包，项目投资人亦需要以自身名义与分包的施工人签订建设工程合同，分包出去的专业工程或劳务分包的价款也全部由项目投资人先行支付，故不宜将项目投资人的法律地位简单等同于一般建设施工合同中的总承包人。

三、项目投资人对实际施工人付款责任的认定

《建设工程施工合同司法解释》第26条对转包方、违法分包方是否应对实际施工人承担清偿责任并未作出禁止性规定。

就本案情形而言，国资公司作为项目发起人，经过合法的招投标程序，选定六冶建设公司为项目投资人。在涉案工程长期拖延的情形下，国资公司为了使工程尽快完工，又以提供借款的形式积极履行付款义务。国资公司在BT项目建设阶段并不需要承担款项支付责任，在回购期也并未拖延支付款项，所以其无须对捷鸣工程公司承担付款责任。

六冶建设公司作为项目投资人，将涉案工程违法转包给不具备资质的新长城建设公司，致使延期竣工和迟迟不能完成结算。捷鸣工程公司与新长城建设公司签订的补充协议二第7条约定捷鸣工程公司退场条件之一为“甲方（新长城建设公司）提供六冶建设公司就本协议第4条约定的第二笔付款及工程结算款支付保证出具承诺函”；六冶建设公司于2016年10月20日向捷鸣工程公司出具承诺函，同意按照捷鸣工程公司与新长城建设公司确定的付款金额，直接从应付新长城建设公司的工程款中扣除。即六冶建

---

〔1〕参见韩星、李林林、彭文浩：《BT模式下发包人身份及其对实际施工人付款责任认定》，载微信公众号“天达共和法律观察”2020年7月19日。

设公司知晓捷鸣工程公司实际施工人的身份。在此情形下，二审判决基于对实际施工人合法权益保障的考虑，根据公平原则，判令六冶建设公司在新长城建设公司欠付工程价款范围内对实际施工人捷鸣工程公司承担责任，并不会加重六冶建设公司的负担。

四、结语

BT 模式通常属于带资承建的投资建设模式，之前常用于政府基础设施建设项目和社会公益项目，为地方政府拓宽了融资渠道、加快了项目建设，但是管理的混乱、投资建设的不规范、法律法规的缺失，在一定程度上增加了政府的债务负担以及产生了较多的法律纠纷问题。本案关于 BT 模式、BT 模式中发包人的认定、项目投资人对实际施工人付款责任的认定等问题，对工程建设新模式下的司法实践具有一定参考价值。

最高人民法院再审审查合议庭成员：张淑芳　李敬阳　吴凯敏

（编写人：吴凯敏* 审稿人：杨奕）

---

* 吴凯敏，法学博士，中华人民共和国最高人民法院第四巡回法庭，三级高级法官。

中原再担保集团股份有限公司
与
河南方欣米业集团股份有限公司
管理人责任纠纷案

——股权质权人能否代位投资人（股东）在公司破产重整程序中行使股东权利

【裁判摘要】

股东权利是基于股东地位取得的具有复杂内容的权利，包括利润分配权、剩余财产分配权等财产性权利，以及参与公司经营管理的身份性权利，兼具请求权和支配权的双重属性。当事人作为公司债务人的股权质权人，其仅能就投资人（股东）对该债务人的股权在其价值范围内享有担保其债权优先实现的权利，而不能代位投资人（股东）在破产重整程序中行使股东权利。故公司债务人的管理人将其列入普通债权组进行表决未侵犯其合法权益。

【案件基本信息】

1. 诉讼当事人

再审申请人（一审原告、二审上诉人）：中原再担保集团股份有限公司（以下简称中原再担保公司）

被申请人（一审被告、二审被上诉人）：河南方欣米业集团股份有限公司管理人（以下简称方欣米业集团管理人）

2. 案件索引与裁判日期

一审：郑州市中级人民法院（2020）豫 01 民初 767 号判决（2020 年 12 月 1 日）

二审：河南省高级人民法院（2021）豫民终26号判决（2021年3月26日）

再审审查：最高人民法院（2021）最高法民申6429号裁定（2021年11月1日）

3. 案由

管理人责任纠纷

【简要案情】

河南方欣米业集团股份有限公司（以下简称方欣米业集团）向银行借款，中原再担保公司为方欣米业集团向银行提供连带责任保证，方欣米业集团的股东将方欣米业集团100%股权及派生权益质押给中原再担保公司作为反担保，并办理了股权质押登记。中原再担保公司履行保证责任后，向法院起诉追偿，生效判决确认中原再担保公司对方欣米业集团的股东质押的股权享有折价或者拍卖、变卖等所得的价款优先受偿权。后方欣米业集团进入破产重整程序，中原再担保公司向方欣米业集团管理人申报债权。其后，管理人向债权人会议提交方欣米业集团重整计划草案并进行表决。中原再担保公司反对把重整计划草案将其列入普通债权组进行表决，诉至一审法院。

一审法院于2020年12月1日作出（2020）豫01民初767号判决，驳回中原再担保公司的诉讼请求；二审法院于2021年3月26日作出（2021）豫民终26号判决，驳回上诉，维持一审判决。

判决生效后，中原再担保公司向最高人民法院申请再审，请求：（1）撤销一审、二审法院判决；（2）改判确认方欣米业集团破产管理工作中程序违法，侵犯中原再担保公司民事权利；（3）撤销《河南方欣米业集团股份有限公司重整计划》。

【案件焦点】

股权质权人是否可在破产重整程序中代位行使股东的权利。

【裁判结果】

最高人民法院经审理认为，中原再担保公司认为其可以在出资人组就处置股权发表意见，由此体现其股权质押权。经审查，股东权利是基于股东地位取得的具有复杂内容的权利，包括利润分配权、剩余财产分配权等财产性权利，以及参与公司经营管理的身份性权利，兼具请求权和支配权的双重属性。本案中，中原再担保公司作为方欣米业集团股权质权人，其仅能就寇淮和北京华易腾投资管理有限公司对方欣米业集团的股权在其价值范围内享有担保其债权优先实现的权利，而不能代替寇淮和北京华易腾投资管理有限公司在破产重整程序中行使股东的权利。方欣米业集团管理人将其列入普通债权组进行表决未侵犯其合法权益，中原再担保公司该项主张不能成立。

中原再担保公司认为如投资人不能获得方欣米业集团股权，重整方案就失去了基础，这说明方欣米业集团股权具有法律关系重构意义上的价值。本案中，根据评估机构出具的豫鑫盈评报字〔2019〕第 072 号评估报告显示，方欣米业集团净资产（全部股权）的评估价值为-68,070.19 万元，公司处于严重资不抵债状态，股权无实际价值，股权质押权已无实现的价值基础。方欣米业集团重整计划中投资人通过支付对价资金获得方欣米业集团股权，中原再担保公司所认为的方欣米业集团股权具有法律关系重构意义上的价值，与其对方欣米业集团的股权在其价值范围内享有担保其债权优先实现的权利，权利性质不同，在方欣米业集团处于严重资不抵债状态的情况下，中原再担保公司无法在本案中主张其相关权利。清算状态下中原再担保公司可获清偿的债权数额远低于按照重整计划可受偿的数额，故方欣米业集团重整计划未损害中原再担保公司的权利，中原再担保公司该项主张不能成立。因此，裁定驳回中原再担保公司的再审申请。

【裁判摘要评析】

本案争议焦点是，股权质权人是否可在破产重整程序中行使股东的权利。以下对股东权利与股权质权的性质进行对比，并据此得出股权质权人不享有股东权利的结论，以对裁判理由作进一步阐述。

一、我国法律条文中关于股权质押的规定及沿革

1986 年《民法通则》中关于股权质押无明文规定，1995 年《担保法》及其后的司法解释中对股权质押进行了明文规定。1995 年《担保法》第 78 条规定："以依法可以转让的股票出质的，出质人与质权人应当订立书面合同，并向证券登记机构办理出质登记。质押合同自登记之日起生效。股票出质后，不得转让，但经出质人与质权人协商同意的可以转让。出质人转让股票所得价款应当向质权人提前清偿所担保的债权或者向与质权人约定的第三人提存。以有限责任公司的股份出质的，适用公司法股权转让的有关规定。质押合同自股份出质记载于股东名册之日起生效。”该条规定未区分上市公司与非上市公司的区别，因非上市公司不在证券登记机关登记，为了弥补这一漏洞，后续出台的《担保法司法解释》第103条规定，以股份有限公司的股份出质的，适用《公司法》有关股份转让的规定。以上市公司的股份出质的，质押合同自股份出质向证券登记机构办理出质登记之日起生效。以非上市公司的股份出质的，质押合同自股份出质记载于股东名册之日起生效。上述规定确立了股权质押规则。根据上述规定，股权可以质押，股权质押需要有当事人之间签订的书面合同，并且需要依法办理出质登记，同时股权质押还应遵循公司法有关股权转让的规定。

2007年《物权法》也对股权质押进行了规定。《物权法》第226条规定：“以基金份额、股权出质的，当事人应当订立书面合同。以基金份额、证券登记结算机构登记的股权出质的，质权自证券登记结算机构办理出质登记时设立；以其他股权出质的，质权自工商行政管理部门办理出质登记时设立。基金份额、股权出质后，不得转让，但经出质人与质权人协商同意的除外。出质人转让基金份额、股权所得的价款，应当向质权人提前清偿债务或者提存。”根据上述条文，当事人设立股权质押应当签订书面合同，根据股权登记机关的不同，股权质押在法定机构办理出质登记时设立。2021年出台的《民法典》第443条规定：“以基金份额、股权出质的，质权自办理出质登记时设立。基金份额、股权出质后，不得转让，但是出质人与质权人协商同意的除外。出质人转让基金份额、股权所得的价款，应当向质权人提前清偿债务或者提存。”上述规定基本沿用了《物权法》的规定，主要修改有二：一是删除“当事人应当订立书面合同”的规定，由此适用质权设立的一般规则；二是删除股权的登记机构，仅明确登记设立的要件，不再强调登记主体，也为统一动产担保登记机构预留空间。

股权质权是指出质人以其拥有的股权设定的质权。[1] 股权包括有限责任公司的股权和股份有限公司的股权。股权具有可转让性，可以成为设定质押的对象。如本案中，中原再担保公司为方欣米业集团向银行的贷款提供担保，方欣米业集团的股东与中原再担保公司签订股权质押合同，约定股东将其持有的股权质押给中原再担保公司提供反担保，并办理了股权质押登记，因此中原再担保公司对相应股权的质权自办理股权质押登记时设立。

二、股权质权人的权利

(一) 股权质权的基本内容

股权质权属于权利质权，适用担保物权的一般规定，准用动产质权的有关规定，[2] 亦有其特点。股权质权人通常享有以下权利：

第一，股权质权人有权禁止出质人非法转让股权。《民法典》第443条规定："以基金份额、股权出质的，质权自办理出质登记时设立。基金份额、股权出质后，不得转让，但是出质人与质权人协商同意的除外。出质人转让基金份额、股权所得的价款，应当向质权人提前清偿债务或者提存。"即除非出质人与质权人协商同意，股权出质后不得转让。股权质权人有权占有股权出质证明文件，在出质人或债务人未全部清偿债务之前，质权人有权依据出质证明限制出质人自由处分股权。

第二，股权质权人有权就质押标的物优先受偿。《民法典》第386条规定："担保物权人在债务人不履行到期债务或者发生当事人约定的实现担保物权的情形，依法享有就担保财产优先受偿的权利，但是法律另有规定的除外。"优先受偿权是指质权人就质押财产的变价优先受偿其债权的权利。优先受偿权是质权的基本效力，是质权人最主要的权利。质权人行使优先受偿权，也就实现了质权的目的。[3] 质权人如果在债务期满后，未得到偿还，有权从处分股权的价金中优先受偿。如果债权到期时，债务人已经清

---

[1] 参见最高人民法院民法典贯彻实施工作领导小组主编：《中华人民共和国民法典物权编理解与适用》(下)，人民法院出版社2020年版，第1257页。

[2] 参见《民法典》第446条的规定。

[3] 郭明瑞、房绍坤、张平华编著：《担保法》(第4版)，中国人民大学出版社2014年版，第141页。

偿完毕，担保物权则自行消灭。如债务人仅为部分履行，担保权人可就未得以清偿的部分债权从担保财产中优先受偿。另外，发生当事人约定的实现担保物权的情形时，担保物权人可以实现担保物权，此系对当事人意思自治的尊重。〔1〕

第三，股权质权人有权收取质押标的物的孳息。原《担保法司法解释》第104条规定："以依法可以转让的股份、股票出质的，质权的效力及于股份、股票的法定孳息。"《民法典》第430条规定："质权人有权收取质押财产的孳息，但是合同另有约定的除外。前款规定的孳息应当先充抵收取孳息的费用。"根据上述规定，除当事人另有约定外，占有质押财产的质权人有权收取质押财产的孳息。就股权质权而言，股份有限公司和有限责任公司股东以其股权质押的，质权人在质押期间有权收取股息和红利；对于合伙企业的合伙人以其出资出质的，质权人在质押期间有权收取企业合伙人应得的盈余分配。〔2〕根据原《担保法司法解释》第64条和第96条的规定，债务履行期届满后，动产质押期间质权人收取的孳息按照下列顺序清偿：(1) 收取孳息的费用；(2) 主债权的利息；(3) 主债权。参照该规定，质权人可以收取孳息之规定的本意，应当是质权人因收取孳息而取得对孳息的质权，即质权效力范围扩展至所收取的孳息，以实现质权担保之目的。故从解释上应认为，质权人所收取的孳息充抵质权人收取孳息的费用后，其次可以充抵主债权利息，再次可以充抵主债权。〔3〕

第四，股权质权人享有保全质权的权利。《民法典》第433条规定："因不可归责于质权人的事由可能使质押财产毁损或者价值明显减少，足以危害质权人权利的，质权人有权请求出质人提供相应的担保；出质人不提供的，质权人可以拍卖、变卖质押财产，并与出质人协议将拍卖、变卖所得的价款提前清偿债务或者提存。""相应的担保"，是指质权人要求出质人

〔1〕参见最高人民法院民法典贯彻实施工作领导小组主编：《中华人民共和国民法典物权编理解与适用》(下)，人民法院出版社2020年版，第984页。

〔2〕参见高圣平：《物权担保新制度新问题理解与适用》，人民法院出版社2013年版，第332页。

〔3〕参见最高人民法院物权法研究小组编著：《〈中华人民共和国物权法〉条文理解与适用》，人民法院出版社2007年版，第633页。

提供的担保的价值与质押财产可能毁损或者减少部分的价值相当。这都是基于担保物权着眼于标的物的交换价值的考虑而得出的结论。[1]

(二) 股权质权不能超出的权利范围

股权是指民事主体因投资于公司成为公司股东而享有的权利。股权根据行使目的和方式的不同可分为自益权和共益权两部分。自益权是指股东基于自身利益诉求而享有的权利，可以单独行使，包括资产收益权、剩余财产分配请求权、股份转让权、新股优先认购权等；共益权是指股东基于全体股东或者公司的利益诉求而享有的权利，包括股东会表决权、股东会召集权、提案权、质询权、公司章程及账册的查阅权、股东会决议撤销请求权等。[2] 质权从性质上看属于担保物权而非用益物权，其担保作用在于其交换价值而非使用价值，质权人取得质物、控制质物是为了质物不被出质人随意处分而使担保落空，质权人使用、处分质物显然不是设定质权的目的。故股权质权人仅针对股权的交换价值，享有收取股息、红利或盈余分配等法定孳息的权利，股权质权人享有的收取法定孳息的权利，仅限于收取，也不等同于股权的自益权中的利益分配请求权。股权质权人亦不享有股东的其他自益权及共益权。

(三) 股权质押与股权转让的区别

股权质押的目的在于担保债务的履行，其实质是对质押股权交换价值的支配，属于一种担保，虽与股权转让具有相似性，但本质与股权转让不同。首先，从行为性质分析，股权转让不具有担保属性。其次，股权质押是否最终产生股权变动具有不确定性，而股权转让本身会引起股权变动。股权质押可以理解为一种负担行为，股权质押本身不会引起股权变动。最后，股权转让过程完结意味着股权权属的变化，转让行为与股权变动之间具有因果关联，不存在中间环节，而股权质押中如果发生股权变动要依靠中间过渡行为，系通过变价实现股权的变动。如本案中，方欣米业集团的

---

〔1〕 参见最高人民法院民法典贯彻实施工作领导小组主编：《中华人民共和国民法典物权编理解与适用》(下)，人民法院出版社2020年版，第1202页。

〔2〕 参见黄薇主编：《中华人民共和国民法典释义及适用指南》(上册)，中国民主法制出版社2020年版，第197页。

股东将其股权质押给中原再担保公司，并办理了股权质押登记，故中原再担保公司取得相应股权的质押权，但是其并未取得相应股权、不享有股东的权利。方欣米业集团的股东并未将相应股权转让给中原再担保公司。相应股权是否变动、如何变动，取决于中原再担保公司是否符合将股权变价实现优先受偿的条件。

三、股权质权人不能代位投资人（股东）在破产重整程序中行使股东权利的原因

第一，从质权的权利的角度来看，股权质权仅针对股权的交换价值，包含收取法定孳息、禁止出质人转让股权、保全股权的价值、就质押股权的变价优先受偿其债权等权利，而不包括股东的权利。故股权质权人代替投资人（股东）在破产重整程序中行使股东权利，是没有权利依据的。第二，从主体的角度来看，股权质权人仅对股权享有质权，不具有投资人（股东）的身份，不属于《企业破产法》第 85 条“债务人的出资人代表可以列席讨论重整计划草案的债权人会议。重整计划草涉案及出资人权益调整事项的，应当设出资人组，对该事项进行表决”中规定的“出资人”，不能在破产重整程序中行使投资人（股东）权利。第三，从破产重整中的债权的角度来看，股权质权是股东为实现个人目的或为公司利益，对外以其个人股权提供的担保，不属于公司破产财产，股权质权人对破产财产不享有优先受偿权，只能在企业破产分配后就出质股东获得的股权剩余价值来清偿其债权。第四，从第三方权利的角度来看，股权质权仅为股东对外以个人股权提供的担保，不属于公司破产财产。股权质权人仅针对股权的交换价值享有权利，不享有股东的权利，如能代替投资人（股东）在破产重整程序中行使股东权利，会侵犯公司股东、债权人的合法权益。

四、启示

首先，应严格区分股权和股权质权。股权是指民事主体因投资于公司成为公司股东而享有的权利，包括股东基于自身利益诉求而享有的资产收益权、剩余财产分配请求权、股份转让权、新股优先认购权等，以及股东基于全体股东或者公司的利益诉求而享有的股东会表决权、股东会召集权、提案权、质询权、公司章程及账册的查阅权、股东会决议撤销请求权等。

股权质权是指出质人以其拥有的股权设定的质权，仅针对股权的交换价值。股权质权人享有收取股息、红利或盈余分配等法定孳息的权利。其次，应严格区分股权质押和股权转让。股权质押是股东以其股权提供担保，不必然引起股权变动，须符合优先受偿的条件，在进行股权变价的中间过渡程序后，才引起股权变动；股权转让会引起股权变动。再次，在破产重整程序中，股权质权人不享有股东的权利。最后，股权与股权质权区分的关键，在于股权质权作为担保物权针对的是股权的交换价值，其通过限制出质人对股权的占有和处分，在符合条件的情况下变价对债权优先受偿。股权质权并非针对股权的使用、收益价值，故股权质权人并不享有股东的分红等财产权、出席股东会的表决权和公司事务的参与权。

最高人民法院再审审查合议庭成员：张淑芳　吴凯敏　李敬阳

（编写人：吴凯敏* 审稿人：李明）

---

* 吴凯敏，法学博士，中华人民共和国最高人民法院第四巡回法庭，三级高级法官。

国电电力发展股份有限公司
与
贾某、国电燃料有限公司等
与公司有关的纠纷案

——小股东提起股东代表诉讼时的法律适用

【裁判摘要】

1.《公司法》及其相关司法解释并未明确在他人侵犯公司合法权益情况下，股东提起代表诉讼前应先书面请求公司哪一机关向人民法院提起诉讼。在这种情况下，股东向公司哪一机关提出起诉请求，应当考虑方便股东起诉。

2. 有限责任公司控股股东未经小股东同意擅自将公司委托他人经营管理，该受托管理人在未形成股东会决议的情况下，对公司采取停产措施，且对小股东多次提出的复产建议均无作为。公司小股东致函公司，要求对控股股东、受托管理人提起民事赔偿诉讼，公司仅回函收到，无其他回应或提起民事诉讼。小股东主张公司控股股东、受托管理人的行为属于《公司法》第 151 条第 3 款规定的“他人侵犯公司合法权益，给公司造成损失”的情形，提起股东代表诉讼的，符合公司法规定的股东代表诉讼起诉程序。

【案件基本信息】

1. 诉讼当事人

再审申请人（一审被告、二审上诉人）：国电电力发展股份有限公司（以下简称电力公司）

被申请人（一审原告、二审被上诉人）：贾某

一审被告、二审上诉人：国电燃料有限公司（以下简称燃料公司）

一审第三人：山西朔州平鲁区国强煤业有限公司（以下简称国强煤业公司）

2. 案件索引与裁判日期

一审：山西省朔州市中级人民法院（2017）晋06民初44号判决(2019年8月28日)

二审：山西省高级人民法院（2019）晋民终675号判决（2020年3月20日)

再审审查：最高人民法院（2021）最高法民申992号裁定（2021年3月29日)

3. 案由

与公司有关的纠纷

【简要案情】

国强煤业公司的股东结构为燃料公司占股60%，贾某占股40%。2015年10月22日，燃料公司未经贾某签字同意与电力公司签订委托管理协议，对包括国强煤业公司在内的七座煤矿委托电力公司进行全面管理，管理内容包括生产、建设、安全、经营、人事及党群等。2016年3月16日，电力公司以国电股煤化〔2016〕183号文件印发《山西朔州煤业公司及国兴、国强、南峪煤矿停产、停建矿井工作方案》的通知，明确要求认真组织实施，并附具体工作方案。该文件所称的停产保井方案只说明是经过总经理办公室会议通过，并没有明确是否经股东同意。2016年4月7日，在国强煤业公司2016年第一次临时股东会议决议表决页中：燃料公司在“同意”项上画钩并签字，贾某在“同意”“不同意”“弃权”项上均未画钩，只注明“同意临时停产整顿”。2016年5月16日，贾某就停产保井向中国国电集团公司函询提出疑问。2016年5月23日，贾某就矿井安全、不能正常运营向国电朔州煤业有限公司发出“催促函”。2016年5月25日，贾某就停产保井、今后经营发展思路等问题向电力公司发出联络函。2016年8月15日，贾某就停产保井等问题再次致函电力公司。2016年12月、2017年2月、2017年4月、2017年5月贾某多次致函中国国电集团公司、电力公司，要求复产、建议终止委托管理协议。2017 年 9 月 13 日，贾某致函国强煤业公司，要求对电力公司、燃料公司提起民事诉讼，赔偿公司的一切经济损失。2017 年 9 月 20 日，国强煤业公司致函贾某：已收到要求对电力公司、燃料公司提起民事诉讼并进行赔偿的函。事后，国强煤业公司无其他回应或提起民事诉讼。贾某遂提起本案股东代表诉讼。

一审法院于 2019 年 8 月 28 日作出（2017）晋 06 民初 44 号判决，判令燃料公司、电力公司赔偿贾某在国强煤业公司所占股份对应的经济损失66,971,108.368 元，并将该款项支付给国强煤业公司。二审法院于 2020 年3 月 20 日作出（2019）晋民终 675 号判决，变更一审判决主文为：燃料公司、电力公司赔偿国强煤业公司经济损失共计 66,971,108.368 元。

判决生效后，电力公司向最高人民法院申请再审，请求依法再审并撤销二审判决，改判驳回贾某的全部诉讼请求。

【案件焦点】

小股东贾某提起本案股东代表诉讼是否符合《公司法》规定的起诉程序。

【裁判结果】

最高人民法院经审理认为：第一，关于电力公司是否存在侵害国强煤业公司的行为并造成损失，是否应承担赔偿责任的问题。根据燃料公司与电力公司于 2015 年 10 月 22 日签订的委托管理协议，燃料公司将其对国强煤业公司行使的所有管理权限托管给电力公司，由电力公司对包括生产、建设、安全、经营、人事及党群工作等方面进行全面管理。燃料公司与电力公司签订委托管理协议既没有召开股东会形成决议，也没有经另一股东贾某同意。2016 年 3 月 16 日，电力公司在未经国强煤业公司股东会决议的情况下，下发《山西朔州煤业公司及国兴、国强、南峪煤矿停产、停建保井工作方案》，要求国强煤业公司组织实施停产保井工作。2016 年 4 月 7 日，国强煤业公司关于停产保井的股东会决议显示，贾某仅同意临时停产整顿。国强煤业公司在电力公司的管理之下，长期停产。虽贾某多次向中国国电集团公司、电力公司等提出复产建议，电力公司均无作为，且电力公司也没有充分证据和政策依据证明存在停产保井的必要。电力公司在实际经营管理过程中，没有尽到妥善的管理义务和责任，致使国强煤业公司的停产状况持续，侵害国强煤业公司的正当经营权益，依据《公司法》第149条、第151条的规定，电力公司应当承担赔偿责任。关于损失数额问题，一审法院依法指定山西宝鹏会计师事务所有限公司对损失数额进行鉴定，该机构及人员具备鉴定资质。电力公司虽对鉴定意见提出异议，但其未提出明确的损失计算标准和方法。经二审法院释明，电力公司、燃料公司也不申请补充或重新鉴定。二审判决根据鉴定意见，结合贾某的诉讼请求，确定本案由燃料公司、电力公司赔偿国强煤业公司的经济损失数额，并无不当。

第二，关于贾某提起本案股东代表诉讼是否符合《公司法》规定的起诉程序的问题。本案中，国强煤业公司系有限责任公司，其股权结构为燃料公司占股60%，贾某占股40%。贾某向法院起诉主张控股股东燃料公司及受托管理国强煤业公司的电力公司在经营管理过程中给国强煤业公司造成损失，应适用《公司法》第151条第3款关于“他人侵犯公司合法权益，给公司造成损失的，本条第1款规定的股东可以依照前两款的规定向人民法院提起诉讼”的规定。2017年9月13日，贾某致函国强煤业公司要求对电力公司、燃料公司提起民事诉讼，赔偿公司的一切经济损失。2017年9月20日，国强煤业公司致函贾某：已收到要求对电力公司、燃料公司提起民事诉讼并进行赔偿的函。之后，国强煤业公司无其他回应或提起民事诉讼。贾某作为有限责任公司的股东，已完成了对公司相关机关的请求，符合《公司法》规定的股东代表诉讼的起诉程序。二审判决认定贾某有权提起本案股东代表诉讼，并无不当。综上所述，最高人民法院裁定驳回电力公司的再审申请。

【裁判摘要评析】

本案系他人造成公司权益受损的股东救济的典型情形。本案的核心争议是，电力公司的行为是否属于《公司法》规定的股东代表诉讼的被诉行为，以及贾某提起本案股东代表诉讼是否符合《公司法》规定的起诉程序。以下从股东代表诉讼的条件等方面，对裁判理由作进一步说明。

一、股东代表诉讼的概念及特征

股东代表诉讼是指当公司怠于追究侵害公司利益之人的民事责任时，具备法定资格的公司股东为了保护公司利益，依据一定程序以自己名义对责任人提起的诉讼。代表诉讼又被称为“派生诉讼”“代位诉讼”等。[1] 股东代表诉讼由英国人在衡平法院首创，后来在英美法系和大陆法系其他国家陆续借鉴确立，对直接保护公司利益和间接保护股东利益都有重要的价值。

股东代表诉讼的特征：第一，股东代表诉讼源于公司利益遭受损害时的司法救济权，由公司本身的权利转化来而由股东代位行使。第二，股东代表诉讼的原告必须是与公司存在相关利益关联的股东，即在一定时期内持续持有法定比例股份的股东。第三，股东代表诉讼必须具备前置程序。为了避免对公司正常经营管理活动的不当干涉，代表诉讼只能发生在公司怠于行使其对公司经营管理层或他人的损害赔偿请求权的情况下。第四，股东代表诉讼的判决结果直接归属于公司，股东享有的只是形式意义上的诉权，是名义上的原告，不能取得任何权益。[2]

二、股东代表诉讼的当事人

（一）股东代表诉讼的原告

根据《公司法》第 151 条，有限责任公司的股东、股份有限公司连续 180 日以上单独或者合计持有公司 1%以上股份的股东，可以提起股东代表诉讼。《公司法规定（四）》（2020 年修正）第 24 条第 2 款规定，一审法庭辩论终结前，符合《公司法》第 151 条第 1 款规定条件的其他股东，以相同的诉讼请求申请参加诉讼的，应当列为共同原告。本案中，贾某是国强煤业公司持股 40%的股东，可以提起本案股东代表诉讼。

（二）股东代表诉讼的被告

根据《公司法》第 151 条，股东代表诉讼的被告包括公司的董事、监事和高级管理人员，以及“他人”。《公司法》第 216 条第 1 项规定，“高级

---

〔1〕 刘俊海：《股份有限公司股东权的保护》，法律出版社 2004 年版，第 314 页。

〔2〕 参见最高人民法院民事审判第二庭编著：《最高人民法院关于公司法解释（一）（二）理解与适用》，人民法院出版社 2015 年版，第 81 页。

管理人员，是指公司的经理、副经理、财务负责人，上市公司董事会秘书和公司章程规定的其他人员。”“他人”指的是董事、监事、高级管理人员以外的人员，包括公司的控股股东、其他股东、实际控制人，也包括公司之外的任意第三人，即凡是侵犯公司合法权益，给公司造成损失的人，都包含在第151条规定的“他人”的范围之内。本案中，国强煤业公司的控股股东燃料公司、受托管理人电力公司，均属于该条规定的“他人”。

（三）公司在股东代表诉讼中的诉讼地位

《公司法规定（四）》（2020年修正）第24条第1款规定：符合《公司法》第151条第1款规定条件的股东，依据《公司法》第151条第2款、第3款规定，直接对董事、监事、高级管理人员或者他人提起诉讼的，应当列公司为第三人参加诉讼。本条规定应当列公司为第三人参加股东代表诉讼，是指公司应当参加诉讼且其诉讼地位为无独立请求权第三人。

三、股东代表诉讼中损害公司合法权益的行为的认定

根据《公司法》第149条、第151条，股东代表诉讼所针对的损害公司合法权益的行为根据不同主体分为两种情形：第一，董事、监事、高级管理人员执行公司职务时违反法律、行政法规或者公司章程的规定，给公司造成损失的，应当承担赔偿责任的情形。第二，“他人”侵犯公司合法权益，给公司造成损失的情形。依据上述规定，股东代表诉讼所针对的是所有损害公司合法权益的行为，其中对董事、监事、高级管理人员损害公司合法权益的行为构成要件作出了详细的规定，即须同时满足执行公司职务，违反法律、行政法规或者公司章程的规定，造成实际的损失这三个要件；至于董事、监事、高级管理人员之外的“他人”侵犯公司合法权益，给公司造成损失的情形，属于一般规定，有兜底的性质。一般来说，“他人”可能与公司发生的民事纠纷包括侵权之诉和违约之诉两种类型。故“他人”侵犯公司合法权益的行为应包括侵权和违约两种情形。要判断董事、监事、高级管理人员、“他人”的行为是否构成损害公司利益的行为，必须结合案件事实作出认定。侵犯公司合法权益的行为属于侵权行为的，应根据过错责任原则、过错推定责任原则、无过错责任原则等归责原则，依法认定该行为的过错情况、公司的合法权益是否受到损害、造成损失的金额、行为与损害是否存在因果关系等。侵犯公司合法权益的行为属于违约行为的，应依法认定该行为是否违反当事人之间的约定、公司的合法权益是否因该行为受到损害、造成损失的金额等。如本案中，公司控股股东未经小股东同意擅自将公司委托他人经营管理，该受托管理人在未形成股东会决议的情况下，对公司采取停产措施，对公司造成直接经济损失。控股股东、受托管理人均存在过错，给公司造成损失，均应承担赔偿责任。

四、股东代表诉讼的前置程序

股东代表诉讼本质上是一种派生诉讼、代位诉讼，只有当公司拒绝或者怠于行使诉权追究损害公司合法权益者的损害赔偿责任时，才由股东代为行使诉权。公司内部争议原则上应由公司机关处理，股东代表诉讼只能在用尽公司内部救济措施之后才能启动。故股东在提起代表诉讼之前，原则上应先书面请求公司相关机关向人民法院提起诉讼。

首先，在董事、监事、高级管理人员之外的“他人”侵犯公司合法权益造成公司损失的情况下，公司法并未明确在股东提起代表诉讼前应先书面请求公司哪一机关向人民法院提起诉讼。根据《公司法》第151条，如果是董事、高级管理人员侵害公司权益，原告股东须书面请求监事会或监事向人民法院提起诉讼；如果是监事侵害公司权益，则向董事会或执行董事提出上述请求。监事会、监事、董事会、执行董事收到前述书面请求后拒绝提起诉讼，或者自收到请求之日起30日内未提起诉讼的，股东方可以自己名义提起股东代表诉讼。他人侵犯公司合法权益的，股东可依照上述规定向人民法院提起诉讼，但“他人”并非该条规定中的“董事、高级管理人员”，也非“监事”，该条并未明确在“他人”侵犯公司合法权益的情形下，股东应先向公司哪一机关提出书面请求。另外，对因“他人”侵犯公司合法权益提起的诉讼，应由董事长或者执行董事代表公司进行诉讼，但不能据此推知此种情况下的股东提起代表诉讼前应先向公司哪一机关提出书面请求。《公司法规定（四）》第23条规定：监事会或者不设监事会的有限责任公司的监事依据《公司法》第151条第1款规定对董事、高级管理人员提起诉讼的，应当列公司为原告，依法由监事会主席或者不设监事会的有限责任公司的监事代表公司进行诉讼。董事会或者不设董事会的有限责任公司的执行董事依据《公司法》第151条第1款规定对监事提起诉讼的，或者依据《公司法》第151条第3款规定对他人提起诉讼的，应当列公司为原告，依法由董事长或者执行董事代表公司进行诉讼。根据该规定，对因“他人”侵犯公司合法权益提起的诉讼，应由董事长或者执行董事代表公司进行诉讼。该司法解释规定的是在公司决定对他人提起诉讼时，公司作为原告的诉讼地位以及董事长或执行董事作为公司代表人进行诉讼的问题，而未解决股东提起代表诉讼前向公司哪一机关提出书面请求的问题。

其次，在特殊情况下，股东代表诉讼中的前置程序可免除。其一，在紧急情况下，不立即提起诉讼将会使公司利益受到难以弥补损害的情况下，免除前置程序。其二，虽然不属于紧急情况，但如果公司有关机关根本不存在依股东申请提起诉讼的可能性，也存在免除前置程序的必要。对于公司有关机关不存在提出诉讼可能性的具体情形，实践中有以下情况：(1) 公司相关机关不存在或者因公司陷入“经营僵局”当中，相应的公司机构或者有关人员已不在其位或不司其职，股东无从提起请求的情形。(2) 股东准备起诉的董事或者高级管理人员，与监事受到同一名股东或者实际控制人控制，监事根本不可能起诉该董事的情形。(3) 应当向其进行先诉请求的董事或者监事本身即为被告的情形。(4) 董事会多数成员或者执行董事本身与他人损害公司利益的行为有利害关系。(5) 虽然董事会成员或者执行董事本人与所诉称的损害公司利益行为不存在利害关系，但却可能受到与行为有关的利害关系人的控制而失去其独立性，等等。是否存在免除前置程序的情形，应当由原告股东负举证责任。

最后，在法律对股东提起代表诉讼前应先书面请求公司哪一机关向人民法院提起诉讼尚不明确的情况下，“他人”侵犯公司合法权益给公司造成损失的，股东代表诉讼的前置程序应以方便股东起诉为原则。《公司法》第151条规定：“董事、高级管理人员有本法第一百四十九条规定的情形的，有限责任公司的股东、股份有限公司连续一百八十日以上单独或者合计持有公司百分之一以上股份的股东，可以书面请求监事会或者不设监事会的有限责任公司的监事向人民法院提起诉讼；监事有本法第一百四十九条规定的情形的，前述股东可以书面请求董事会或者不设董事会的有限责任公司的执行董事向人民法院提起诉讼。监事会、不设监事会的有限责任公司的监事，或者董事会、执行董事收到前款规定的股东书面请求后拒绝提起诉讼，或者自收到请求之日起三十日内未提起诉讼，或者情况紧急、不立即提起诉讼将会使公司利益受到难以弥补的损害的，前款规定的股东有权为了公司的利益以自己的名义直接向人民法院提起诉讼。他人侵犯公司合法权益，给公司造成损失的，本条第一款规定的股东可以依照前两款的规定向人民法院提起诉讼。”即董事、监事、高级管理人员之外的“他人”侵犯公司合法权益，给公司造成损失的，股东可以依照该条前两款规定，书面请求监事会或监事、董事会或执行董事向人民法院提起诉讼。股东具体应向公司哪一机关提出请求，应当以方便股东起诉为原则。如本案中小股东已通过向该有限责任公司致函的方式，请求公司对控股股东、受托管理人提起民事诉讼，该公司收到书面函件后未提起民事诉讼，小股东提起股东代表诉讼符合《公司法》规定的起诉程序。另外，本案中公司实际由受托管理人进行全面管理，小股东如能举证证明监事会或监事、董事会或执行董事根本不存在依股东申请提起诉讼的可能性，也符合免除前置程序的条件。

五、结语

股东代表诉讼中，股东代替公司提起诉讼，要求损害公司权益者赔偿公司损失，相关诉权属于公司，股东的诉权派生于公司的诉权，实际上属于“代位权”“代表权”。为了平衡公司的正常经营管理秩序以及保护公司和少数股东权益两者之间的关系，《公司法》规定在穷尽公司内部救济措施之后，可启动股东代表诉讼。《公司法》对董事、监事、高级管理人员侵犯公司合法权益时股东提起股东代表诉讼的前置程序规定较为完备，在董事、监事、高级管理人员之外的“他人”侵犯公司合法权益，给公司造成损失的情况下，要正确认定股东代表诉讼中损害公司合法权益的行为，明确股东提起代表诉讼的前置程序。“他人”侵犯公司合法权益的行为包括侵权和违约两种情形，须结合案件事实作出认定。在前置程序方面，《公司法》及其司法解释对“他人侵犯公司合法权益，给公司造成损失”的情况下股东提起代表诉讼前应先书面请求公司哪一机关向人民法院提起诉讼尚无明文规定，应结合案件客观事实，根据方便股东起诉的原则认定股东提起代表诉讼是否符合起诉程序。

最高人民法院再审审查合议庭成员：张淑芳　李敬阳　吴凯敏

（编写人：吴凯敏[*]　审稿人：李明）

[*] 吴凯敏，法学博士，中华人民共和国最高人民法院第四巡回法庭，三级高级法官。

周某
与
三台县斌莉水力发电站
变更、追加被执行人执行争议案

——个人独资企业转让后不能直接变更被执行人

【裁判摘要】

个人独资企业转让后，企业名称、投资人发生变更的，不能简单理解为属于《关于民事执行中变更、追加当事人的规定》第 27 条规定的“执行当事人的姓名或名称发生变更的，人民法院可以直接将姓名或名称变更后的主体作为执行当事人”的情形。变更后的个人独资企业与原企业的关系及债务承担问题，属于应当通过审判程序进行确认的实体问题。未经审判程序确认，执行程序中不宜直接作出变更、追加被执行人的行为。

【案件基本信息】

1. 诉讼当事人

申诉人（申请执行人）：周某

复议申请人（异议人）：三台县斌莉水力发电站（以下简称斌莉水电站）

被执行人：四川钎秋电器有限公司（以下简称钎秋电器公司）

被执行人：刘某某

被执行人：王某某

2. 案件索引与裁判日期

执行异议：四川省成都市中级人民法院（2019）川 01 执异 307 号裁定（2019 年 3 月 4 日）

执行复议：四川省高级人民法院（2019）川执复 122 号裁定（2020 年

9月14日)

执行监督：最高人民法院（2021）最高法执监200号裁定（2021年9月30日）

3. 案由

变更、追加被执行人执行争议

【简要案情】

周某与钎秋电器公司、刘某某、王某某、三台县奇胜水力发电站（以下简称奇胜水电站）等民间借贷纠纷一案，四川省成都市中级人民法院（以下简称成都市中级人民法院）于2015年9月30日作出（2015）成民初字第1457号判决，主要内容为：（一）钎秋电器公司于判决生效后10日内归还周某借款800万元及利息；（二）刘某某、王某某、奇胜水电站对钎秋电器公司上述债务承担连带清偿责任等。王某某不服，提出上诉。2017年6月9日，四川省高级人民法院作出（2017）川民终105号判决：驳回上诉，维持原判。

成都市中级人民法院立案执行并查明，奇胜水电站是个人独资企业，投资人为陈某。2014年5月20日，投资人变更为池某；2014年5月21日，企业变更名称为斌莉水电站。成都市中级人民法院于2018年3月29日作出（2017）川01执2634号裁定：对被执行人奇胜水电站（现更名为斌莉水电站）应当向四川省水电投资经营集团永安电力股份有限公司收取的购电款，在800万元限额内予以冻结。

斌莉水电站向成都市中级人民法院提出执行异议认为，斌莉水电站与奇胜水电站不是同一主体，成都市中级人民法院冻结斌莉水电站应收款属执行主体错误，请求终止对斌莉水电站的执行。

成都市中级人民法院认为，个人独资企业具有相对独立的民事主体资格，不因投资人一般性变更而发生民事主体资格中断，只要其法律形式没有发生根本性改变，属于企业内部变动的投资人变更并不影响其对外享有权利和承担义务。本案中，奇胜水电站系个人独资企业，更名后的斌莉水电站财产和固定经营场所没有发生变更，故其权利义务也同样延续而不中断。成都市中级人民法院于2019年3月4日作出（2019）川01执异307号裁定：驳回斌莉水电站的异议请求。

斌莉水电站向四川省高级人民法院申请复议。四川省高级人民法院认为，奇胜水电站更名为斌莉水电站的时间为2014年5月21日，早于一审案件受理时间，周某在奇胜水电站已更名的情况下，仍然以奇胜水电站为被告提起诉讼，成都市中级人民法院一审判决确定的责任主体也是奇胜水电站。故执行程序直接将斌莉水电站作为被执行人不当。四川省高级人民法院于2020年9月14日作出（2019）川执复122号裁定，撤销成都市中级人民法院（2019）川01执异307号裁定、（2017）川01执2634号裁定。

申请执行人周某不服四川省高级人民法院复议裁定，认为本案变更斌莉水电站为被执行人合法有据，故向最高人民法院申诉，请求撤销四川省高级人民法院复议裁定。

【案件焦点】

作为被执行人的个人独资企业，其投资人在执行依据作出之前将个人独资企业转让给第三人，并变更个人独资企业名称和投资人，执行程序中能否变更转让后的个人独资企业为被执行人。

【裁判结果】

最高人民法院经审查认为，执行程序中变更、追加被执行人，涉及未经审判程序确认的第三人的实体责任承担问题，因此执行中的变更、追加被执行人应当严格依照法律和司法解释的规定作出；除非法律、司法解释明确规定变更、追加被执行人的情形，否则人民法院不能在执行程序中实施变更、追加行为。本案中，判决确定的责任主体为奇胜水电站，奇胜水电站作为个人独资企业，在该企业转让、变更投资人后，现行法律和司法解释均没有规定人民法院可以在执行程序中直接变更、追加转让后的个人独资企业为被执行人。成都市中级人民法院在执行程序中径行裁定变更斌莉水电站为被执行人，法律依据不足，故最高人民法院裁定维持四川省高级人民法院复议裁定，驳回周某的申诉请求。

【裁判摘要评析】

执行程序中变更、追加当事人往往涉及执行当事人和第三人的重大利益，特别是变更、追加被执行人，使原本没有被生效法律文书认可的第三人承担相应义务，一方面是对生效执行依据的突破，另一方面是对第三人实体责任的增加，从而使程序法和实体法交错，法律关系复杂。2016 年 12 月 1 日起施行、2020 年修正的《关于民事执行中变更、追加当事人的规定》体现了执行程序中变更、追加当事人法定的原则。同时，该司法解释出于维护审判与执行的基本界限、保障当事人程序权利的安排，明确了几类法律关系简单、易于审查判断的变更、追加被执行人的情形，以提高执行效率；对于较为复杂的情形，则规定通过审判程序解决。本案中涉及的被执行人为个人独资企业，并且在进入审判程序之前，已经发生投资人和企业名称的变更，在债权人仍以原企业为被告提起诉讼，并且判决原企业承担债务的情况下，债权人在执行程序中以转让后的企业仅为名称变更为由，要求变更转让后的个人独资企业为被执行人，法律依据不足。对于变更后的个人独资企业能否直接作为义务人的问题，现行法律和司法解释未作出明确规定，审判程序中尚存有争议，在未经审判的情况下，执行程序不宜直接变更被执行人。

一、执行程序中因被执行人主体变动引发的变更、追加被执行人

被执行人包括自然人和法人、非法人组织，法人和非法人组织下又包括多个分类，其主体变动情形相较自然人主体变动的类型更加丰富，故本文所称被执行人主体变动，仅指被执行人为法人、非法人组织的情形。根据《关于民事执行中变更、追加当事人的规定》，因被执行人主体变更引发的被执行人变更、追加，主要包括以下六种情形：第一，该司法解释第 11 条规定，作为被执行人的法人或非法人组织因合并而终止的，申请执行人可以申请变更合并后存续或新设的法人、非法人组织为被执行人。第二，该司法解释第 12 条规定，作为被执行人的法人或非法人组织分立的，申请执行人可以申请变更、追加分立后新设的法人或非法人组织为被执行人，对生效法律文书确定的债务承担连带责任。第三，该司法解释第 21 条规定，作为被执行人的公司，未经清算即办理注销登记，导致公司无法进行清算的，申请执行人可以申请变更、追加有限责任公司的股东、股份有限公司的董事和控股股东为被执行人，对公司债务承担连带清偿责任。第四，该司法解释第 22 条规定，作为被执行人的法人或非法人组织，被注销或出现被吊销营业执照、被撤销、被责令关闭、歇业等解散事由后，其股东、出资人或主管部门无偿接受其财产，致使该被执行人无遗留财产或遗留财产不足以清偿债务的，申请执行人可以申请变更、追加该股东、出资人或主管部门为被执行人，在接受的财产范围内承担责任。第五，该司法解释第23条规定，作为被执行人的法人或非法人组织，未经依法清算即办理注销登记，在登记机关办理注销登记时，第三人书面承诺对被执行人的债务承担清偿责任的，申请执行人可以申请变更、追加该第三人为被执行人，在承诺范围内承担清偿责任。第六，该司法解释第27条规定，被执行人的名称发生变更的，人民法院可以直接将名称变更后的主体作为被执行人。

上述变更、追加被执行人的情形，大体可以分为三类。第一类是前述第一种至第四种情形，即作为被执行人的法人或非法人组织主体发生变动，由其权利义务承受人履行义务。其中第二种情形所说的分立，分为新设分立和派生分立两种。新设分立为成立多个新的法人或其他组织，派生分立为原法人或其他组织继续存续，但无论是新设分立还是派生分立，都会发生原被执行人将财产分割或分离出去的情况，对原被执行人偿债能力产生影响，因此有必要赋予人民法院直接变更、追加被执行人的权力。〔1〕第四种情形包括法人或非法人组织被吊销营业执照、责令关闭、歇业等情形，虽然被执行人主体仍然存在，但基于被执行人的股东、出资人或主管部门存在无偿接受其财产，致使该被执行人无遗留财产或遗留财产不足以清偿债务，故视为其股东、出资人或主管部门在接受的财产范围内成为被执行人的权利义务承受人以履行相应义务。第二类是前述第五种情形，即在被执行人注销的情况下，第三人自愿为其清偿相应债务。此种情形为第三人意思自治的结果，不仅对债权人没有风险，反而增加了债权实现的安全性，故应当为执行程序所允许。可以参照的实体法依据是《民法典》第552条。〔2〕第三种类型是前述第六种情形，即被执行人仅为主体名称变更。

〔1〕参见江必新主编：《执行规范理解与适用——最新民事诉讼法与民诉法解释保全、执行条文关联解读》，中国法制出版社2015年版，第205页。

〔2〕《民法典》第552条规定：第三人与债务人约定加入债务并通知债权人，或者第三人向债权人表示愿意加入债务，债权人未在合理期限内明确拒绝的，债权人可以请求第三人在其愿意承担的债务范围内和债务人承担连带债务。

法人或其他组织的名称改变，所发生的只是被执行主体在形式上的变动，[1] 不影响其作为债务主体的法律地位。《关于民事执行中变更追加当事人的规定》对前两种类型的被执行人主体变动，赋予人民法院执行部门对相关实体争议的审查权利；第三种类型的变动，则仅是当事人形式上的变动，基于程序合法的要求，人民法院通过查询工商登记档案、验资证明材料、原被执行人的资金流向等途径查明事实，完善程序即可。[2]

二、个人独资企业转让的债务承担问题

（一）个人独资企业的债务承担原则

《民法典》第102条关于非法人组织的概念表述为，非法人组织是不具有法人资格，但是能够依法以自己的名义从事民事活动的组织。非法人组织包括个人独资企业。因此，法律明确了个人独资企业具有民事实体法上的主体地位，从而实现其民事主体地位与民事诉讼主体地位的一致。[3] 个人独资企业拥有自己的名称、营业场所，以企业名义对外营业，但个人独资企业在责任承担方面，并非以其名下财产独立承担责任。《个人独资企业法》第2条规定，个人独资企业，是由一个自然人投资，财产为投资人个人所有，投资人以其个人财产对企业债务承担无限责任的经营实体；第31条规定，个人独资企业财产不足以清偿债务的，投资人应当以其个人的其他财产予以清偿。由此可见，个人独资企业虽然以自己的名义从事民事活动，但因企业财产属于一个自然人（投资人）所有，因此企业的投资人要对企业债务承担无限责任。同时，该种责任具有补充性质，[4] 即个人独资企业的债务，首先应当由企业财产偿还，由投资人财产补充偿还；对投资人而言，个人独资企业财产为投资人个人所有，当投资人个人面临责任承担，企业财产将作为投资人责任财产承担清偿责任。

---

〔1〕 参见江必新主编：《执行规范理解与适用——最新民事诉讼法与民诉法解释保全、执行条文关联解读》，中国法制出版社2015年版，第210页。

〔2〕 参见江必新主编：《执行规范理解与适用——最新民事诉讼法与民诉法解释保全、执行条文关联解读》，中国法制出版社2015年版，第210页。

〔3〕 参见最高人民法院民法典贯彻实施工作领导小组主编：《中华人民共和国民法典总则编理解与适用》（下），人民法院出版社2020年版，第517页。

〔4〕 参见何建：《论个人独资企业债务承担》，载《行政与法》2012年第8期。

在实体法明确规定了投资人与个人独资企业责任承担问题的基础上，《关于民事执行中变更、追加当事人的规定》第 13 条规定，作为被执行人的个人独资企业，不能清偿生效法律文书确定的债务，申请执行人申请变更、追加其出资人为被执行人的，人民法院应予支持；个人独资企业出资人作为被执行人的，人民法院可以直接执行该个人独资企业的财产。[1] 从上述司法解释的表述看，在以个人独资企业为被执行人的情况下，亦遵循“先企业为主，后投资人为补充”[2] 的原则，而对于以投资人为被执行人的情况，则企业作为投资人个人财产，可直接强制执行。司法解释的规定，为执行程序中被执行人为个人独资企业，追加其投资人为被执行人的情形赋予法律依据。需要注意的是，从该司法解释的表述看，应当理解为个人独资企业为执行依据确定的案件被执行人，如不符合这一前提，或个人独资企业是否能够认定为执行依据确定的被执行人存有争议，笔者认为，均不符合司法解释规定的可以追加被执行人的情形。这也体现了变更、追加被执行人法定原则，执行程序中不能随意作出扩大解释。下文将进一步论述。

（二）个人独资企业名称和投资人变更后的债务承担问题

关于个人独资企业名称和投资人变更后债务如何承担，《日本商法典》规定转让前存在的债务由受让人有条件地承担责任，即受让人原则上应承担营业转让前存在的债务，但法律又赋予受让人可不负责任的两种情形：一是如受让人在登记时表达不负责任的意思，则无须承担责任；二是受让人或转让人在营业转让后及时通知第三人。[3]《德国商法典》《大韩民国商法》也作出类似规定。[4] 此种模式的特点是，受让人原则上应承担企业转

---

〔1〕《关于民事执行中变更、追加当事人的规定》（2016 年施行）第 13 条规定：“作为被执行人的个人独资企业，不能清偿生效法律文书确定的债务，申请执行人申请变更、追加其投资人为被执行人的，人民法院应予支持。个人独资企业投资人作为被执行人的，人民法院可以直接执行该个人独资企业的财产。个体工商户的字号为被执行人的，人民法院可以直接执行该字号经营者的财产。”2020 年该司法解释修正后，“投资人”修改为“出资人”。

〔2〕何建：《论个人独资企业债务承担》，载《行政与法》2012 年第 8 期。

〔3〕参见秦康美、王奇：《个人独资企业营业转让法律问题探析》，载《福建论坛（人文社会科学版）》2009 年第 3 期。

〔4〕参见何建：《论个人独资企业债务承担》，载《行政与法》2012 年第 8 期。

让前的债务，但如果受让人在商业登记时明确表示不承担责任，或者受让人、转让人在转让后及时通知第三人，则受让人可以不承担企业转让前的债务。[1] 采取此种立法例的多为大陆法系国家，此种模式下，受让人的责任可以通过特定条件予以免除。而在英美法系国家，对于受让人承担转让前的债务的义务规定得更为严格。

我国《个人独资企业法》第17条规定，个人独资企业投资人对本企业的财产依法享有所有权，其有关权利可以依法进行转让或继承。法律规定了企业有关权利可以转让，但对于转让的条件，法律并无限制，转让后的个人独资企业是否承担转让前的债务，新旧投资人如何承担原债务，也无明确规定。就个人独资企业而言，拥有独立的企业名称，有投资人申报的资产、固定的生产经营场所和必要的生产经营条件，投资人将企业转让，通常会变更投资人和企业名称，而企业转让的原因，则有可能是资产出售、企业经营权利转让，也有可能是抵偿欠付受让人的债务，亦不排除只是单纯地变更投资人或企业名称。现行法律规定了个人独资企业本身不具有法人资格，故企业对外发生的债权债务本质上是投资人的个人债权债务基本不存在争议，但相对于"先企业为主，后投资人为补充"的个人独资企业债务承担原则，企业投资人、名称变更，或企业转让后的债务承担，因法无明文规定，在实践中的情况要复杂得多，亦存在不同认识。

有观点认为，个人独资企业转让前的债务应由受让人承担。[2] 此种观点认为，个人独资企业是一个独立的民事主体，其存在与否与投资人没有必然联系，不因投资人的变化而消灭，投资人改变后的企业与改变前的企业是同一企业，而投资人对企业债务承担无限责任，故受让人在成为投资人后要对转让前的债务承担责任。[3] 也有观点认为，如果转让合同中，转让人和受让人约定了债务承担问题，则应当尊重当事人的意思自治，并且应当办理变更登记，声明债务承担约定，及时通知第三人，凡是受让人明

〔1〕 参见何建：《论个人独资企业债务承担》，载《行政与法》2012年第8期。

〔2〕 参见秦康美、王奇：《个人独资企业营业转让法律问题探析》，载《福建论坛（人文社会科学版）》2009年第3期。

〔3〕 参见秦康美、王奇：《个人独资企业营业转让法律问题探析》，载《福建论坛（人文社会科学版）》2009年第3期。

确表示不承担债务的，可以免除。[1] 还有观点认为，应当区分对待，对于善意受让人，应由原投资人承担债务。在受让人善意、已经支付对价的情况下，再让其承担企业原债务显失公平；对于恶意受让人，应由原投资人与现投资人承担连带补充责任。[2]

上述观点均有一定道理，而产生如此争议的原因在于个人独资企业与投资人既彼此独立又紧密联系，原投资人与受让人剪不断、理还乱的关系。原投资人将企业出售，受让人支付对价，或者原投资人将企业抵付欠受让人债务的情况，很难说受让人对个人独资企业原债务承担责任具有不可推卸的责任，而相较于诉讼中的债权人，受让人的地位及权利也并不处于劣势，特别是在受让人对企业重新投入的情况下，如果要求变更、转让后的企业概括承受原债务，由受让人承担清偿责任，缺乏合理性。故而个人独资企业的投资人、名称变更的情形多样，法律并无明确规定，又因其不具有独立法人资格，个人独资企业转让、变动，到底给企业带来怎样的法律后果，相关问题有待进一步研究，而不能轻易作出债务应由谁承担的结论。

三、执行视角下对本案的考虑

在没有明确法律依据的情况下，审判程序结合案件具体情形，可以作出符合实际和不违反现行法律规定的裁判，但执行程序应更加谨慎，坚持执行程序中变更、追加被执行人严格法定原则。在法律没有规定的情况下，当事人之间的实体争议应经审判程序确认。

（一）执行程序中变更、追加被执行人应严格依法

具体到本案情况，一方面，已经生效的执行依据确定的债务人为奇胜水电站，且在诉讼之前，奇胜水电站已更名为斌莉水电站，名称、投资人均发生变更。在转让后的个人独资企业没有参与审判程序，执行依据也没有对斌莉水电站与奇胜水电站的关系进行审查，并确定斌莉水电站的权利义务的情况下，现行司法解释并未对变更、追加变更后的个人独资企业予以规定，故本案缺乏直接执行的法律依据。

---

〔1〕参见任小刚、王耀：《论个人独资企业营业转让》，载《法制与经济》2009 年第 1 期。

〔2〕参见陈莉：《个人独资企业投资人变更后的债务承担》，载《人民司法》2014 年第 22 期。

本案亦不符合《关于民事执行中变更、追加当事人的规定》第 27 条的规定，执行当事人的姓名或名称发生变更的，人民法院可以直接将姓名或名称变更后的主体作为执行当事人的情形。如上分析，被执行人名称变更，所发生的只是被执行主体在形式上的变动，不影响其作为债务主体的法律地位，也不影响执行依据确认其为债权债务关系的主体。执行程序直接将名称变更后的主体作为被执行人并不与执行依据相悖。但是本案中奇胜水电站更名为斌莉水电站，根据现有证据，将其认定为司法解释规定的企业名称变更，法律依据不足。实践中出现的因各种原因导致的个人独资企业转让后的变更，情形不一，笔者认为，只有执行程序中能够明确地认定变更后的个人独资企业仅仅是名称变更，与变更前的企业无异，才可以在执行程序中直接变更被执行人，否则不能直接变更。

（二）个人独资企业变更之后的变更、追加行为，应经审判程序确认

第一，执行程序中的变更、追加法定原则本质上是基于审判权与执行权边界的考虑，规定了执行程序中可以认定第三人为被执行人权利义务承受人的几类法律关系简单、易于审查判断的情形，《关于民事执行中变更、追加当事人的规定》第 27 条关于名称变更的审查即属于此类。对于个人独资企业变更后的当事人变更问题，涉及执行程序能否认定变更前的企业与变更后的企业为同一主体，变更后的企业能否承受变更前的企业权利义务的问题。本案中，从个人独资企业系债务主体考虑，按照实践中存在的观点，即认为该企业未解散，经营场所未变更，仅企业投资人、名称变更，不改变企业主体欠债的事实，[1] 似仍应以企业资产承担责任。但在执行程序中，要求执行对象、标的、金额必须明确。对于投资人变更后，现受让人新投入的资产、经其经营盈利后的资产，应否用于清偿原债务，以及应以企业的哪些财产、多少财产清偿原债务，均属于重大实体争议，均应通过审判程序处理，执行程序无权作出判断。

第二，基于投资人对个人独资企业债务承担补充清偿责任，而在企业

〔1〕参见俞水娟、柏宏忠：《个人独资企业名称及投资人变更后的责任承担》，载《人民司法》2013 年第 16 期。

投资人变更后，如在执行程序中直接执行变更后的企业，那么依照《关于民事执行中变更、追加当事人的规定》第13条的规定，作为被执行人的个人独资企业，不能清偿生效法律文书确定的债务，人民法院可以变更、追加其出资人为被执行人。如果执行程序直接认定了转让后的个人独资企业与转让前的企业本质无异，则在变更转让后的企业为被执行人后，下一步将面临追加现投资人即受让人为被执行人，执行其个人名下财产的情形。这种处理，不仅脱离执行依据和法律规定，而且按照此种逻辑，对于转让后的企业再转让、再变更的，执行程序中亦可再变更、追加被执行人，将有可能导致执行力在此一范畴无限延伸，这显然与法律精神相悖。

鉴于此，最高人民法院经审查认为，执行程序中变更、追加被执行人应严格依照法律和司法解释的规定作出，除非法律、司法解释明确规定变更、追加被执行人的情形，否则人民法院不能在执行程序中实施变更、追加行为。

结合理论与实践中的争议，个人独资企业转让后的债权承担问题在实体法与程序法中均值得进行深入研究。实体法中，有必要对转让后的个人独资企业对转让前的债务是否承担、承担范围进行规定，对原投资人与新投资人的责任分担进行明确，对个人独资企业转让的法律程序予以完善；〔1〕程序法中，应对执行程序中可以直接变更、追加被执行人的情形作出进一步补充性说明，或通过新制定法律或司法解释予以明确。

最高人民法院执行监督合议庭成员：邱鹏　杨春　仲伟珩

（编写人：仲伟珩*　魏丹**　审稿人：李明）

〔1〕参见欧超荣：《个人独资企业转让的债务承担问题探讨》，载《政法学刊》2015年第2期。
* 仲伟珩，法学博士，中华人民共和国最高人民法院执行局，二级高级法官。
** 魏丹，法律硕士，中华人民共和国最高人民法院执行局，二级高级法官助理。

重庆建工第七建筑工程有限责任公司
与
都兰县水利局
建设工程合同执行复议案

——执行回转孳息计算标准的法律适用

【裁判摘要】

执行回转的实体法基础是不当得利返还请求权。根据该请求权的法理基础，对民事执行回转孳息的计算标准应结合执行回转的发生原因、受损失的程度等因素综合考量：原申请执行人对执行回转无过错，原被执行人存在过错的，应以人民银行活期存款利率计算为孳息计算标准；双方当事人对执行回转均无过错的，以活期存款利率为原则，以定期存款利率为例外，具体可以根据被执行回转人的性质、资金占用的损失等确定孳息计算的标准。

【案件基本信息】

1. 诉讼当事人

申诉人（被执行人）：重庆建工第七建筑工程有限责任公司（以下简称重庆七建公司）

申请执行人：都兰县水利局

被执行人：重庆建工第七建筑工程有限责任公司青海分公司（以下简称重庆七建公司青海分公司）

2. 案件索引与裁判日期

执行异议：青海省高级人民法院（2020）青执异 16 号裁定（2020 年 11 月 30 日）

执行复议：最高人民法院（2021）最高法执复17号裁定（2021年3月29日）

3. 案由

建设工程合同执行复议

【简要案情】

重庆七建公司青海分公司与都兰县水利局建设工程施工合同纠纷一案，（2016）青民初41号生效判决判令都兰县水利局向重庆七建公司青海分公司支付工程款、利息及逾期违约金等合计39,762,389元。案件受理费由重庆七建公司青海分公司承担327,941.21元，都兰县水利局承担218,627.4元。该判决生效后，都兰县水利局自动履行一部分工程款，执行法院于2017年5月22日强制执行部分款项。重庆七建公司青海分公司自认在执行依据生效后共收到40,317,851.4元。2018年9月27日，执行法院经该院审委会讨论决定，对本案进行再审，并于2019年8月27日作出（2018）青民再77号判决，判令撤销该院（2016）青民初41号判决；改判都兰县水利局向重庆七建公司青海分公司支付工程款、逾期付款违约金，共计26,183,718.21元。案件受理费由都兰县水利局承担141,760元。重庆七建公司青海分公司不服该民事判决，向最高人民法院提起上诉，最高人民法院判决驳回上诉，维持原判。

后都兰县水利局申请执行回转，要求执行回转14,045,869.18元。利息按照三年期银行存款利率2.75%计算，自2017年5月8日开始计算至2020年5月7日，共计1,158,784.21元。执行法院于2020年6月17日作出（2020）青执29号执行回转裁定，限定了10日的还款期。并将重庆七建公司列为被执行人，裁定重庆七建公司青海分公司、重庆七建公司在该裁定生效之日起10日内向都兰县水利局返还15,204,653.39元。随后，执行法院分别于2020年7月29日扣划重庆七建公司青海分公司2,567,266.58元，于2020年8月11日扣划重庆七建公司12,823,229元。重庆七建公司不服执行法院（2020）青执29号裁定，向执行法院提出异议，请求撤销上述裁定。执行法院认为，根据《关于民事执行中变更、追加当事人的规定》第15条的规定，作为被执行人的法人分支机构，不能清偿生效法律文书确定的债务，申请执行人申请变更、追加该法人为被执行人的，人民法院应予支持。法人直接管理的责任财产仍不能清偿债务的，人民法院可以直接执行该法人其他分支机构的财产。本案中，重庆七建公司青海分公司作为法人分支机构不能清偿生效法律文书确定的债务，法院裁定执行重庆七建公司的财产，并无不当。关于执行回转财产孳息计算标准问题，现行法律和司法解释未作明确规定。本案中，需要执行回转的款项本应属于都兰县水利局，但为重庆七建公司青海分公司占用和使用，最基本的收益是存款收益。该院根据都兰县水利局申请酌定按中国人民银行定期存款基准利率计算执行回转财产孳息，基本公平合理。重庆七建公司提出的不应计算利息或以活期存款利率为标准计算利息的主张，该院不予采纳。对于利息计算的起始日期问题，该院裁定本金部分的利息计算至执行回转裁定确定的履行时限届满之日，迟延履行期间的债务利息计算至案款扣划至该院账户为止符合法律规定，故裁定驳回重庆七建公司的异议请求。

重庆七建公司不服异议裁定，向最高人民法院申请复议，请求撤销异议裁定，对孳息不应计算利息或应按活期存款利率为计算标准。

【案件焦点】

本案执行回转财产根据《关于人民法院执行工作若干问题的规定（试行）》第 65 条第 1 款关于在执行完毕后，据以执行的法律文书被人民法院撤销或变更的，原执行机构按照新的生效法律文书，作出执行回转的裁定，责令原申请执行人返还已取得的财产及其孳息的规定时，具体孳息计算标准的具体法律适用问题。

【裁判结果】

最高人民法院经审理认为，关于执行回转钱款的孳息应当以银行定期存款还是活期存款利率作为计算标准的问题，《关于人民法院执行工作若干问题的规定（试行）》第 65 条第 1 款规定："在执行中或执行完毕后，据以执行的法律文书被人民法院或其他有关机关撤销或变更的，原执行机构应当依照民事诉讼法第二百三十三条[1]的规定，依当事人申请或依职

〔1〕 该法律原条文为第 233 条，2021 年《民事诉讼法》修正后，变更为第 240 条，内容不变："执行完毕后，据以执行的判决、裁定和其他法律文书确有错误，被人民法院撤销的，对已被执行的财产，人民法院应当作出裁定，责令取得财产的人返还；拒不返还的，强制执行。"

权，按照新的生效法律文书，作出执行回转的裁定，责令原申请执行人返还已取得的财产及其孳息。拒不返还的，强制执行。”即执行回转需要原申请执行人返还已取得的财产及孳息。但对孳息应以何种标准进行计算的问题，现行法律和司法解释未作明确规定。执行回转的目的在于纠正认定事实或适用法律错误导致的执行错误行为，意将案件的权利义务关系恢复到执行前的状态，使财产有正确的归属。故孳息的计算标准，需要根据执行回转的具体情况，综合考虑执行回转的原因、当事人的过错程度等因素来决定，重点审查各方当事人对取得原生效法律文书是否存在提供虚假证据、虚假陈述、恶意隐瞒等过错行为以及执行回转申请人利益受损情况。具体到本案，应注意审查三个问题：第一，都兰县水利局与重庆七建公司青海分公司哪一方对案件进入执行回转程序存在较大过错；第二，都兰县水利局与重庆七建公司青海分公司哪一方对涉案工程的建设工期、工程价款、违约责任的具体要求更清楚，应当尽谨慎审查合同条款与招投标文件一致性的义务；第三，本案一审、再审及二审均认定涉案工程竣工完毕，质量验收合格。都兰县水利局实际上已正常使用了涉案工程，其权益是否受到实质性损害，以及都兰县水利局原支付的工程款占用期间是否对其形成较大损害。

根据青海省高级人民法院查明的事实，本案执行回转本金为13,954,425.2元，按照青海省高级人民法院认定的三年期定期存款利率计算，利息为1,183,218.9元，如按重庆七建公司主张的活期存款利率计算则为129,078.4元，两者差距较大。综合上述分析，青海省高级人民法院酌定以三年定期存款利率作为孳息的计算标准，考虑因素不全，应综合考虑执行回转产生的原因及本案各方当事人的过错程度，重新确定执行回转孳息计算的标准。

最高人民法院发回重审后，2021年12月8日，异议法院作出（2021）青执异13号裁定，裁定执行回转的孳息按银行活期利率计算利息。

【裁判摘要评析】

执行回转是我国民事执行程序中的一种特殊制度。该制度涉及原生效法律文书被撤销后，原被执行人的权益救济路径选择，而该路径选择的背后是国家的立法价值选择。应从比较法上对该制度的起源、变革进行研究和考证，从而更好地理解该制度的立法精神与本意，并以此精神来指导和解决制度实施中遇到的难题。

一、执行回转孳息标准之考察：民事执行回转制度的法系

执行回转制度是指案件在已部分执行或全部执行完毕后，据以执行的法律文书被撤销的情况下，由执行机构对已被执行的财产重新采取执行措施，恢复到执行开始前状态的制度。域外法上，对被执行人财产事后救济制度，各国国情及法律传统互有差异，但多采取由原被执行人提起不当得利之诉来救济，例如德国及日本。〔1〕我国则确定了由执行机构作出执行回转裁定，启动执行回转程序的制度。其中我国《民事诉讼法》第240条〔2〕规定了执行回转制度，《关于人民法院执行工作若干问题的规定（试行）》第65条、第66条进一步明确了人民法院应按照新的生效法律文书，作出执行回转裁定，责令原申请执行人退还原物。〔3〕但最高人民法院自2022年以来出现允许当事人针对孳息另诉的裁定。〔4〕最新出台的《民事强制执行法（草案）》中，拟对《民事诉讼法》第240条规定的执行回转制度进行修改，增设民事执行回转之诉，另辟被执行财产事后救济途径。此举由于与《民事诉讼法》第240条排除另诉的执行回转制度理念不尽相同，引发学界

〔1〕参见肖建国主编：《民事执行法》，中国人民大学出版社2014年版，第212页。

〔2〕该法律原条文为第233条，2021年修正后，变更为第240条，内容不变："执行完毕后，据以执行的判决、裁定和其他法律文书确有错误，被人民法院撤销的，对已被执行的财产，人民法院应当作出裁定，责令取得财产的人返还；拒不返还的，强制执行。"

〔3〕该司法解释原条文为第109条、第110条，2020年修订后，变更为第65条、第66条，内容不变。其中，第65条规定："在执行中或执行完毕后，据以执行的法律文书被人民法院或其他有关机关撤销或变更的，原执行机构应当依照民事诉讼法第二百三十三条的规定，依当事人申请或依职权，按照新的生效法律文书，作出执行回转的裁定，责令原申请执行人返还已取得的财产及其孳息。拒不返还的，强制执行。执行回转应重新立案，适用执行程序的有关规定。"第66条规定："执行回转时，已执行的标的物系特定物的，应当退还原物。不能退还原物的，经双方当事人同意，可以折价赔偿。双方当事人对折价赔偿不能协商一致的，人民法院应当终结执行回转程序。申请执行人可以另行起诉。"

〔4〕最高人民法院（2021）最高法执行监303号执行裁定书载明"至于上诉人提出孳息计算错误的主张，其可另寻其他法定途径救济"。鉴于上诉人就执行回转孳息的主张已经过执行异议、复议、执行监督程序审查，已穷尽执行程序的救济途径，依据最高人民法院（2021）最高法执行监303号执行裁定书的意见，上诉人应当通过民事诉讼途径提出上述主张。因此，上诉人向原审法院提起诉讼，原审法院予以立案受理。

的极大争议。之所以出现这些冲突，实际上是缺乏对我国执行回转制度的背景及法源继承系统的研究和了解。不知执行回转制度为何而设，没有溯本清源弄清楚其立法本意及性质，才导致裁判尺度的不统一。所以本文在解决问题之前，首先回顾我国执行回转制度的背景及法源。

从法系上，我国执行回转制度主要借鉴的是苏联法，而苏联法民事执行回转又是在总结法院审判经验的基础上而创设，且被现行的《俄罗斯民事诉讼法典》第443～445条继续沿用。〔1〕1964年《苏联民事诉讼法典》第430条规定，法院应当主动在新判决中一并处理执行回转问题，将原审原告依据原判决执行所得到的一切利益返还原审被告。〔2〕此处的“原判决”是指被撤销的原审确定判决；“新判决”是指法院在撤销或变更原判决后对本案重新作出的判决。我国、原罗马尼亚社会主义共和国和原蒙古人民共和国的民事诉讼立法均借鉴该法。〔3〕经考察，苏联民事诉讼制度，法理上取消了公法和私法的划分，以追求纠纷解决最大化为本旨，认为民事诉讼并非纯粹的私人纠纷，诉讼解决的效果直接影响国家利益及社会公共利益。因此在执行回转制度的设计上，要求法院应当在撤销原判决作出新判决的同时主动依职权处理民事执行回转问题。实行国家干预的职权主义立法体制。〔4〕事实上，苏联民法明确规定民事执行回转的实体法基础是不当得利之债，这与德国、日本等大陆法系国家将不当得利之债作为事后救济制度的实体法依据，本质上相同。但是德日法没有规定民事执行回转制度，所以当事人只能通过另诉返还不当得利之债的方式解决被执行财产事后救济问题。苏联法则采用依职权启动和原判决审理对象审理合并这两项程序原则。之所以在审判形式和内容方面有如此鲜明的不同，是因为，按照苏联法解释，民事执行回转制度的设置目的是实现对当事人间争讼法律关系的

〔1〕参见《俄罗斯民事诉讼法典》，程丽庄、张西安译，厦门大学出版社2017年版，第165-166页。

〔2〕参见［苏联］A. A. 多勃罗沃里斯基等：《苏维埃民事诉讼》，李衍译，法律出版社1985年版，第200-201页。

〔3〕［蒙］多弗顿基因·鲁弗桑沙拉夫：《蒙古人民共和国民事诉讼》第十四章第九节“判决执行的回转”，李衍译，西南政法学院法律系诉讼法教研室编印，1986年12月印刷，第127-128页。

〔4〕参见陈刚：《民事执行回转制度的法系意识考察及立法启示》，载《国家检察官学院学报》2021年第3期。

全面调整。新判决应当具有“最终调整”功能。所以对于涉及当事人实体权利义务关系的执行回转案件，苏联法规定由审判人员审理。[1] 我国在借鉴苏联执行回转制度的基础上，对其进行了合理改造：执行机构可以申请或依职权，按照新的生效法律文书，作出执行回转的裁定。关于作出执行回转裁定过程中所涉及的执行财产返还、孳息的计算、损害赔偿等实体争议，苏联法规定“审执分立”，审判归审判法院，执行案件归执行法院管理，由司法执行员负责。与之相对，我国法院现在采用内分的“审执分立”的组织构造和程序，即由法院执行部门的审判人员承担审理职责，对执行过程中出现的实体法纠纷由专门的庭（处）依照执行异议、执行复议程序进行审理。这种审判方式因形式上与“审执合一”有所相似，而备受学界及司法界诟病。产生误会的根本原因在于社会对执行机构“审执内分”不够了解。

二、执行回转孳息标准之考察：深化审判执行内分制度的法理

因我国执行机构定位及性质不够清晰，甚至有些法院本身也误认为，孳息认定问题不属于执行部门审查范围，故裁定驳回当事人的诉请。例如广州王老吉大健康产业有限公司诉加多宝（中国）饮料有限公司执行回转案例中，重庆市高级人民法院（2019）渝 05 执 2112 号裁定认为：“孳息问题涉及双方当事人的实体权利义务，虽然相关法条规定了执行回转应返还已取得的财产及孳息，但并未对孳息的认定方法、认定标准作出明确规定，无法定的计算标准。现双方当事人对此持有争议不能达成一致，通过原审判决及再审判决等均无法明确孳息的具体数额，应视为执行回转孳息部分内容不明，属于执行依据不明范畴。考虑到审执分离的原则，执行机构不得在执行回转程序中未经审判程序确认而径行确定孳息的计算方法和计算标准，应对执行回转孳息部分驳回执行申请，权利人可另案诉讼，待孳息部分给付内容明确后再行申请执行回转。”[2] 故这里有必要对

---

〔1〕 参见黄海涛：《殊途同归：执行回转中被执行人物权保护的路径选择》，载《法律适用》2022 年第 9 期。

〔2〕 朱敏、栗宏豪：《执行回转孳息不明时应驳回孳息申请》，载《人民司法（案例）》2021 年第 2 期。

我国深化“审执内分”的特色法律制度历史沿革进行特别研究。通常意义上，审执分立，主要是指审判活动和执行活动由不同部门实施，即审判组织和执行组织并行且互不隶属。审执合一，即审判活动和执行活动由同一部门负责，审判组织兼行执行组织之职。从比较法角度，各国多实行审执分立体制。〔1〕我国民事执行工作，经历了审执分立—审执合一—审执分立的不同阶段。1953 年，最高人民法院华北分院发出了《关于各级人民法院执行判决的指示》，要求“各级人民法院，特别是初审法院，应该指定专人负责执行工作”。1954 年通过的《人民法院组织法》，进一步就地方各级人民法院设执行员的问题，从法律上作了规定。各地中级人民法院、基层人民法院普遍建立了执行机构，设置了执行人员。但从 1957 年以后，在法律虚无主义的影响下，由“审执分立”改为“审执合一”，由审判人员兼管民事案件的执行。一段时间后，又向“审执分立”改革方向发展。〔2〕1982 年《民事诉讼法（试行）》第 163 条规定：“执行工作由执行员、书记员进行；重大执行措施，应当有司法警察参加。”各级人民法院据此设立了专门执行机构及执行员，实行审执分立。1991 年 4 月 9 日施行的《民事诉讼法》第 209 条规定：“……基层人民法院、中级人民法院根据需要，可以设立执行机构。执行机构的职责由最高人民法院规定。”1998 年 7 月 8 日最高人民法院公布《关于人民法院执行工作若干问题的规定（试行）》，其中第 1 条明确规定：“人民法院根据需要，依据有关法律的规定，设立执行机构，专门负责执行工作。”至此，我国基层、中级、海事、林业、铁路等法院，大都设立了执行庭或执行组。最高人民法院也组建了执行工作办公室。〔3〕从上述历史沿革，可以看出我国法院实际上也是采取的执行机构内部的“审执分立”，属于“审执内分”。准确地说是执行机构内部设立专门的审判合议

---

〔1〕例如，在苏联，执行由隶属于人民法院的司法执行员负责；在英国，由法院所设司法行政长官负责执行；德国及日本，设立了专门的执行机构，可以独立执行动产，执行不动产时，执行员要接受法院的命令；在法国，执行员受债权人委托后独立执行职务，独立于法院之外。

〔2〕如 1979 年修订的《人民法院组织法》第 41 条明确规定，地方各级人民法院设执行员，办理民事案件判决和裁定的执行事项，办理刑事案件判决和裁定中关于财产部分的执行事项。

〔3〕参见唐德华主编：《执行法律及司法解释条文释义》，人民法院出版社 2006 年版，第 6-9 页。

庭，与执行庭并驾齐驱。专门审理执行异议、复议案件。这种“审执内分”制度除了具有高效、便捷的特点，还符合诉讼法对配套制度设置的法理念。执行回转制度至今已经有30年的历史和司法实践，若彻底否定和摒弃这一制度，将会背离我国民事诉讼自身的立法经验和司法实践。[1] 执行部门的机构及人员。在目前民事诉讼法或人民法院组织法均未修订、顶层配套机构未设立的情况下，为防止司法解释与法律冲突，执行机构内分更有利于提高执行效率，彻底化解纠纷。

如上所述，我国执行部门的职能定位与域外各国的执行部门均不相同。直接将德国法、日本法的强制执行条文嫁接到我国，不仅出现法条背后的理论逻辑矛盾，还会导致审判的混乱和理论的割裂。由于公众甚至法院自身缺乏对我国执行制度构架系统的了解，导致社会上一直存在法院“审执不分”的误解和声音。实际上，无论是选择一元论的执行回转制度或执行回转之诉，还是二元论的执行回转制度和执行回转之诉双规制，都要承认执行中需要审判人员对相关民事权利义务的实体争议作出判断和裁定。造成裁判不统一的根本原因，不在于体制，而在于实体法基础缺位和程序法定位不清晰。若从民事诉讼追求的经济和迅速这两个理念出发，应当坚持我国民事执行回转双规制。同时在民事诉讼法中增加当事人申请和法定合并审理两种启动方式，就有可能在继续沿用民事执行回转制度的同时，仍能够实现其预设的最终调整之制度目的以及排除另诉的固有功能。

三、孳息标准之考察：不当得利与民事执行回转的实体法基础

（一）孳息计算标准的学说

经过对我国执行回转制度的起源、发展的回顾与比较，可以看出我国执行回转制度不仅要处理程序事项，同时要对侵权损害赔偿之诉一并进行审理。但执行回转制度规定在民事诉讼法的执行篇中，而缺乏民法典的实体法理论支撑，导致侵权损害赔偿之诉涉及的执行回转财产的利息（孳息）计算问题，有同期贷款利率、定期存款利率、活期存款利率三种不同的判

---

〔1〕 参见济南中院执行回转问题研究课题组：《论执行回转制度之完善》，载《法律适用》2021年第10期。

例标准，出现“同案不同判”的乱象。要想彻底解决该问题，实现裁判的统一，必须解决孳息的性质及其实体法基础。对此，目前有“不当得利说”与“无权占有说”两种学说。关于被执行人执行回转请求权的性质和基础权利主要有三种学说，一是程序救济请求权；二是基于合同的返还不当得利请求权；三是基于物权的返还不当得利请求权。[1] 不当得利，是指没有法律根据，取得不当利益，造成他人损失的情形。[2] 结合不当得利的四个构成要件分析，据以执行的法律文书被人民法院或其他有关机关撤销或变更后，原申请执行人取得了财产利益，原被执行人受到损失，两者之间存在因果关系，原申请执行人依据生效法律文书获得财产及其孳息因该文书被撤销丧失了合法根据，这符合不当得利的构成要件。无权占有是指无本权的占有。本权是指对物占有的权能。“无本权”一是占有从开始就没有法律依据；二是先前的占有是有合法依据的，但是后来这种合法依据丧失。我国《民法典》第460条规定，不动产或者动产被占有人占有的，权利人可以请求返还原物及其孳息。比较以上两种学说，“不当得利说”是从债权的角度分析执行回转中孳息的性质，而“无权占有说”是从物权的角度分析执行回转中原申请执行人对孳息的占有，两者分析的角度不同。但是“无权占有”主要针对的是原物及孳息的返还。执行回转针对的标的物应该以物的原本形态和状态来返还，但在金钱债权执行案件中，货币属于种类物而非特定物。在金钱没有特定化的情况下，不宜适用无权占有作为提出请求权的基础。另外，我国《民法典》第460条明确规定，权利人可以请求返还原物及其孳息，但应当支付善意占有人因维护该不动产或者动产支出的必要费用。此强调的是物权的追及效力，无论标的物在何人之手，所有权人基于物权的追及效力及恒定性，都可以追及物的所在，直接支配该

---

〔1〕 参见黄海涛：《殊途同归：执行回转中被执行人物权保护的路径选择》，载《法律适用》2022年第9期。

〔2〕 参见石宏主编：《〈中华人民共和国民法典〉释解与适用·合同编》（下册），人民法院出版社2020年版，第933页。

物。[1] 更可以看出“无权占有说”适用的范围是不动产或动产的实物。因生效法律文书撤销属于对物权占有的否定，占有人没有或丧失了占有该不动产或动产的法律依据，构成了不当得利，申请执行回转人可以据此提出返还不当得利之债请求。

需要指出的是“不当得利说”需要在司法审判中作出进一步解释。我国《民法典》第122条规定：“因他人没有法律根据，取得不当利益，受损失的人有权请求其返还不当利益。”第985条关于“没有法律根据”的情形只明确规定了取得利益之时没有法律根据，而未规定取得利益的法律根据于事后消灭情形。[2] 为此，最高人民法院专门解释：“非给付型不当得利中‘无法律根据’的具体形态包括……（2）因得利人的法律行为造成的。如无权处分中，善意受让人取得物的所有权，无权处分人因处分他人之物所得的利益，应对权利人负不当得利的返还义务，此时也可构成不当得利返还请求权和侵权损害赔偿请求权的竞合。又如得利人基于强制执行所获得的利益，因据以执行的法律文书被撤销，受损人可请求得利人返还不当得利。”[3] 基于法系意识之考量，在制定《民法典》司法解释或在《民事强制执行法（草案）》中，建议将不当得利之债确定为民事执行回转的实体法基础，明确规定“法律根据于事后消失”为不当得利的发生原因，据此为人民法院处理民事执行回转案件提供统一的实体裁判规范。

（二）孳息计算标准的实体法基础

法律具有体系性，当事人权利保护也应当有体系性的考量。在执行回转财产孳息的标准及执行回转基础权利在我国《民法典》中未作出明确规范，民法学研究亦未达成共识，不能提供充分理论支撑的情况下，需要从

---

〔1〕 参见全国人大常委会法制工作委员会民法室等来源：《〈中华人民共和国民法典〉物权编学习读本》，中国民主法制出版社2021年版，第560-561页。

〔2〕《民法典》第985条规定：“得利人没有法律根据取得不当利益的，受损失的人可以请求得利人返还取得的利益，但是有下列情形之一的除外：（一）为履行道德义务进行的给付；（二）债务到期之前的清偿；（三）明知无给付义务而进行的债务清偿。”

〔3〕 最高人民法院民法典贯彻实施工作领导小组：《中华人民共和国民法典合同编理解与适用》（四），人民法院出版社2020年版，第2800页。

程序法与实体法协同的角度考虑，寻找有效路径。通过溯源执行回转制度的法系，德国、日本法理与苏联法理均以不当得利之债解释该救济权的实体法基础。我国实务界就执行回转不当得利之债性质的表述也出现在裁定书中。[1] 执行回转案件是以原执行根据被人民法院撤销或变更为成立要件的返还不当得利案件，它有别于侵权责任案件和违约责任案件。这种将民事执行回转实体法基础统一解释为不当得利之债的法理，为孳息的计算标准提供了实体法依据。

不当得利的制度目的是责令得益人返还无法律根据的所受利益，而不是填补受损人因利益损失所受到的损害。不当得利制度中关于财产性获利与否是不当得利判断的重要标准，因为如果无人获得利益，也就不存在得利“当”与“不当”的问题。所谓获利，是因为一定的事实而导致其财产的增加或不减少。[2] 在比较法上看，获利判断标准存在主观标准和客观标准。客观标准，是指从理性人的角度来判断行为人是否获利。笔者赞同原则上应当采客观标准，主要是因为客观标准容易操作，而且在一般情况下也符合双方当事人的利益。利益变动，剥夺受益人的利益，使其归于公平。[3] 学理上，不当得利的返还范围因受益人是否善意而不同。多数立法例都区分善意和恶意以确定得利人的返还范围。[4] 若受益人为善意，即在取得利益时不知道没有法律上的原因，返还现存利益，如果所得利益已不存在，则免负返还或偿还价额的责任；若受益人为恶意，即在取得利益时明知道没有法律上的原因而受领，应当将受领时所得的利益或知道没有法律上的原因是所现存的利益，以及受领物的孳息，一并偿还，如另有损

---

〔1〕 例如宜春市中级人民法院（2021）赣09执复15号案件本院认为部分，载明：“其以个人银行账户领取的执行款亦属不当得利，依法亦应当返还。”韶关市中级人民法院（2014）韶中法执复字第13号案件本院认为部分，载明：“原申请执行人何国平依法应承担返还因转让涉案房地产而获得不当得利的义务。”

〔2〕 参见王利明：《债法总则研究》（第2版），中国人民大学出版社2018年版，第417-433页。

〔3〕 参见陈界融编著：《中国民法学·债法学源论》，人民法院出版社2006年版，第111页。

〔4〕 参见最高人民法院民法典贯彻实施工作领导小组：《中华人民共和国民法典合同编理解与适用》（四），人民法院出版社2020年版，第2801页。

害，应一并赔偿。由于执行回转程序中合并审理两个诉讼请求，所以有必要将执行听证规则引入执行回转程序中。充分保护当事人的诉讼权利，让当事人有口头举证、质证、辩论的机会，从而查明案情，作出公正裁判。

四、孳息标准之考察：法律属性及执行回转的缘由

（一）关于孳息的法律属性

关于执行回转的孳息，我国法律及相关司法解释规定得极为简略，仅在《关于人民法院执行工作若干问题的规定（试行）》（2020年修正）第65条作出了简略规定。孳息是相对于原物而言的，是指由原物而产生的物，一般理解孳息包括法定孳息和自然孳息。本案因涉及的是法定孳息，笔者就以法定孳息为探讨对象，进而推导出执行回转中孳息的计算标准。通说认为，法定孳息是民事权利主体参与某种特定的民事法律关系应该获得的报偿，例如出租房屋所得的租金、持股所得的股息等。《日本民法典》第22条对法定孳息下的定义为："作为物的使用对价而收取的金钱和其他物。"《德国民法典》较为笼统，规定法定孳息是物或者权利因某种法律关系所产生的收益。[1] 事实上，法定孳息体现的是一种用益法律关系，因原物由他人使用而产生的对价一般归原物的所有权人、持有人或者原物的合法占有人所有。由于法定孳息作为个人收益，权利人有权自行处置，因此，当事人可以优先约定法定孳息的归属。我国《民法典》第321条第2款规定："法定孳息，当事人有约定的，按照约定取得；没有约定或者约定不明确的，按照交易习惯取得。"在搜索类案时发现，关于孳息的同期贷款利率、定期存款利率、活期存款利率三种计息标准均有相关理论或案例支持。

（二）关于返还孳息的不同学说及判例

笔者以"执行回转孳息"为关键词在中国裁判文书网上进行检索，经过大量比对后发现，涉及执行回转法定孳息问题的，各地、各级法院多将法定孳息等同于利息，直接裁定以一定的利率为标准确定回转孳息金额。

[1] 参见李倩楠：《浅论孳息的分类及其归属》，载《经营管理者》2016年6月下期。

目前对于执行回转返还孳息应当采用何种利率标准有四种观点。第一种观点认为，执行回转后，原案申请执行人取得的财产及其孳息可以视为一种不当得利，孳息应当适用善意人返还准则。判断孳息的标准可从参照适用该财产通常可能收取的收益角度出发。大部分人拥有大额金钱后会采取银行存款的方式进行储蓄，按照中国人民银行定期存款利息为标准计算比较合适。第二种观点在第一种观点的论理基础上认为应参照中国人民银行活期存款利率标准计算。第三种观点认为，要根据被执行回转人的性质及营业范围对孳息计算的标准加以区分，如果被执行回转人是以营利为目的的民事主体，尤其是小额贷款公司、银行等，应在执行回转程序中将孳息的认定标准参照中国人民银行同期贷款利率［2019 年 8 月 20 日之后按同期全国银行间同业拆借中心公布的贷款市场报价利率（LPR）计付］标准计算。第四种观点认为，执行案款一般意义上应由申请执行人存入银行，其收益为存款利息，故执行案款的损失应该从被执行人的财产被执行时起算，按银行存款利率，根据执行的时间长短计算，不足一年的按活期利率，一年以上不足二年的按一年定期存款利率，依次类推。〔1〕

目前各地、各级法院对于执行回转中法定孳息的认定标准不统一。以前文所提的广州王老吉大健康产业有限公司诉加多宝（中国）饮料有限公司执行回转案为例，该案被最高人民法院同时作出的三个再审判决分别撤销并重新裁判。在回转程序中对于双方争议很大的孳息认定问题，广东省广州市中级人民法院以定期存款利率为标准计算孳息，湖南省长沙市中级人民法院以同期贷款利率为标准计算孳息，重庆市第五中级人民法院认定孳息问题涉及当事人实体权利义务，应当由审判程序确认，予以驳回申请处理。〔2〕 对于这些审判乱象，最高人民法院有必要从源头上予以解决，统一司法尺度，保护各方当事人的程序、实体权益。

---

〔1〕 参见朱金柱：《执行回转实务难题》，载知乎网 2022 年 11 月 12 日，https：//zhuanlan.zhihu. com。

〔2〕 参见张心阳、袁楠：《计征返还孳息时应考虑执行回转的补偿性》，载《人民司法（案例）》2015 年第 2 期。

（三）我国民事诉讼执行回转程序中孳息的司法认定

如上所述，孳息返还的实体法基础是不当得利之债请求权。该诉涉及双方当事人实体权利义务关系，不能仅将其作为一个普通的执行异议、复议案件来对待，而是应当参照民事审判中的开庭审理规则进行。执行中的审查则应当启动“执行听证”程序。对此，建议对《关于人民法院办理执行异议和复议案件若干问题规定》第12条进行改造，明确将执行回转案件纳入应当依法举行听证的范围。执行听证属于执行程序中的特殊审查程序，可由当事人申请而启动听证程序，也可由法院根据案件情况启动听证程序。[1] 执行回转中对孳息的处理，可以参照我国《民法典》的相关规定。即“法定孳息，当事人有约定的，按照约定取得；没有约定或者约定不明确的，按照交易习惯取得”。参照该条规定，笔者认为，执行回转中孳息的返还金额应当首先征求双方当事人的意见，如果当事人能协商一致，按照双方协商的结果进行处理；协商不成的，自然孳息，应当全部返还，但应扣除原申请执行人（需善意）已经支出的财产管理费用。[2] 法定孳息的，以中国人民银行活期存款利率标准计算为原则。以中国人民银行同期贷款利率（LPR）计付标准为例外。具体应结合执行回转的发生原因、受损失的程度等因素综合考量。具体理由如下：

第一，孳息的计算标准应当根据执行回转程序的性质来确定。如前所述，执行回转与因违约行为导致的损害赔偿有着根本区别。执行回转程序本身不具有惩罚性。其主要目的是补救因执行错误导致的错误后果，纠正认定事实或适用法律错误导致的执行错误状态，将案件的权利义务关系恢复到执行前，使财产有正确的归属，而非将一方利益最大化。参照普通执行案件，如果一个普通执行案件的执行依据并未在判项中载明利息，执行中是不会执行利息的，而执行回转判决判项是撤销原法律文书，并未载明

〔1〕 参见江必新、刘贵祥主编：《最高人民法院〈关于人民法院办理执行异议和复议案件若干问题规定〉理解与适用》，人民法院出版社2015年版，第164页。

〔2〕 参见最高人民法院民法典贯彻实施工作领导小组主编：《中华人民共和国民法典物权编理解与适用》（下），人民法院出版社2020年版，第1339页。

利息承担，仅根据《民事诉讼法司法解释》和《关于人民法院执行工作若干问题的规定（试行）》而计算孳息，本身就属于执行的特殊化，且执行回转是以救济性、补偿性为主的，故不宜采高标准计算。《最高人民法院关于人民法院执行工作若干问题的规定实用解析》一书中，“孳息计算标准”阐述为“法定孳息主要是指银行存款利息、股利、租金等”[1]。同时，《关于人民法院执行工作若干问题的规定（试行）》第66条第1款规定：“执行回转时，已执行的标的物系特定物的，应当退还原物。不能退还原物的，经双方当事人同意，可以折价赔偿。”此处的折价抵偿主要是针对原被执行人因执行依据错误造成的间接损失，“在计算间接损失时要严格，应该是合理的损失，不能无限制地扩大。”也即，对于孳息的计算应当是合理的损失。“合理”在汉语词典中的意思是“合乎道理或事理”。执行回转案件中，只要原申请执行人对多取得的财产没有过错，其承担的仅限于有限返还责任。大部分人在拥有金钱后会存入银行，因日常经营或生活所需，定期取钱不便，一般会采取活期存款的方式。有人提出，原被执行人系小额贷款公司或金融机构的，会用这笔资金去理财甚至放贷，所以应当按照定期甚至贷款利息计算。对此，一则如前所述，金钱属于种类物，执行回转程序中不存在金钱特定化的情形。申请执行回转人或其他人均无法举证证明执行回转的货币被用来放贷或理财；二则原申请执行人进行理财、放贷等投资，不代表一定会有高收益。据了解，很多理财合同中就载明不保本、盈亏自负。放贷更可能有呆账、坏账收不回来的情况，如果原申请执行人投资后血本无归，就可以此拒绝执行回转吗？明显不能。所以在原申请执行人无过错的情况下，不能以其营业性质作为孳息计算的判断标准。具体到本案中，如按三年期定期存款利率2.75%计算。利息为1,183,218.9元。按照活期利率0.3%计算，则为129,078.4元，两者相差近100万元。在利率差异很大，又考虑到原申请执行人对执行回转本身不存在任何过错的情形下，让其承担巨额的孳息支付义务，于法无据。

---

[1] 黄金龙：《关于人民法院执行工作若干问题的规定实用解析》，中国法制出版社2000年版，第334页。

第二，孳息的计算标准应当根据孳息和损失产生之间的因果关系来确定。执行回转财产的孳息应当根据孳息和损失产生之间的因果关系来区分，建立一种具有可操作性的计算依据和标准，更符合公平合理的民商法价值取向。在执行依据被撤销后，原申请执行人取得财产利益与原被执行人受到损失两者之间存在因果关系，在据以执行的法律文书被人民法院或其他有关机关撤销或变更前，原申请执行人取得财产利益有正当理由且受法律保护。执行回转大多数是因为法院或生效法律文书的制作机关在认定事实、适用法律方面存在错误，才造成了执行回转。而原申请执行人在申请执行时其诉求得到合法有效判决的支持，并非原申请执行人主观恶意造成。依法申请强制执行是法律赋予其的法定权利，甚至有些案件中，不申请执行将严重影响其生活或者生产经营。如果对回转的孳息施以过高标准，对原申请执行人将有失公允。所以对这段孳息的计算标准，应当结合执行回转的发生原因、受损失的程度等因素综合考量。重点审查当事人对取得执行法律文书是否存在恶意或过错。

具体到本案中，执行法院按定期存款利率作为孳息计算标准，违背了执行回转程序的立法本意。第一，原申请执行人不存在过错，一则原申请执行人作为施工方，积极履行建设工程施工合同约定义务，按期完成工程、经验收合格并交付给原被执行人使用；二则在原被执行人拒不支付工程款后，积极维护自身合法权益，在期限内起诉并如实陈述，提交证据均真实合法；三则在执行依据生效后，积极主张权利，在对方不能履行后，期限内申请强制执行。第二，原被执行人存在过错。本案经再审认定建设工程合同无效，导致案件执行回转。关于合同的效力，一则原被执行人都兰县水利局作为发包方，对工程的建设工期、工程价款、违约责任在招标公告中提出具体要求。其对双方签订的建设施工合同内容是否合法具有更多的审查责任。二则其在案件审理过程中主张施工合同合法有效。判决作出后，其未上诉。两年后，其却以合同无效的理由申请启动重审程序。对此，其存在明显过错。第三，原被执行人的权益未受到实质损害。本案系建设工程施工合同纠纷，原审及再审、二审均认定涉案工程经确认施工质量验收合格，实际竣工完毕，事实上，都兰县水利局也一直在使用涉案工程，其权益未受到实质损害。如前所述，孳息计算的要件之一是被执行回转人取得财产利益与申请执行回转人受到损失两者之间存在因果关系，都兰县水利局所谓受到的损失只是资金占用的损失，其根本的利益—工程的投入使用上并没有任何损失。不当得利之债案件中，应当以原被执行人的受损害程度而非原申请执行人受益程度作为孳息计算的标准。通过综合分析本案执行回转的发生原因、受损失的程度等因素，对这一阶段孳息的计算标准，应当适用活期存款利率为宜。在最高人民法院发回重审后，2021年12月8日，青海省高级人民法院作出（2021）青执异13号裁定，裁定执行回转的孳息按银行活期利率计算利息。

总之，执行回转的实体法基础是不当得利返还请求权。根据该请求权的法理基础，对民事执行回转孳息的计算标准应结合执行回转的发生原因、受损失的程度等因素综合考量。区分不同的情况：第一，原申请执行人对执行回转无过错，原被执行人存在过错的，应以人民银行活期存款利率为孳息计算标准；双方当事人对执行回转均无过错的，以活期存款利率为原则，以定期存款利率为例外，具体可以根据被执行回转人的性质、资金占用的损失等确定孳息计算的标准。第二，原申请执行人存在过错，导致法官错误判断，最终生效法律文书被法院再审撤销的，类比侵权损害赔偿，对其可参照《民法典》买卖合同违约责任赔偿标准，以LPR标准为基础，加计30%~50%作为孳息标准计算。[1] 第三，该种计算标准的理论依据为：执行回转程序本身不具有补偿性，该结论的前提是，双方当事人对执行回转无过错。一旦能证明一方当事人对执行回转存在过错，与买卖合同中当事人一方的违约损害赔偿责任相近似，适用侵权损害赔偿制

[1] 《审理买卖合同纠纷案件司法解释》第18条第4款规定："买卖合同没有约定逾期付款违约金或者该违约金的计算方法，出卖人以买受人违约为由主张赔偿逾期付款损失，违约行为发生在2019年8月19日之前的，人民法院可以中国人民银行同期同类人民币贷款基准利率为基础，参照逾期罚息利率标准计算；违约行为发生在2019年8月20日之后的，人民法院可以违约行为发生时中国人民银行授权全国银行间同业拆借中心公布的一年期贷款市场报价利率（LPR）标准为基础，加计30—50%计算逾期付款损失。"

度。通说认为，损失大于利益时，应以利益为准，利益大于损失时，则应以损失为准。[1] 所以，在当事人存在过错时，应偿还其造成损失的价值额。

最高人民法院执行复议合议庭成员：刘慧卓　张丽洁　李宗诚

（编写人：张丽洁*　薛晗**　审稿人：李明）

---

〔1〕 参见石宏主编：《〈中华人民共和国民法典〉释解与适用·合同编》（下册），中国检察出版社2020年版，第935页。

* 张丽洁，法学硕士，中华人民共和国最高人民法院执行局，三级高级法官。

** 薛晗，法律硕士，中华人民共和国最高人民法院执行局，四级法官助理。

深圳市基础工程有限公司
与
云浮泓泰投资置业有限公司
建设工程施工合同纠纷执行监督案

——顺位在后债权人接受以物抵债时受偿债权金额的计算

【裁判摘要】

1. 以物抵债属于强制执行变价措施。根据《民事诉讼法司法解释》（2020年修正）第516条[1]的规定，强制执行变价措施并不对多个执行债权的清偿顺序产生影响。前位债权人放弃接受财产抵债，只是放弃这一变价措施，并不意味着其放弃对流拍财产变价所得优先受偿的权利，对抵押权或者其他法定优先权的放弃需要权利人通过明示方式作出。

2. 在优先受偿权人未明示放弃其优先权的情况下，接受抵债的债权人不会因接受以物抵债获得优先于其他债权人就抵债财产变现后的价值受偿的地位。因此，在此种多个债权人存在的情形下，执行法院应当按照法定顺位计算多个债权各自应受清偿金额，而不能将流拍财产直接交由接受抵债的执行债权人受偿自身债权。

【案件基本信息】

1. 诉讼当事人

申诉人（申请执行人）：深圳市基础工程有限公司（以下简称深圳基础工程公司）

---

〔1〕 2022年《民事诉讼法司法解释》修正后，本条变更为第514条。以下同。

被执行人：云浮泓泰投资置业有限公司（以下简称云浮泓泰投资置业公司）

利害关系人：中国长城资产管理股份有限公司广东省分公司（以下简称长城资产管理公司广东分公司）

利害关系人：山东莱钢建设有限公司（以下简称山东莱钢建设公司）

2. 案件索引与裁判日期

执行依据：广东省高级人民法院（2015）粤高法民终字第55号判决（2016年11月15日）

执行异议：广东省云浮市中级人民法院（2020）粤53执异25号裁定（2020年8月7日）

执行复议：广东省高级人民法院（2020）粤执复875号裁定（2020年11月16日）

执行监督：最高人民法院（2021）最高法执监414号裁定（2021年12月18日）

3. 案由

建设工程施工合同纠纷执行监督

【简要案情】

深圳基础工程公司与云浮泓泰投资置业公司建设工程施工合同纠纷一案，广东省高级人民法院于2016年11月15日作出（2015）粤高法民终字第55号判决，云浮泓泰投资置业公司于判决发生法律效力之日起30日内向深圳基础工程公司支付工程款38,511,708.56元及利息（略）。

判决生效后，深圳基础工程公司向广东省云浮市中级人民法院（以下简称云浮市中级人民法院）申请执行。执行过程中，执行法院依法裁定查封、拍卖被执行人云浮泓泰投资置业公司名下位于广东省云浮市云城区思劳镇圆周山的国有土地使用权及地上建筑物（地号：05-04-0018，证号：A120189）（以下简称涉案房地产）。执行法院分别于2019年8月7日、9月9日在淘宝网司法拍卖（变卖）网络平台对涉案房地产进行司法拍卖。两次司法网络拍卖均因无人应价而流拍。同年11月1日，执行法院在淘宝网司法拍卖（变卖）网络平台对涉案房地产公开变卖，变卖期为60天，因无人出价而流拍。

2020 年 1 月 3 日，执行法院询问深圳基础工程公司是否接受对涉案房地产以物抵债，深圳基础工程公司表示愿意接受以物抵债。2020 年 6 月 17 日，在执行法院召开的听证会中，长城资产管理公司广东分公司（其对涉案房地产享有抵押权）和山东莱钢建设公司（其对涉案房地产享有建筑工程优先受偿权）表示不愿意对涉案房地产以物抵债。深圳基础工程公司表示愿意按照变卖流拍价对涉案房地产接受以物抵债。执行法院当日告知其 7 天内将金额汇至法院账户。深圳基础工程公司逾期未汇款，执行法院于 2020 年 7 月 1 日作出（2016）粤 53 执 130 号通知，通知深圳基础工程公司自收到通知之日起 5 日内将变卖流拍价全款缴至该院执行款账户。深圳基础工程公司不服，向云浮市中级人民法院提出执行异议，称以物抵债的承受人应当支付的是执行款项与以物抵债的差价而不是全款。该土地深圳基础工程公司为首封，自称对该地块有优先权的债权人首先表示拒绝接受以物抵债。经过合法程序以物抵债后，根据法律规定，深圳基础工程公司取得该物的所有权（使用权），不存在深圳基础工程公司参加流拍款分配的问题。请求撤销要求深圳基础工程公司支付涉案流拍地块全款的通知，变更为确认深圳基础工程公司补交以物抵债差额。云浮市中级人民法院支持了深圳基础工程公司的异议申请。云浮泓泰投资置业公司不服，向广东省高级人民法院提出复议申请称，长城资产管理公司广东分公司和山东莱钢建设公司均对本案拍卖、变卖的财产享有优先受偿权，以物抵债不能损害优先受偿权人的优先受偿权益，深圳基础工程公司对本案抵债财产并无优先受偿权，不能通过以物抵债损害长城资产管理公司广东分公司和山东莱钢建设公司的优先受偿权。广东省高级人民法院支持了云浮泓泰投资置业公司的复议申请，撤销了异议裁定。深圳基础工程公司不服广东省高级人民法院的复议裁定，向最高人民法院申请执行监督。

【案件焦点】

在执行过程中，拍卖的财产流拍后，具有优先受偿权的债权人放弃以物抵债，受偿顺序在后的普通债权人接受以物抵债时，如何计算其应缴纳款项。

【裁判结果】

最高人民法院经审查认为，根据《民事诉讼法司法解释》（2020年修正）第516条的规定，强制执行变价措施并不对多个执行债权的清偿顺序产生影响。前位债权人放弃接受财产抵债，只是放弃这一变价措施，并不意味着其放弃对流拍财产变价所得优先受偿的权利。在优先受偿权人未明示放弃其优先权的情况下，接受抵债的债权人即承受人不会因接受以物抵债获得优先于其他债权人就抵债财产变现后的价值受偿的地位。在应受清偿债权额的计算上，因以物抵债相当于以流拍的财产保留价购买执行标的，只不过作为申请执行人可以在应受清偿的债权范围内与流拍的保留价进行抵销。因此，在多个债权人存在的情形下，执行法院仍然应当按照法定顺位计算多个债权各自应受清偿金额，并非将流拍财产直接交由接受抵债的执行债权人受偿自身债权。因涉案房地产的执行变价所得尚不足以清偿优先受偿的债权，而深圳基础工程公司在本案的执行债权为普通债权，显然无法从流拍财产变价所得中接受清偿，即在本案中，深圳基础工程公司的应受清偿的债权额为零。因此，其应按照变卖的流拍价全价进行购买。执行法院作出（2016）粤53执130号通知要求深圳基础工程公司全额支付抵债价款待后分配，符合前述司法解释的规定和本案各执行债权的具体情况。最高人民法院于2021年12月18日作出（2021）最高法执监414号裁定，驳回深圳市基础工程公司的申诉请求。

【裁判摘要评析】

执行程序中，某一被执行人涉及多个执行依据，存在多位债权人等待受偿的情况较为普遍。在被执行人财产不足以清偿所有债权时，如何确定各债权人之间的受偿顺序，直接关系到每位债权人实体权益的实现。从法律规定来看，法定优先受偿权和抵押权等权利优先于一般债权受偿并无争议。但如果拍卖变卖不成，需要以物抵债，在享有优先权的债权人明确表示不同意以物抵债的情况下，一般债权人是否可以通过同意以物抵债获得优先受偿的资格。对该问题的理解应从现有法律规范出发，探寻执行中以物抵债的性质和分配顺序问题。

一、民事执行程序中以物抵债的性质

《民事诉讼法司法解释》（2022年修正）第489条、第490条规定了执行程序中的两种以物抵债方式：当事人合意以物抵债与法院裁定以物抵债。合意以物抵债可以不经拍卖、变卖程序直接进行抵债；而裁定以物抵债主要出现在执行财产拍卖、变卖不成之后，经申请执行人同意，人民法院将该项财产作价后交付申请执行人抵偿债务。本涉案及的是第二种即裁定以物抵债。

关于裁定以物抵债的性质。《拍卖变卖规定》第16条、第23~25条规定，“一拍”流拍后债权人可以选择接受以物抵债，如果不接受，则财产进入“二拍”。“二拍”流拍后，债权人仍可以选择接受以物抵债，如果不接受，则根据财产性质确定是进入“三拍”还是退还被执行人。由此可见，裁定以物抵债与拍卖、变卖之间可以相互转化，以物抵债不成的，财产仍可能回到拍卖或者变卖程序。因此，裁定以物抵债与拍卖变卖一样，都属于对被执行人财产强制变价的执行措施，目的是最大限度实现债权人的权益。以物抵债的本质，相当于以流拍的财产保留价购买执行标的，只不过申请执行人可以在应受清偿的债权范围内与流拍的保留价进行抵销。

二、执行中多个债权人申请执行同一被执行人的清偿顺序

一般情况下，《关于人民法院执行工作若干问题的规定（试行）》（2020年修正）第55条的三款条文确定了关于清偿顺序的三种处理原则：第1款规定多个债权人均具有金钱给付内容的债权，且对执行标的均无担保物权的，按照执行法院采取执行措施的先后顺序受偿，即适用优先主义原则。第2款规定债权人的债权种类不同的，基于所有权和担保物权而享有的债权优先于金钱债权受偿，有多个担保物权的，按照各担保物权成立的先后顺序清偿。第3款规定一份生效法律文书确定金钱给付内容的多个债权人对同一被执行人申请执行，执行财产不足以清偿全部债务，各债权人对执行标的物均无担保物权的，按照各债权数额比例受偿，即平等主义原则。

而当被执行人的财产不足以清偿全部债务时，则应适用《民事诉讼法司法解释》第506条、第511条的规定。其中，第506条规定了被执行人为自然人或其他组织时适用参与分配程序，按照平等主义原则，普通债权人按照债权数额比例受偿；第511条则规定了被执行人为企业法人的执行转破产程序。

本案债权人的债权种类不同。长城资产管理公司广东分公司对涉案房地产享有抵押权；山东莱钢建设公司对涉案房地产享有建筑工程优先受偿权；而申诉人深圳基础工程公司享有的则是一般债权。因此，深圳基础工程公司的受偿顺序应在长城资产管理公司广东分公司和山东莱钢建设公司之后。

三、人民法院裁定以物抵债能否改变各债权人之间的法定受偿顺序

深圳基础工程公司认为，其法定受偿顺序虽然居后，但因司法拍卖、变卖不成，进入以物抵债程序，优先权人不同意以物抵债，应视为其放弃了这一轮的优先受偿，深圳基础工程公司从而获得就该财产优先受偿的资格。这一理由是不成立的，原因如下：

1. 以物抵债顺位的改变并不导致法定受偿顺序的改变。《拍卖变卖规定》第16条第2款规定，有两个以上执行债权人申请以拍卖财产抵债的，由法定受偿顺位在先的债权人优先承受；受偿顺位相同的，以抽签方式决定承受人。此条款明确的仅是有两个以上执行债权人均申请以拍卖财产抵债时，该流拍财产归属的顺序问题，受偿顺序在后的债权人可以因前位债权人未接受财产抵债，从而获得购买该财产的资格，但也仅是获得以物抵债的资格。根据《民事诉讼法司法解释》（2022年修正）第514条的规定，强制执行变价措施并不对多个执行债权的清偿顺序产生影响。执行法院就执行变价所得财产，应先扣除执行费用及清偿优先受偿的债权后，再就普通债权按照财产保全和执行中查封的先后顺序清偿。普通债权人即使因为优先受偿权人放弃以物抵债方式，获得了以物抵债的资格，但其债权清偿顺序并未发生改变。

2. 优先受偿权的放弃需要予以明示。前位债权人放弃接受财产抵债，只是放弃这一变价措施，并不意味着其放弃对流拍财产变价所得优先受偿的权利。事实上，对抵押权或者其他法定优先权的放弃必然需要权利人通过明示方式作出。在优先受偿权人未明示放弃其优先权的情况下，接受抵债的债权人即承受人不会因接受以物抵债获得优先于其他债权人就抵债财产变现后的价值受偿的地位。

四、关于应受清偿债权额的计算

《拍卖变卖规定》第16条第2款规定："……承受人应受清偿的债权额低于抵债财产的价额的，人民法院应当责令其在指定的期间内补交差额"，该规定本身已经明确是以"承受人应受清偿的债权额"计算补交差额，而不是"承受人的债权额"。因以物抵债相当于以流拍的财产保留价购买执行标的，只不过作为申请执行人可以在应受清偿的债权范围内与流拍的保留价进行抵销。因此，在多个债权人存在的情形下，执行法院仍然应当按照法定顺位计算多个债权各自应受清偿金额，而不是将流拍财产直接交由接受抵债的执行债权人受偿自身债权。本案中，流拍的财产即涉案房地产价额变卖价即8039余万元，而涉案房地产上的优先受偿债权即长城资产管理公司广东分公司、山东莱钢建设公司的债权，本金部分合共8702万元，明显超过流拍财产价额。因涉案房地产的执行变价所得尚不足以清偿优先受偿的债权，而深圳基础工程公司在本案的执行债权为普通债权，显然无法从流拍财产变价所得中接受清偿，即在本案中，深圳基础工程公司的应受清偿的债权额为零。因此，其应按照变卖的流拍价全价进行购买。

最高人民法院执行监督合议庭成员：刘慧卓　朱燕　仲伟珩

（编写人：刘慧卓*　审稿人：杨奕）

---

* 刘慧卓，法学博士，中华人民共和国最高人民法院执行局，二级高级法官。

知识产权

台州市路桥吉利机动车驾驶培训有限公司等
与
台州市路桥区东港汽车驾驶培训学校等
13家驾培单位
横向垄断协议纠纷案

——垄断协议豁免的证明责任及条款效力的认定

【裁判摘要】

1. 被诉垄断协议实施者主张涉案协议具有《反垄断法》(2007年颁布)第15条[1]第1款第1~5项情形之一，不构成垄断协议的，应当提供充分证据证明：该协议具有前述五项法定情形之一所称积极的竞争效果或者经济社会效果；该协议为实现上述效果所必需，因而不会严重限制相关市场的竞争；该协议能够使消费者分享由此产生的利益。被诉垄断协议实施者不能仅仅依赖一般性推测或者抽象推定有关积极的竞争效果或者经济社会效果，而应当提供证据证明有关效果是具体的、现实的。

2. 反垄断涉及国家整体经济运行效率和社会公共利益，《反垄断法》关于禁止横向垄断协议行为的规定原则上属于效力性强制性规定，违反该规定的合同条款应属无效。为降低和消除经营者继续实施垄断协议行为的风险，实现《反垄断法》预防和制止垄断行为的立法目的，与横向垄断协议

---

〔1〕 2022年《反垄断法》修正后，本条变更为第20条。以下同。

条款具有紧密关系、与之脱离即不再具有独立存在意义的合同条款，以及实质上服务于横向垄断协议行为实施的合同条款，亦应属无效。

【案件基本信息】

1. 诉讼当事人

上诉人（原审原告）：台州市路桥吉利机动车驾驶培训有限公司（以下简称吉利驾驶培训公司）、台州市路桥区承融驾驶员培训有限公司（以下简称承融驾驶员培训公司）

被上诉人（原审被告）：台州市路桥区东港汽车驾驶培训学校（以下简称东港驾驶培训公司）等 13 家驾培单位

原审第三人：台州市路桥区浙东驾驶员培训服务有限公司（以下简称浙东驾驶员培训公司）

2. 案件索引与裁判日期

一审：浙江省宁波市中级人民法院（2019）浙 02 知民初 335 号判决（2020 年 12 月 31 日）

二审：最高人民法院（2021）最高法知民终 1722 号判决（2021 年 12 月 22 日）

3. 案由

横向垄断协议纠纷

【简要案情】

在上诉人吉利驾驶培训公司、承融驾驶员培训公司与被上诉人东港驾驶培训公司等 13 家被诉驾培单位、原审第三人浙东驾驶员培训公司横向垄断协议纠纷案中，吉利驾驶培训公司和承融驾驶员培训公司以其与东港驾驶培训公司等 13 家被诉驾培单位达成的联营协议及自律公约构成垄断经营为由，向浙江省宁波市中级人民法院（以下简称一审法院）提起诉讼，请求确认联营协议及自律公约无效。该案中，吉利驾驶培训公司、承融驾驶员培训公司与东港驾驶培训公司等 13 家被诉驾培单位（共 15 家驾培单位，均位于浙江省台州市路桥区）共同签署了联营协议以及自律公约，约定：为防止恶性竞争，共同出资设立联营公司（浙东驾驶员培训公司）对浙江省台州市路桥区范围内的驾培行业进行统一收费、管理及分配；每家驾培单位原先分散的辅助性服务如报名、体检、制卡、理论学习培训、模拟器学习培训等，则统一由联营公司在同一现场处理。上述协议还约定了联营公司的股本结构以及固定服务价格、限制教练车辆及教练员流动等内容的条款。联营公司在运营中实施了上述协议约定内容。联营公司成立半年后，吉利驾驶培训公司、承融驾驶员培训公司退出联营公司经营管理与服务，并向一审法院起诉其他 13 家驾培单位，认为联营协议及自律公约构成横向垄断协议，请求法院确认二者无效。其他 13 家驾培单位及联营公司共同答辩称：（1）联营协议系出于整顿市场乱象及行业恶性竞争、方便学员报名之目的；（2）联营协议有利于降低成本、增进效率、提高中小经营者经营效率以及保护消费者利益，符合法定豁免情形。一审法院经审理查明，联营公司成立后，原先 15 家驾培单位分散的辅助性服务均由联营公司统一在同一现场处理，联营公司相应收取服务费 850 元/人（包含制卡费）。一审诉讼中，联营公司恢复了各驾培单位的自主定价模式。一审法院认为，涉案联营协议及自律公约构成固定价格、限制产销量、分割市场的横向垄断协议，但联营公司统一提供辅助性服务的运营行为确可提高服务质量、降低成本、增进效率，其相应收取的服务费 850 元具有合理合法的理由，并能够使消费者分享由此产生的利益，该部分固定价格的行为可以依法豁免。据此，一审法院判决确认涉案联营协议及自律公约中构成横向垄断协议的相关条款无效。吉利驾驶培训公司、承融驾驶员培训公司不服，向最高人民法院提起上诉，请求改判确认联营协议中股本结构条款无效，东港驾驶培训公司等 13 家被诉驾培单位提出的固定价格协议豁免理由不能成立。

【案件焦点】

1. 垄断协议豁免的证明责任；

2. 垄断协议条款效力的认定。

【裁判结果】

最高人民法院二审认为，根据《反垄断法》第 13 条、第 15 条的规定，在认定被诉垄断协议行为是否应当适用豁免时，首先应当界定被诉行为的具体内容，判断被诉行为是否属于《反垄断法》第 13 条规定所禁止的行为，然后认定被诉行为实施主体提供的证据能否证明该行为存在《反垄断法》第 15 条规定的豁免情形。在具体认定时，如果具有竞争关系的经营者达成固定价格协议、限制产量或者销量协议、划分市场协议等，落入《反垄断法》第 13 条第 1 款规定的横向垄断协议范围，经营者欲以有关协议具有《反垄断法》第 15 条第 1 款第 1~5 项规定情形为由主张豁免，则其应当举证证明三项重要事实：第一，有关协议具有上述五项法定情形之一；第二，有关协议为实现上述五项法定情形之一所必需，因而不会严重限制相关市场的竞争；第三，有关协议能够使消费者分享由此产生的利益。对于上述三项重要事实，经营者应当提供充分证据证明相关协议具有上述五项法定情形之一项下所指积极的竞争效果或经济社会效果，且该效果是具体的、现实的，而不能仅仅依赖一般性推测或者抽象推定。就本案中东港驾驶培训公司等被诉 13 家驾培单位所援引的《反垄断法》第 15 条第 1 款第 2 项规定的豁免情形而言，首先，该经营者需要提供相关证据（例如达成固定价格等垄断协议之前与之后相关市场的服务质量、驾驶培训成本、驾驶培训效率情况等），以对比说明其通过统一服务规范、标准或者实现专业化分工等手段，切实达到提高服务质量、降低服务成本、增进效率的实际效果；其次，该经营者需要提供相关证据证明为实现提高产品质量、降低成本、增进效率所必需，且并未严重限制台州市路桥区为中心的机动车驾驶培训服务市场的竞争；最后，该经营者还需要提供相关证据（例如垄断协议达成之前与之后消费者交费标准、参加培训服务的成本以及便利程度等）证明消费者确实从中受益。就本案中东港驾驶培训公司等被诉 13 家驾培单位所援引的《反垄断法》第 15 条第 1 款第 3 项规定的豁免情形而言，该经营者需要提供证据证明其作为中小企业相对于某些大企业处于弱势，在竞争中处于不利地位，其签订垄断协议增强了中小企业的竞争力，提高了中小企业的经营效率；同时，该经营者也应当举证证明消费者从中受益的情况。

本案中，浙东驾驶员培训公司统一向消费者（驾驶学员）收取的 850 元服务费中包括制卡费 200 元，余下 650 元对应的服务包括统一为驾驶学员提供报名、体检、理论学习培训以及模拟器学习培训等。在浙东驾驶员培训公司成立前，上述费用均由涉案15家驾培单位自行收取。浙东驾驶员培训公司统一收取服务费的行为实质性地将上述服务价格予以固定，该部分服务费与涉案15家驾培单位自行收取的费用共同构成本案中固定价格的横向垄断协议，根据其性质和一般市场规律，该类横向垄断协议一般具有排除、限制竞争的效果。东港驾驶培训公司等被诉13家驾培单位依据《反垄断法》第15条第1款第2项、第3项的规定提出豁免主张，其应当提供证据具体证明该横向垄断协议所产生的积极效果，但其未提供证据证明在浙东驾驶员培训公司成立前，涉案15家驾培单位在学员报名、体检、理论学习等服务项目中收费的具体价格，未提供证据证明浙东驾驶员培训公司成立后其统一提供服务的行为如何以及在何种程度上实际降低了成本并提高了服务质量、增进了效率，也没有提供证据证明浙东驾驶员培训公司固定收取的850元费用相比此前各驾校在相关服务项目上自行收取的费用更为低廉。因此，根据东港驾驶培训公司等13家被诉驾培单位提供的证据，尚不足以认定浙东驾驶员培训公司针对统一提供的辅助性服务固定收取850元费用的行为构成《反垄断法》第15条规定的豁免情形。一审法院在经营者没有提供真实、有效证据支持其豁免主张情况下，主要根据一般经验推定浙东驾驶员培训公司统一提供服务将带来有利于降低成本、提高质量、增进效率等效果，直接认定该项统一收费符合垄断协议豁免情形，不符合《反垄断法》第15条关于经营者应当证明垄断协议豁免情形及条件的规定，应予纠正。

反垄断涉及国家整体经济运行效率和社会公共利益，原则上应当将《反垄断法》关于禁止垄断行为的规定作为效力性强制性规定，违反该规定的合同条款无效。根据《合同法》第56条[1]的规定，合同部分无效，不影响其他部分效力的，其他部分仍然有效。该条法律规定意味着，如果合同内容可分且相互不影响的，合同部分无效不导致其他部分无效；如果合同无效部分会影响其他部分效力的，其他部分也应无效。合同内容可分一

〔1〕 本条现为《民法典》第156条："民事法律行为部分无效，不影响其他部分效力的，其他部分仍然有效。"

般是指将无效部分分离出来，还能够使一项可以有效的行为继续存在，且不与当事人的行为意图或者目的相悖。同时，判断合同或者合同条款是否因违反《反垄断法》而无效时，还应该考虑消除和降低垄断行为风险的需要，有利于实现《反垄断法》预防和制止垄断行为的立法目的。首先，综观涉案 15 家驾培单位签订联营协议及自律公约的动因、目的、主要内容和实际履行等情况，联营协议第 3 条关于股本结构的条款并无独立有效的意义和价值。该 15 家驾培单位本为处于激烈竞争中的经营者，其以“防止恶性竞争”等为由，协商设立联营公司固定价格、限制数量等，其行为的实质和目的主要在于合谋排除、限制竞争；而涉案 15 家驾培单位在联营协议第 3 条中约定各自出资共同设立联营公司，是其实施上述横向垄断协议、实现市场垄断目的的主要手段。从浙东驾驶员培训公司作为联营公司根据联营协议所承担的管理职能、设立后实际从事的业务看，其是涉案 15 家驾培单位实施横向垄断协议的中枢和关键环节，除此之外，难以看出联营协议第 3 条关于注册资本与股本结构的约定在协议各方（涉案 15 家驾培单位）之间还有其他独立存在的意义和价值。其次，为预防和制止涉案垄断行为之目的，联营协议第 3 条关于股本结构的条款亦应认定无效。如果认定联营协议第 3 条仍然有效而继续约束各方，则实际上为被诉 13 家驾培单位保留了信息沟通、协调一致行动的渠道，存在未来再次实施横向垄断协议的风险和可能，不利于预防和制止涉案垄断行为。故联营协议第 3 条是与联营协议及自律公约中有关横向垄断协议条款密不可分而无独立存在意义的条款。为消除有关经营者再次实施横向垄断协议的风险，联营协议第 3 条应当随同有关横向垄断协议条款一并认定无效。联营协议及自律公约中有关横向垄断协议条款和联营协议第 3 条关于浙东驾驶员培训公司注册资本与股本结构的约定基本上构成联营协议及自律公约的主要内容乃至全部内容，认定上述条款均无效即相当于认定联营协议及自律公约全部无效，故直接判决确认联营协议及自律公约全部无效。

【裁判摘要评析】

本案横向垄断协议纠纷审理主要反映两个层面的问题：一是垄断协议豁免的证明要件与证明责任；二是《反垄断法》下认定垄断协议及其相关

条款效力的价值目标与具体规则。

一、关于垄断协议豁免的证明要件与证明责任

垄断协议豁免，是指经营者的有关行为虽然构成横向或者纵向垄断协议，但在符合法定情形下又最终排除《反垄断法》禁止性规定的适用，这是具体利弊权衡的结果，即考量特定垄断协议的实际经济效果大于其对经济秩序损害的抉择。我国《反垄断法》对于垄断协议采取一般禁止和特殊豁免相结合的规制方式，该法第 15 条具体规定了豁免情形与有关举证责任。该条规定从诉讼程序看，其主要内容是主张豁免的要件事实与证明责任。根据一般文义解释的方法，不难看出《反垄断法》第 15 条规定的豁免要件事实共有三项：第一，有关协议具有该条规定的 7 项法定情形之一；第二，如果经营者主张依据该第 1 款规定的前 5 项情形豁免，则有关协议系为实现该 5 项法定情形之一所必需，因而不会严重限制相关市场的竞争；第三，如果经营者主张依据该条第 1 款规定的前 5 项情形豁免，有关协议能够使消费者分享由此产生的利益。这是对豁免要件事实的整体把握，由于《反垄断法》第 15 条规定较为原则和抽象，具体适用过程中，需要准确理解法定豁免情形，并结合具体案情进行必要的经济分析，具体体现《反垄断法》豁免审查中的利弊权衡过程。就本案中经营者所援引的《反垄断法》第 15 条第 1 款第 2 项和第 3 项豁免情形而言，第 2 项“为提高产品质量、降低成本、增进效率，统一产品规格、标准或者实现专业化分工”，其中“为提高产品质量、降低成本、增进效率”是目标，“统一产品规格、标准或者实现专业化分工”是手段，这类协议可以简称为“标准化或专业化卡特尔”，法律规定该类协议豁免的预设目标是该类协议有助于提升行业整体经济效率并最终惠及消费者。例如，“标准化卡特尔”可以提高同类产品相互之间的可替代性和兼容性，长远看有利于推动同类产品之间的竞争和提高市场透明度，便于消费者和用户比较选择对其合适的产品；“专业化卡特尔”可以使有关企业从全能型企业转变为专业化企业，使企业实现经济上的合理化，提高规模经济和市场竞争力，但可以得到豁免的“专业化卡特尔”不会导致产生或者加强市场支配地位。〔1〕《反垄断法》第 15 条第 1 款

---

〔1〕 参见王晓晔：《反垄断法》，法律出版社 2011 年版，第 118-119 页。

第3项“为提高中小经营者经营效率，增强中小经营者竞争力”，该类协议可以简称为“中小企业合作卡特尔”，可适用的情形一般是相对于大企业，中小企业处于弱势，在竞争中处于不利地位的情况。[1] 法律规定“中小企业合作卡特尔”豁免的目标仍是推动市场有效竞争，为消费者提供价廉质高的产品或者服务，限制主要是不导致市场势力、不严重限制竞争。

上述豁免要件事实由主张豁免的经营者举证证明是毋庸置疑的，但《反垄断法》对该经营者举证证明的程度没有具体规定，由此产生一个问题，即系争垄断协议的积极经济效果能否仅根据一般经验法则推定，而不由经营者提供证据予以具体证明。无论是从《反垄断法》规定垄断协议豁免的目的出发，还是从《反垄断法》第15条第2款规定经营者“证明”责任的一般要求看，经营者应当在个案中提供证据具体证明系争垄断协议实际上具体产生了积极经济效果，而不能仅仅进行推定，否则所谓“积极经济效果”仍可能是想当然的，而并非具体的和现实的。为了保证《反垄断法》规定豁免所期待的“积极经济效果”得到落实，应当要求主张豁免的竞争者提供其达成和实施垄断协议前后有关产品或者服务价格、质量、成本或者效率等经济效果对比的数据，来具体证明“积极经济效果”的真实存在且该“积极经济效果”切实由该垄断协议所产生。这里还包含一个比例原则，即为达“积极经济效果”必须实施特定垄断协议且实施该垄断协议所产生负面影响相对较小。本案中，主张豁免的经营者无论在法定豁免情形的内涵上，还是在法定证明责任的具体要求上，均不符合《反垄断法》第15条的规定，二审判决对此进行分析说明，这里不赘述。总之，《反垄断法》规定的垄断协议豁免是严格的和具体的，经济效率、竞争损害、消费者受益是审查中应当具体分析考量的重点内容。

二、关于《反垄断法》下认定垄断协议及其相关条款效力的价值目标与具体规则

《反垄断法》本身没有规定垄断协议的效力。认定垄断协议的效力还须

---

[1] 参见全国人大常委会法制工作委员会经济法室编：《中华人民共和国反垄断法——条文说明、立法理由及相关规定》，北京大学出版社2007年版，第83页。

统一归口至民事基本法（原《合同法》、现《民法典》合同编）中依照有关具体规定进行认定。根据本案当时施行的《合同法》第52条第5项（现《民法典》第153条）、第56条（现《民法典》第156条）及其司法解释（《合同法解释（二）》[1] 第14条）的规定，认定合同效力的规制有二：第一，合同违反法律、行政法规的效力性强制性规定的无效；第二，合同部分无效，不影响其他部分效力的，其他部分仍然有效。反垄断涉及国家整体经济运行效率和社会公共利益，《反垄断法》关于禁止横向垄断协议行为的规定原则上属于效力性强制性规定，违反该规定的合同条款应属无效。为此，《审理因垄断行为引发的民事纠纷案件的规定》（2020年修正）第15条作了专门规定。司法实践中对此基本上并无争议，问题主要是认定特定协议中直接构成垄断协议的条款无效后，协议中剩余条款是否也认定无效。基本规则仍是上述民事基本法规则，同时就本案争议的公司股本条款而言还涉及公司法中公司的取缔问题，由此一来，认定系争股本条款的协议需要从民事基本法、公司法、反垄断法三个层面分析权衡。

第一，在民事基本法层面，合同部分条款无效是否也同时导致其他条款也无效，关键在合同条款的可分性。合同内容可分一般是指将无效部分分离出来，还能够使一项可以有效的行为继续存在，且不与当事人的行为意图或者目的相悖。如果合同内容可分且相互不影响的，合同部分无效不导致其他部分无效；如果合同无效部分会影响其他部分效力的，其他部分也应无效。

第二，在公司法层面，依法成立的公司不宜轻易取缔。基于公司法上尽可能维持企业存在的基本精神，对瑕疵设立的公司应坚持原则有效前提下严格适用例外撤销规则，对公司瑕疵设立行为原则上不轻易地否定其效力而作出无效处理，而是在认定其效力的基础上允许公司尽量采取措施予以补救；只有在公司设立违反法律法规效力性强制性规定，且无法更正的，才确定无效进而解散公司。[2] 浙东驾驶员培训公司依法成立，联营协

---

〔1〕 根据2020年12月23日通过的《最高人民法院关于废止部分司法解释及相关规范性文件的决定》,《合同法解释（二）》于2021年1月1日废止。

〔2〕 参见施天涛:《公司法论》（第4版），法律出版社2018年版，第98-103页。

议第 3 条第 2 款系股本结构条款，认定该条款无效的直接后果涉及公司解散的法律后果，因此，在公司法层面认定股本结构条款的效力应当慎重。

第三，在反垄断法层面，我国《反垄断法》第 1 条首先明确该法宗旨是“预防和制止垄断行为”。从该立法目的出发，判断合同或者合同条款是否因违反《反垄断法》而无效时，还应该考虑消除和降低垄断行为风险的需要；如果相关合同条款很可能继续发挥经营者实施垄断行为的渠道作用，则应当一并认定无效，本案经营者成立浙东驾驶员培训公司的最初起因和日常营运基本上就是实施和维系横向垄断经营，如果继续维持股本结构条款的效力，则留下经营者继续实施垄断经营的平台。正如古典经济学家亚当·斯密在其《国富论》中指出：“从事相同贸易的人们即使是为了娱乐和消遣也很少聚集在一起。一旦聚会，其结果往往不是阴谋对付消费者，便是筹谋抬高价格。”[1] 鉴于原本有竞争关系的经营者维持联络平台本身具有较高的垄断经营可能和风险，而垄断协议的反竞争效果一般是比较突出的，从有利于实现《反垄断法》预防和制止垄断行为的立法目的，应当认定本案中股本结构条款无效。

至于公司法与《反垄断法》关系的协调，应当注意处理两个层面的关系。其一，竞争是市场经济的基本准则，《反垄断法》被誉为市场经济宪法或者被视为经济法的核心，在我国社会主义法律体系中，“《反垄断法》是市场经济的基础性法律制度”，在理论上《反垄断法》相比《公司法》等其他法律应当具有更优越的地位，如果其他法律的规定与《反垄断法》的规定冲突，原则上应当以《反垄断法》的规定为准。其二，如果设立公司本身和实际经营就是实施垄断经营，应当视为公司设立违反《反垄断法》的强制性禁止性规定或者损害自由竞争等社会公共利益，也应当予以撤销。从整体上审视《反垄断法》，其是一部具有较强政治政策性和经济理论性的部门法，它以政治政策为鲜明导向，以经济理论为规范基础，在上层的政治政策和基础的经济规律之间发挥工具作用，但《反垄断法》又相对原则

[1] [英] 亚当·斯密：《国民财富的性质和原因的研究》，郭大力、王亚南译，商务印书馆 1974 年版，第 122 页。

和抽象，同时我国反垄断法治起步较晚，执法司法经验尚不丰富，《反垄断法》的适用还需要紧紧围绕其立法目标在实践中不断增强规律性认识，本案的审理即是人民法院探索规律、总结经验的一个例证。

最高人民法院二审合议庭成员：余晓汉　何隽　薛淼

（编写人：余晓汉* 审稿人：丁文严）

---

* 余晓汉，法学博士，中华人民共和国最高人民法院知识产权法庭，二级高级法官。

海南盛华建设股份有限公司
诉
海南省市场监督管理局
反垄断行政处罚案

——垄断协议行政处罚数额的司法审查

【裁判摘要】

《反垄断法》（2007 年颁布）第 46 条[1]第 1 款“上一年度销售额”的具体理解问题，实际上是反垄断行政处罚的合法性与合理性问题。对于反垄断行政处罚的合法性与合理性的审查，应当重点考量：该行政处罚是否在法律规定的处罚标准和范围之内；该行政处罚是否具有足够的威慑作用，能够实现《反垄断法》关于预防和制止垄断行为的立法目的；该行政处罚是否符合过罚相当原则。具体审查时，应当结合垄断行为的危害性程度、经营者的主观恶意、经营者在违法行为中所处的地位和作用、是否已经并处没收违法所得、经营者是否存在抗拒行政查处或者主动停止违法行为的情节等个案具体情况，以有利于实现《反垄断法》预防和制止垄断行为的立法目的和确保个案处理结果公正为指引，进行综合判断。

---

〔1〕 2022 年《反垄断法》修正后，本条变更为第 56 条：“经营者违反本法规定，达成并实施垄断协议的，由反垄断执法机构责令停止违法行为，没收违法所得，并处上一年度销售额百分之一以上百分之十以下的罚款，上一年度没有销售额的，处五百万元以下的罚款；尚未实施所达成的垄断协议的，可以处三百万元以下的罚款。经营者的法定代表人、主要负责人和直接责任人员对达成垄断协议负有个人责任的，可以处一百万元以下的罚款。经营者组织其他经营者达成垄断协议或者为其他经营者达成垄断协议提供实质性帮助的，适用前款规定。经营者主动向反垄断执法机构报告达成垄断协议的有关情况并提供重要证据的，反垄断执法机构可以酌情减轻或者免除对该经营者的处罚。行业协会违反本法规定，组织本行业的经营者达成垄断协议的，由反垄断执法机构责令改正，可以处三百万元以下的罚款；情节严重的，社会团体登记管理机关可以依法撤销登记。”以下同。

【案件基本信息】

1. 诉讼当事人

上诉人（原审被告）：海南省市场监督管理局

被上诉人（原审原告）：海南盛华建设股份有限公司（以下简称盛华建设公司）

2. 案件索引与裁判日期

一审：海南省第一中级人民法院（2021）琼96行初48号判决（2021年5月31日）

二审：最高人民法院（2021）最高法知行终880号判决（2022年1月26日）

3. 案由

反垄断行政处罚

【简要案情】

在上诉人海南省市场监督管理局与被上诉人盛华建设公司反垄断行政处罚纠纷案中，盛华建设公司于2017年起在海南省消防协会消防维保检测行业分会组织下达成并实施消防安全检测价格的横向垄断协议，该公司经营业务范围有20余项，其2018年年度销售额1亿元，其中开展消防安全检测业务的经营收入为93.9万元。海南省市场监督管理局于2019年9月对盛华建设公司进行垄断立案调查，于2020年11月作出处罚决定，对盛华建设公司处以2018年销售额1亿元1%的罚款即100万元。盛华建设公司不服处罚决定，向海南省第一中级人民法院（以下简称一审法院）提起行政诉讼。一审法院认为，海南省市场监督管理局以盛华建设公司实施横向垄断协议所取得的销售收入和正常业务中未实施价格垄断行为所取得的销售收入一并作为处罚基数来计算处罚金额，属于对《反垄断法》第46条第1款中“上一年度销售额”的错误理解。故判决撤销上述行政处罚，责令海南省市场监督管理局对有关垄断行为重新作出处理。海南省市场监督管理局不服，向最高人民法院提起上诉。最高人民法院于2022年1月26日判决撤销原判，驳回盛华建设公司的诉讼请求。

【案件焦点】

《反垄断法》(2007 年颁布) 第 46 条第 1 款规定“上一年度销售额”具体如何理解。

【裁判结果】

最高人民法院二审认为，就本案争议的反垄断行政处罚的合法性与合理性而言，应当重点审查考量三个层面的问题：第一，系争反垄断行政处罚是否在《反垄断法》第 46 条针对达成并实施垄断协议所规定的处罚幅度之内，以确定行政执法机构裁量具体罚款数额是否超出法定标准和范围。第二，系争反垄断行政处罚是否具有足够的威慑作用，以实现《反垄断法》第 1 条确立的预防和制止垄断行为等立法目的。第三，系争反垄断行政处罚是否符合《行政处罚法》(2017 年修正) 第 4 条第 2 款及《反垄断法》第 49 条的规定所体现的过罚相当原则，以避免对轻微违法行为给予过重的处罚或者对特别严重的违法行为给予过轻的处罚。

根据《反垄断法》第 46 条第 1 款的规定，经营者违反本法规定，达成并实施垄断协议的，由反垄断执法机构责令停止违法行为，没收违法所得，并处上一年度销售额 1%以上 10%以下的罚款。首先，从文义解释的角度看，该条款规定计算罚款基数时仅表述为“上一年度销售额”而没有作进一步限定。对该“销售额”的含义实践中可能存在多种理解，包括全部产品或者服务的销售额、涉案产品或者服务的销售额、中国境内涉案产品或者服务的销售额、相关市场销售额、全球销售额等。在“上一年度销售额”存在多种理解情况下，需要结合立法目的和一般法律适用原则探究其合理含义。其次，从法律目的解释的角度看，《反垄断法》的直接立法目的是预防和制止垄断行为。鉴于垄断行为的危害不仅限于其违法经营的范围，还损害市场竞争机制和经济运行效率，垄断行为通常对市场经济的危害性较大，总体上对垄断行为应当处以较为严厉的处罚，方能起到有效的威慑作用，否则难以实现《反垄断法》预防和制止垄断行为的立法目的，因此，将《反垄断法》第 46 条第 1 款规定的“上一年度销售额”原则上解释为全部销售额具有合理性。最后，从过罚相当的角度看，《行政处罚法》(2017 年修正) 第 4 条第 2 款规定，设定和实施行政处罚必须以事实为依据，与违法行为的事实、性质、情节以及社会危害程度相当；《反垄断法》第49条规定，反垄断执法机构确定具体罚款数额时，应当考虑违法行为的性质、程度和持续的时间等因素。据此，审查反垄断执法机构确定的具体罚款数额是否合法适当，需要结合个案具体情况，以有利于实现《反垄断法》预防和制止垄断行为的立法目的和确保个案处理结果公正为指引进行综合判断。具体可以考虑如下因素：垄断行为的危害性程度，如垄断行为的性质（横向垄断协议通常比纵向垄断协议对市场竞争的危害性更大）、持续时间、所涉及的市场范围、违法销售额及对经营者全部业务的影响等；经营者的主观恶意，如是否明知故犯、恶意违法；经营者在违法行为中所处的地位和作用，如是否属于垄断行为组织者或者主导者等；是否已经并处没收违法所得；经营者是否存在抗拒行政查处或者主动停止违法行为的情节；等等。

就本案盛华建设公司从事的涉案垄断行为而言，海南省市场监督管理局已经考虑了盛华建设公司的垄断违法经营销售额情况，且原本应当根据其垄断违法销售情况计算其违法所得予以没收，并同时处以罚款，但该局并没有直接没收违法所得，而是笼统按其2018年年度销售额100,734,213.88元的1%处以罚款1,007,342.13元。海南省市场监督管理局作出该罚款处罚时，已经考虑盛华建设公司达成并实施垄断协议的主观意愿不强、部分检测业务未严格按照垄断协议执行等较轻违法情节，但是盛华建设公司垄断业务一年的相关销售额已达939,218.43元，且该违法行为持续时间超过2年。综合考虑最终处罚数额应当包含没收违法所得和罚款两项处罚，并结合涉案垄断行为的危害性及持续时间等因素，上述处罚结果在反垄断行政处罚的法定幅度内，符合《反垄断法》预防和制止垄断行为的立法目的，也并未明显违反过罚相当原则。一审法院在综合考量被诉处罚决定的合法性与合理性方面有所欠妥，予以纠正。二审法院依照《行政诉讼法》第69条、第89条第1款第2项规定，判决如下：（一）撤销海南省第一中级人民法院（2021）琼96行初48号判决；（二）驳回海南盛华建设公司的诉讼请求。

【裁判摘要评析】

本案反垄断行政处罚纠纷，触及理论和实践中长期争论的一个反垄断法热点问题，即《反垄断法》第46条第1款规定的“上一年度销售额”的理解。由于我国《反垄断法》规定得相对原则，相关行政执法标准长期不尽一致，故当事人诉诸司法，但司法目前尚不宜作出划一的解释，解决问题的出路主要是立足个案，围绕立法目的、在法条的文义范围内，遵循过罚相当原则，分析认定系争反垄断行政处罚的合法性与合理性。这种解决办法是基于对我国《反垄断法》规定罚款计算的单一结构及其困境的认知，围绕《反垄断法》立法目标寻求的平衡。

一、解释《反垄断法》第46条第1款规定的“上一年度销售额”面临一定的困境

《反垄断法》第46条第1款规定：“经营者违反本法规定，达成并实施垄断协议的，由反垄断执法机构责令停止违法行为，没收违法所得，并处上一年度销售额百分之一以上百分之十以下的罚款；尚未实施所达成的垄断协议的，可以处五十万元以下的罚款。”首先，从文义解释的角度看，该条款规定计算罚款基数时仅表述为“上一年度销售额”而没有作进一步限定，由此引起对该“销售额”含义的多种理解，包括：全部产品或服务的销售额、涉案产品或者服务的销售额、中国境内涉案产品或者服务的销售额、相关市场销售额、全球销售额等。在“上一年度销售额”存在多种通常理解情况下，需要结合立法目的和一般法律原则探究其合理含义。其次，从目的解释的角度看，《反垄断法》的直接立法目的是预防和制止垄断行为，鉴于垄断行为通常对市场经济的危害性较大，总体上对该类垄断行为应当处以较为严厉的处罚，方能起到有效的威慑作用，据此不排除将《反垄断法》第46条第1款规定的“上一年度销售额”解释为全部销售额的合理性。特别是在垄断违法经营影响巨大、性质特别严重的情况下，确有必要以全部销售额作为基数确定罚款上限并进行严厉惩处；此时反垄断执法机构以经营者上一年度全部经营业务销售额作为计算罚款的基数，主要是基于严厉处罚垄断经营、增加罚款幅度的需要，仅涉及以全部经营业务销售额为计罚依据，而不是以全部经营业务作为处罚的对象。如果将《反垄断法》第46条第1款规定的“上一年度销售额”限缩解释为垄断违法经营及其相关业务的销售额，至少在反垄断罚款幅度的上限方面不利于反垄断执法机构对严重垄断行为进行严厉处罚，难以实现《反垄断法》预防和制止垄断行为的立法目的。其次，从过罚相当的角度看，如果一律将《反垄断法》第 46 条第 1 款规定的“上一年度销售额”解释为全部销售额，则不排除在某些垄断违法行为轻微（特别是经营者垄断经营业务销售额在其全部综合经营业务销售额占比极低）情形下，以经营者全部销售额为基数按法定最低比例 1%计罚仍然偏高，导致处罚畸高、威慑有余的不当结果。由此看出，如果试图简单划一地将“上一年度销售额”解释为全部销售额抑或垄断违法业务及其相关销售额，均会面临难以两全的问题。

二、“上一年度销售额”统一解释困境的制度原因

通过比较法研究，不难看出该困境在制度上源于我国反垄断罚款制度结构相对单一。可以说中国、美国、欧盟是世界上最有影响力的三大反垄断法治区域，但中国反垄断法治起步较晚，在制度建设过程中也曾经借鉴吸收欧美等域外法治经验，同时也形成中国自己的特色。在反垄断行政处罚计算上，美国、欧盟与中国存在明显差异：（1）美国法院以受违法行为影响的美国境内的营业额为基础确定罚款依据的营业额，即美国反托拉斯法中规定的“受违法行为影响的商业量”，另外，区分公司和个人规定了罚款上限的具体的数额。（2）欧盟委员会 2006 年发布了《根据 2003 年 1 号条例第 23 条实施罚款的指南》，详细规定了确定反垄断罚款数额的“两步法”,〔1〕即先确定罚款的基础数额，然后再针对个案调整罚款基础数额。具体而言，欧盟对罚款基础数额确定的公式为［罚款基础数额=销售价值×比率（≤30%）×年数+进入费（针对恶性卡特尔）］，其中销售价值是指企业获得的直接或间接与违法行为相联系的产品或服务的价值，与美国反托拉斯法中规定的“受违法行为影响的商业量”的概念内涵是一致的。罚款基础数额确定之后，委员会可以根据个案情况对最终罚款数额予以增加或减少，明确以上一年度总营业额 10%的封顶。（3）德国联邦卡特尔局 2013 年 6 月 25 日公布了最新制定的《卡特尔违法行为处理程序中的罚款确

〔1〕参见中国世界贸易组织竞争政策与法律专业委员会主编：《中国竞争法律与政策研究报告》(2010 年)，法律出版社 2010 年版，第 89 页。

定指南》，其中明确指出，“作出处罚决定之前的上一年度该企业全球营业额的10%”只是罚款框架的上限，并不是计算罚款数额的基数。与此同时，该指南规定了计算罚款数额的“三步法”：①确定罚款基数。确定罚款基数需要对违法企业的“获利或者造成损害的潜力”进行评估，一般以该企业在实施垄断行为期间所取得的与该行为涉及产品或服务有关的国内营业额为基准，再乘以10%的比率。②确定罚款倍数。根据违法企业的大小，需要将第一步确定的罚款基数乘以一定的倍数，以保证处罚的威慑力。③罚款数额的调整。考虑因素包括：违法者在卡特尔中所扮演的角色，违法者在相关市场上的地位，违法者所处产业价值链的位置，作出违法行为的故意或者过失程度等。从上文初步比较法分析看出，欧美反垄断罚款规范存在初步计算罚款的基数和最终调整罚款上限的基数的“二元结构”：首先以垄断违法销售额作为初步计算处罚数额的基数；其次以全部销售额为基数按照一定的比例（如10%）封顶。这种制度设置，可以在遵循过罚相当原则的基础上，对严重垄断违法行为进行足够高额的处罚，保持《反垄断法》应有的威慑性。而我国《反垄断法》并没有规定较为复杂的计罚步骤及二元化的计算基数，将罚款幅度统一规定为“上一年度销售额1%～10%”，这种单一的计罚结构导致计罚弹性不足。

三、司法实践应当在法治原则指导下务实地解决有关制度困境

如上文所述，一味盯着《反垄断法》第46条第1款规定的“上一年度销售额”，试图寻求划一的标准，的确令人纠结，同时也未免不切实际。在当前加强反垄断执法、维护公平竞争市场环境的历史背景下，反垄断执法机构正面临日益繁重的反垄断调查和处罚任务，执法的公正与效率应当适当兼顾，特别是在反垄断执法机构未采取没收违法所得而只是单处罚款情况下，应当允许其有较大的罚款幅度。具体而言，依照《反垄断法》第46条第1款的规定，反垄断执法机构对达成并实施垄断协议的违法行为人可以没收违法所得，并处上一年度销售额1%以上10%以下的罚款。“违法所得”是指垄断行为存续期间因该行为多得的收入或减少的支出，认定“违法所得”时需要考虑据以计算的主客观因素。鉴于反垄断行政执法面临垄断经营的隐蔽性、经营者垄断违法经营业务与其他合法经营业务的关联性、区分不同销售额的难度、垄断经营持续的时间长短、是否能够实际处以没收违法所得等一系列复杂问题。在无法科学合理认定“违法所得”时，反垄断执法机构往往不予没收违法所得，而在确定罚款时一并予以考虑。在实际执法过程中，反垄断执法机构在多数案例中并未采取没收违法所得，而是单处罚款。从实践的角度看，《反垄断法》第 46 条第 1 款“上一年度销售额”的具体理解问题，实际上是垄断行政处罚的合法性与合理性问题。考量这个问题，主要涉及三个层面的原则：第一，坚持行政合法原则，行政处罚应当在法定幅度范围内（包括在法条可能解释的文义范围内）；第二，重点突出有利于实现《反垄断法》预防和制止垄断行为的目标；第三，坚持行政合理原则，重点是过罚相当原则。目前，人民法院在个案审理中，尚难以囊括反垄断行政执法的各种复杂情形，就系争“上一年度销售额”的含义作出划一的界定；而只能主要根据《反垄断法》的立法目的、过罚相当原则，结合具体案情，审查有关反垄断执法机构在系争“上一年度销售额”所可能具有的含义之内保证行政处罚结果的合法性与合理性。在个案中，特定反垄断处罚只要符合上述原则，具有合法性和合理性，人民法院原则上可以支持该反垄断处罚，而不必一味纠结于“上一年度销售额”的统一理解。应当认识到，《反垄断法》具有较强的政治政策性，在适用上具有较突出的实用主义色彩，这一点明显有别于普通民事法律基于概念法学而偏好形式逻辑的特点。这在法理上无可厚非，正所谓“目的是解释法律的最高准则”。这是《反垄断法》的特质，我们必须遵从，要围绕其立法目标去思考如何理解与适用具体法条。

最高人民法院二审合议庭成员：余晓汉　何隽　薛淼

（编写人：余晓汉[*]　审稿人：丁文严）

---

* 余晓汉，法学博士，中华人民共和国最高人民法院知识产权法庭，二级高级法官。

四川新绿色药业科技发展有限公司
诉
国家知识产权局
发明专利权无效行政纠纷案

——专利行政诉讼中新证据的审查

【裁判摘要】

在专利授权确权行政诉讼程序中，对于专利申请人、专利权人提交的用于证明专利申请应当获得授权或者专利权应当维持有效的证据，人民法院一般应当予以审查。对于无效宣告请求人提交的用于证明专利权应当被宣告无效的证据，由于其可以另行提出无效宣告请求且相关证据已经超出专利无效行政决定的审查范围，人民法院一般不予审查。对于不涉及新的事实和理由的证据，或与所属技术领域的技术人员或者一般消费者的知识水平和认知能力有关的证据，或反驳证据等，可以允许无效宣告请求人提交并予以审查。

【案件基本信息】

1. 诉讼当事人

上诉人（原审原告）：四川新绿色药业科技发展有限公司（以下简称新绿色药业公司）

被上诉人（原审被告）：国家知识产权局

原审第三人：广东一方制药有限公司（以下简称一方制药公司）

2. 案件索引与裁判日期

一审：北京知识产权法院（2020）京73行初7143号判决（2020年9月18日）

二审：最高人民法院（2021）最高法知行终93号判决（2021年11月10日）

3. 案由

发明专利权无效行政纠纷

【简要案情】

2003年8月4日，新绿色药业公司向国家知识产权局申请了名称为“药品的自动分装与计量装置”的发明专利（以下简称本专利），并于2006年9月13日获得授权，专利号为03135523.4。本专利共9项权利要求，权利要求1为独立权利要求，记载：“1. 一种药品的自动分装与计量装置，包括下药件（1）计量件（2）和外盖（3），下药件（1）为盖在药瓶口上的盖状物，其上有下药件中心轴孔（4），环绕该下药件中心轴孔（4）分布的出药口（5）；计量件盖在下药件上，有计量件中心轴孔（6），环绕该计量件中心轴孔（6）分布的量杯孔（7）和外侧同步齿（21）；外盖（3）盖在计量件上，有底盘（8），下药孔（9）和卡簧（l0），下药孔（9）均匀分布于底盘（8）的圆形平面上，卡簧（10）穿过下药件中心轴孔（4）和计量件中心轴孔（6）。”权利要求2~9均直接或间接引用权利要求1。2019年5月23日，一方制药公司针对本专利权，向国家知识产权局提出无效宣告请求，理由是本专利不具备创造性。国家知识产权局经审查后认为本专利权利要求1~9均不具备创造性，并于2020年3月23日作出第43743号无效宣告请求审查决定（以下简称被诉决定），宣告本专利权全部无效。新绿色药业公司不服被诉决定，向一审法院提起行政诉讼，请求撤销被诉决定并判决国家知识产权局重新作出审查决定。在一审诉讼过程中，新绿色药业公司为证明本专利应当被维持有效，分两次提交了7份证据，包括工具书、视频资料、感谢信等，其中工具书用于证明“计量”与“计数”的区别以及“量杯”的作用，视频资料用于说明本专利的技术方案，感谢信用于证明本专利的社会贡献和商业价值。国家知识产权局、一方制药公司均认为上述证据并非被诉决定作出的依据，不应被采信。

一审法院认为，专利行政诉讼案件是对国家知识产权局作出之行政行为的合法性加以审查，故应以国家知识产权局作出该行政行为时所依据的证据即行政相对人在无效宣告阶段提交的证据为依据。就新绿色药业公司在诉讼阶段新提交的证据而言，这些证据材料并未在无效宣告阶段提交，而新绿色药业公司对其在诉讼过程中才予提交的做法亦未作出合理解释。由于就新绿色药业公司新提交的证据不是国家知识产权局作出被诉决定的依据，故不应作为法院审查该决定是否具备合法性的事实根据，一审法院对上述证据均不予采信。一审法院基于无效宣告审查程序中的相关证据材料，认为本专利不具备创造性，判决驳回新绿色药业公司的诉讼请求。新绿色药业公司不服，向最高人民法院提起上诉。

【案件焦点】

专利权人新绿色药业公司在行政诉讼程序中提交的新证据是否应予以审查。

【裁判结果】

最高人民法院经审理认为，《审理专利授权确权行政案件的规定（一）》第 29 条规定："专利申请人、专利权人在专利授权确权行政案件中提供新的证据，用于证明专利申请不应当被驳回或者专利权应当维持有效的，人民法院一般应予审查。"专利授权确权行政诉讼程序是为当事人针对专利授权确权行政决定不服而设置的司法救济程序，为证明其主张成立，当事人可能会在诉讼过程中提供其在行政程序中未提供过的新证据。对于专利申请人和专利权人在此阶段提供证据用于证明专利申请应当授权，或者专利权有效的，由于已经没有其他救济途径或者补救措施，故人民法院一般应当予以审查。而对于无效宣告请求人在专利确权行政案件中提供的新证据，用于证明专利权应当被宣告无效的，由于其可以另行提出无效宣告请求，且相关证据已经超出无效行政决定的审理范围，人民法院一般不予审查。但是，对于不涉及新的事实和理由的证据，与所属技术领域的技术人员或者一般消费者的知识水平和认知能力有关的证据，以及反驳证据等，可以允许其提交并审查。一审法院在未对专利权人新绿色药业公司提交的 7 份证据围绕进行实质性审查的情况下，仅以该 7 份证据并非国家知识产权局作出被诉决定的依据，不应作为法院审查被诉决定是否具备合法性的事实依据为由不予采纳的认定有误。人民法院应对上述证据的真实性、合法性、关联性进行实质性审查，再作出是否应予采纳的认定。新绿色药业公司在诉讼中提交了3份公知常识性证据用于解释本案所争议的相关技术特征，1份专利文件，2份视频资料用于解释本专利技术方案的应用场景以及本专利的商业价值，以及1份用于证明本专利的社会贡献及商业价值的证据材料。最高人民法院在采纳新绿色药业公司提交的部分证据的基础上，对本专利的创造性予以了认定，认为本专利具备创造性。

最高人民法院判决：撤销一审判决，撤销被诉决定，判令国家知识产权局就一方制药公司针对本专利权提出的无效宣告请求重新作出审查决定。

【裁判摘要评析】

本案审理的核心问题之一在于对专利权人提交的在行政行为作出时未采用过的证据材料的审查认定。本案在审查专利权人提交的新证据的真实性、合法性、关联性的基础上，采纳了专利权人提交的部分用于解释技术特征的公知常识性证据，并据此对本专利的创造性作出认定，有效地发挥了专利确权行政诉讼的司法救济功能。以下从专利授权确权行政诉讼的功能价值，专利授权确权行政诉讼中的证明责任与利益平衡等方面对裁判理由作进一步说明。

一、专利授权确权行政诉讼中新证据的接受

专利授权确权行政诉讼中所称的新证据通常是指在专利申请复审程序和专利无效宣告请求审查程序中未提交，而在行政诉讼中新提交的证据。在诉讼过程中，为证明主张成立，各当事人都可能提交其在行政程序中未曾提交的新证据。在以往的司法实践中，对当事人在行政诉讼中提交的新证据的接受与采纳亦有不同的做法。为解决司法实践中存在的认识不一的问题，2020年9月，最高人民法院发布了《审理专利授权确权行政案件的规定（一）》，对专利授权确权行政诉讼中新证据的审查处理予以了明确。对于专利申请人和专利权人在此阶段提供证据用于证明专利申请应当授权，或者专利权有效的，由于已经没有其他救济途径或者补救措施，故第29条规定人民法院一般应当予以审查。但对于无效宣告请求人在专利确权行政案件中提供的用以证明专利权应当被宣告无效的新证据，由于无效宣告请求人可以另行向国家知识产权局针对专利权提出新的无效宣告请求，而且相关证据也已超出了无效行政决定的审理范围，因而第 30 条明确规定了人民法院一般不予审查。但同时，又进一步明确如无效请求人提交的证据不涉及新的事实和理由的证据，或是与所属技术领域的技术人员或一般消费者的知识水平和认知能力有关的证据，或是反驳证据等，可以允许其提交并予以审查。

二、专利授权确权行政诉讼的功能价值

专利无效宣告审查程序是为错误的专利授权而设置的一种纠错程序。〔1〕专利确权可以说是专利制度运行的核心，影响专利权的后续实施与专利制度的运行。〔2〕《专利法》第 41 条规定了专利申请被驳回后的复审和复审后的行政诉讼制度，第 46 条则规定了专利无效宣告程序后的行政诉讼制度。专利授权确权行政诉讼是关于是否授予专利权和专利权是否有效的司法救济程序，其目的之一即在于为专利授权确权行政程序中的相关当事人提供司法救济。专利无效宣告制度所具有的多重功能也决定了专利确权行政诉讼的多重价值。从专利授权角度而言，无效宣告制度有助于纠正不当授权。从专利权人角度而言，专利无效宣告程序也给予了其在法律规定的修改规则下对已获授权的专利权利要求进行修改的权利，进而增强其专利权的稳定性。任何人都可以作为请求人启动无效宣告程序进而否定已授权专利的有效性，但从司法实践来看，无效宣告请求程序更多的是由专利权人与无效宣告请求人之间的专利侵权诉讼而引发。因而，从无效请求人角度而言，无效宣告制度可以帮助其应对正在经历或者将要面临的专利侵权诉讼。专利确权行政诉讼在为当事人提供司法救济的同时，亦能起到提高专利审查质量、维护高质量专利稳定性的积极作用。

三、专利授权确权行政诉讼中的证明责任与利益平衡

“证明责任乃诉讼的脊梁”，证明责任不仅体现在每一个诉讼之中、影响着诉讼结果，而且早在诉讼开始之前它已经在指挥着人们的行为。〔3〕根

---

〔1〕参见崔国斌：《专利法原理与案例》（第 2 版），北京大学出版社 2016 年版，第 421 页。

〔2〕参见毛昊、刘夏：《经济学视角下中国专利无效制度的改革路径》，载《知识产权》2020 年第 10 期。

〔3〕参见［德］普维庭：《现代证明责任问题》，吴越译，法律出版社 2006 年版，第 1 页。

据《行政诉讼法》第6条的规定，行政诉讼以被诉行政行为的合法性为审理对象，结合第43条、第70条的规定，人民法院在对被诉行政行为的合法性进行审查时，应当对其合法性进行全面、客观地审查。《行政诉讼法》第34条明确了行政诉讼中被告的证明责任。同样，在专利授权确权行政诉讼中，作为被告的国家知识产权局对其作出的行政行为负有证明责任，应当提供其作出复审请求审查决定或者无效宣告请求审查决定的证据和所依据的规范性文件。《行政诉讼证据规定》第6条通过对行政诉讼中原告举证权利的规定，进一步强调了行政诉讼中被告的证明责任，即原告可以提供证明被诉具体行政行为违法的证据，但即使原告提供的证据不能成立，也不能因此免除被告对被诉具体行政行为合法性的证明责任。就普通行政诉讼而言，从人民法院证据审查的角度来看，行政诉讼中可以采纳用以证明行政行为合法的证据是以该证据材料在行政行为作出之时已被采用为前提的，即行政诉讼中可以采纳用以证明行政行为合法性的证据是在进入诉讼阶段之前已经被行政机关采用为作出行政行为的证据；在行政行为作出时未采用过的证据材料只能用来证明被诉行政行为违法，而不能用来证明被诉行政行为合法。[1] 就专利行政授权确权行政诉讼而言，基于专利审查的特殊性，专利申请人或专利权人提起诉讼的目的在于使其专利申请获得授权或维持其专利权有效；对于国家知识产权局而言，其诉讼目的在于维持其行政行为；对于无效请求人而言，其诉讼目的在于否定专利权的有效性。此三类主体在行政诉讼中基于其各自的诉讼目的，可能会提交各种类型的证据，如公知常识性的证据或者用于补强行政程序中已被采纳的相关证据的证据等。如将普通行政诉讼中对于证据的采纳标准适用于专利行政诉讼中，则不利于保护各主体的利益。

回归到本案，本专利系“药品的自动分装与计量装置”，双方主要争议的技术特征在于对权利要求1中“计量件”“量杯孔”的解释，专利权人新绿色药业公司为证明其“计量件”“量杯孔”在本专利中所起到的相应功

---

〔1〕 参见林莉红：《行政诉讼法学》（第4版），武汉大学出版社2015年版，第123页。

能，在诉讼阶段补充提交了公知常识性证据《物理知识辞典》《流体工程简明手册（流体流动过程及装置设计）》，用以证明“量杯”的通常含义。国家知识产权局及无效请求人一方制药公司则认为上述证据均未在无效宣告请求程序中提交，故在诉讼阶段亦不应当被采纳。本案判决在对上述两份公知常识性证据的真实性、合法性、关联性审查的基础上，采纳了该2份证据并认为该2份证据可以用于证明“量杯”的通常含义，即用于测量体积。根据本专利说明书的记载可知，当本发明处于静止状态时，出药口与量杯孔相错，药瓶内的药物不能流出，即量杯孔相当于“量杯”，结合上述公知常识性证据的解释，可以认定量杯孔起到了对药物体积/重量的测量作用。因此，本专利所设置的“量杯孔”与环绕分布的出药口相配合，可以实现多份药品的同步计量、同步分装的功能和效果，再配合“计量件外侧同步齿”，从而解决“药品自动化快速计量与分装”这一本专利实际要解决的技术问题。而对比文件中相对应的结构，显然不具有本专利中“量杯孔”的多份药品同步计量、同步分装的功能，且国家知识产权局、一方制药公司亦未提交证据证明上述特征属于本领域的公知常识。因此，本专利具有多份药品的自动、计量、分装的功能和效果，而现有技术中并没有给出相应的技术启示，不能得出本专利权利要求1的技术方案，本专利权利要求1与现有技术相比，具有突出的实质性特点和显著的进步，具备创造性。

四、结语

在专利授权确权行政诉讼中，人民法院应当区分当事人的诉讼地位、证据的类型以及证明目的等因素对诉讼阶段的新证据进行审查认定，而不应仅以相关证据并非复审决定或无效决定作出的依据而不予审查或采纳。法律最初设置专利授权确权行政诉讼的目的，是为申请人或权利人、利害关系人等提供司法救济，随着实践的发展，这一诉讼程序在提高专利审查质量方面发挥着更加重要的作用。[1] 专利行政诉讼在提供司法救济的同

---

〔1〕 参见管育鹰：《专利授权确权程序优化问题探讨》，载《知识产权》2017年第11期。

时，亦对专利审查质量的提高发挥了独特作用。本案通过全面审查专利权人在行政诉讼中提交的新证据，有效保障了专利权人在司法程序中获得救济的权利，同时亦对维护高质量专利的稳定性起到了积极作用。

最高人民法院二审合议庭成员：周翔 岑宏宇 张晓阳 岳利浩 孔立明

（编写人：岑宏宇* 诸方卉** 审稿人：丁文严）

---

* 岑宏宇，法学硕士，中华人民共和国最高人民法知识产权法庭，二级高级法官。

** 诸方卉，法学硕士，中华人民共和国最高人民法院知识产权法庭，法官助理。

江苏亲耕田农业产业发展有限公司
与
江苏省金地种业科技有限公司
侵害植物新品种权纠纷案

——《种子法》中销售行为的界定及其惩罚性赔偿规制

【裁判摘要】

1. 一般而言，买卖双方就标的物买卖条件的意思表示达成一致，购买者据此产生取得标的物所有权的确定预期，销售合同依法成立，构成法律意义上的销售行为。被诉侵权人通过网络交易平台以“信息匹配”名义组织被诉侵权种子买卖交易，并实际主导确定交易价格、交易数量、履行时间等具体交易条件的，可以认定其实施了销售被诉侵权种子的行为。销售者是否亲自实施标的物的交付和收款行为，不影响销售行为性质的认定。

2. 计算惩罚性赔偿数额时，可以被告违法所得数额或者因侵权所获得的利益作为基数。人民法院依法责令被告提供其掌握的与侵权行为相关的账簿、资料，被告无正当理由拒不提供或者提供虚假账簿、资料的，可以参考原告的主张和证据确定惩罚性赔偿数额的计算基数。

【案件基本信息】

1. 诉讼当事人

上诉人（原审被告）：江苏亲耕田农业产业发展有限公司（以下简称亲耕田农业公司）

被上诉人（原审原告）：江苏省金地种业科技有限公司（以下简称金地种业公司）

2. 案件索引与裁判日期

一审：江苏省南京市中级人民法院（2020）苏 01 民初 773 号判决（2021 年 1 月 22 日）

二审：最高人民法院（2021）最高法知民终 816 号判决（2021 年 8 月 25 日）

3. 案由

侵害植物新品种权纠纷

【简要案情】

金地种业公司为水稻新品种“金粳 818”的独占实施被许可人。亲耕田农业公司未经许可，以线下门店推广以及在微信群内发布“农业产业链信息匹配”线上宣传等方式，寻找潜在的交易者，并对成为亲耕田农业公司会员的主体提供具体的侵权种子交易信息，在与买家商定交易价格、数量、交货时间后，安排他人送货、收款。针对销售侵权指控，亲耕田农业公司辩称其仅是为供需双方提供自留种子信息的信息匹配平台，种子交易由供需双方自行完成，并未销售被诉侵权“金粳 818”稻种，相关交易也符合农民“自繁自用”的免责条件。

一审法院于 2021 年 1 月 22 日作出（2020）苏 01 民初 773 号判决，认定涉案侵权种子非亲耕田农业公司直接销售，其系帮助侵权，判令亲耕田农业公司停止侵害“金粳 818”植物新品种独占实施权的行为、赔偿金地种业公司经济损失及为维权支出的合理费用共计 300 万元。亲耕田农业公司不服一审判决，向最高人民法院提起上诉。

【案件焦点】

1.《种子法》上销售行为的界定，利用“信息匹配平台”实施侵权为的主体认定和行为性质；

2. 农民“自繁自用”的免责抗辩的审查认定；

3. 侵权人存在举证妨碍行为时惩罚性赔偿基数的确定。

【裁判结果】

最高人民法院经审理认为，亲耕田农业公司在网络平台发布种子销售信息，与购买者协商确定种子包装方式、价款、数量、履行期限等交易要素，销售合同自合意达成时成立，应认定亲耕田农业公司构成销售侵权。亲耕田农业公司并非农民，其发布和组织交易的种子亦远超农民自繁自用合理规模。关于赔偿数额，亲耕田农业公司拒不提供相关账簿，最高人民法院参考亲耕田农业公司宣传资料，综合考虑侵权情节，推定其侵权获利超出100万元，并以此作为赔偿基数，考虑其未取得种子生产经营许可证但生产经营种子、销售“白皮袋”侵权种子，属侵权行为情节严重，依法适用惩罚性赔偿制度，在基数二倍以上从高确定惩罚性赔偿数额，实际赔偿总额为补偿性赔偿数额的三倍，全额支持权利人的诉讼请求。2021年8月25日，最高人民法院作出（2021）最高法知民终816号判决：驳回上诉，维持原判。

【裁判摘要评析】

侵害植物新品种权纠纷涉及种业粮食安全。经营侵权种子的主体为逃避法律制裁，千方百计隐蔽侵权行为，导致案件事实在认定时存在一定困难。本案被诉侵权方借助互联网信息平台，作为交易的组织者不直接参与侵权种子的交付和收款，而是以组织会员交易的形式销售“白皮袋”种子；在法院审理中以农民自繁自用进行不侵权抗辩，且拒绝出示财务账册；其侵权行为隐蔽、手段翻新，侵权规模较大。这种以“信息匹配平台”形式为掩护的销售侵权行为具有一定迷惑性，容易被误判为帮助侵权行为，而忽视其交易模式的实质危害。二审判决在本案中既明晰侵权行为性质，又在本案中依法适用惩罚性赔偿，并在赔偿基数和倍数的确定中以证据事实为基础、以法定情节为依托最终确定赔偿数额，对于解决品种权保护中“违法成本低，维权成本高”问题具有示范意义，有利于促进创新驱动发展。

一、“信息匹配平台”面纱的揭开和直接销售行为的认定

司法实务中存在容易将“销售”简单等同于狭义的“买卖”，误认为销售行为必须与物的所有权密切相关，如果行为人并非物的所有权人则只能构成帮助侵权。这种理解似有法律规定支持，故尤须辨正。[1] 虽然“销

---

〔1〕《民法典》第595条规定：“买卖合同是出卖人转移标的物的所有权于买受人，买受人支付价款的合同。”

售”不可脱离“买卖”，但“销售”并不以所有者本人实施所有权转移为限。销售合同的成立，并不以销售主体必须是物的所有者为前提。

一方面，从合同主体来说，买卖合同是约定卖方转移财产所有权，买方支付价款的合同，“买卖”是对买卖双方行为的一个合称。具体而言，首先，卖方不仅要将标的物交付给买方，而且要将标的物的所有权转移给买方。转移所有权这一义务使买卖合同区别于一方也要交付标的物的其他合同，如租赁合同、借用合同、保管合同等。其次，买卖合同的价款是取得标的物所有权的对价，约定买方应支付价款的合同使买卖合同区别于其他转移财产所有权的合同，如互易合同、赠与合同。〔1〕对于卖方而言，其法律义务在于转移财产所有权，这一处分行为，可基于有权处分，也可基于无权处分。即使在无权处分的情况下，该合同效力亦不受到影响，而仅在出卖人事后未取得处分权致使标的物所有权不能转移的情况下，使买受人可以解除合同并请求出卖人承担违约责任。没有处分权而处分他人财产，对于出卖方来说，处分行为作为“发生债法上给付义务效果的财产行为”，固然不能实现所追求的所有权变更的法律效果；但出卖方作出销售的意思表示，其负担行为足以“发生债法上给付义务效果”〔2〕。故买卖合同的成立，其主体不以物的所有者为前提要求。本案中，亲耕田农业公司与实际交付种子的第三方之间，究竟是怎样的法律关系，是取得了所有权的指定交付、抑或等待所有权人予以追认的无权处分，均属于其与第三方之间的内部关系。对于买方而言，仅须证明与亲耕田农业公司达成买卖合意即可，亲耕田农业公司的缔约行为足以使其本身负担债法上的给付义务。经由《民法典》中对于买卖合同中卖方产品侵权责任之规定，亦可知“销售者”即为“实施了产品销售行为包括代销行为的人”。

另一方面，从合同性质来说，买卖合同多是诺成合同。一般而言，当事人就买卖达成合意，买卖合同即成立。构成法律意义上的销售行为，不以标的物或者价款的现实交付为成立的要件，除非买卖合同当事人在合同

---

〔1〕 参见最高人民法院民法典贯彻实施工作领导小组主编：《中华人民共和国民法典合同编理解与适用》(二)，人民法院出版社2022年版，第855页。

〔2〕 张俊浩主编：《民法学原理》(修订版)，中国政法大学出版社1997年版，第215页。

中作出标的物或者价款交付时，买卖合同始为成立的约定。可供参照的是，对于《专利法》第11条规定的销售的界定，起草中曾有三种意见：合同成立说、合同生效说和标的物交付说，而《审理侵犯专利权纠纷案件司法解释（二）》第19条采用合同成立说，其意义在于厘清销售与许诺销售的法律界限。[1] 因许诺销售在性质上系销售者的单方意思表示，故当买卖双方达成合意时，即不再属于许诺销售的范畴。若采合同生效说，则生效前的合同订立行为仍被界定为许诺销售，这与许诺销售的性质不符。合同成立虽不当然生效，但买卖合同是否生效涉及的是买卖双方是否受到合同内容的拘束。若合同成立后未交付产品，则不产生应赔偿的损失，但不影响销售行为的认定。在植物新品种权的保护中，对于销售未经品种权人许可的授权品种的繁殖材料，亦是同理。

综上所述，侵害植物新品种权纠纷案件中，买卖合同成立，则销售行为即为既成。销售者是否亲自实施标的物的交付和收款行为，不影响其销售行为性质的认定。亲耕田农业公司在本案中通过信息网络平台的微信群，实施了发布被诉种子销售具体信息，与作为买家的金地种业公司取证人员协商确定种子买卖的包装方式、价款和数量、履行期限等交易要素，其行为对于被诉侵权种子的交易不仅具有肇始意义，而且金地种业公司依据与亲耕田农业公司约定的交易条件，已产生据此取得被诉侵权种子所有权的确定预期，买卖合同已经依法成立，销售行为已经实施。从整体行为的角度可见，亲耕田农业公司系被诉侵权种子的交易组织者、决策者。后续交易履行过程中货物交付和收款的主体的变化，并不影响认定亲耕田农业公司的销售主体地位。故根据上述事实和法律分析，可以认定亲耕田农业公司直接实施了被诉侵权种子的销售行为。亲耕田农业公司辩解其未参与销售行为而仅仅作为提供信息交流的网络平台，以及一审法院将该行为认定为帮助侵权，在法律关系、效果的认识上均违反了《民法典》《种子法》的立法精神和《审理侵害植物新品种权纠纷案件的规定（二）》第4

---

〔1〕 参见宋晓明、王闯、李剑：《〈关于审理侵犯专利权纠纷案件应用法律若干问题的解释（二）〉的理解与适用》，载《人民司法（应用）》2016年第10期。

条具体制度的规定。

二、"自繁自用"免责抗辩的适用审查

《审理侵害植物新品种权纠纷案件的规定（二）》第12条规定："农民在其家庭农村土地承包经营合同约定的土地范围内自繁自用授权品种的繁殖材料，权利人对此主张构成侵权的，人民法院不予支持。对前款规定以外的行为，被诉侵权人主张其行为属于种子法规定的农民自繁自用授权品种的繁殖材料的，人民法院应当综合考虑被诉侵权行为的目的、规模、是否营利等因素予以认定。"亲耕田农业公司在本案中主张所交易的种子系农民自繁自用，请求免责。

作为农业大国对农民群体的反哺机制，我国保留了农民对种子自繁自用的权利，而这种保留是对植物新品种权人利益的法定切割，如果这种保留被滥用，无疑会造成植物新品种权人法定财产权被侵害，受到减损。在司法实践中，以农民专业合作社和家庭农场等新型主体作侵权掩护的现象时有发生、屡见不鲜，因此，既要依法保护农民的合法正当权益，又要防止滥用农民自繁自用权利实施侵权行为，合理确定农民自繁自用例外的标准和界限，实现农民与品种权人的利益平衡。

对于农民自繁自用例外的适用范围，应当限定在农民家庭农村土地承包经营合同约定的土地范围内。超出农民家庭联产承包土地的范围及用种量的行为，应当综合考虑各种具体因素，包括被诉侵权行为的目的、规模以及是否营利等因素等予以认定。对于以农民自繁自用为借口，以农民为掩护，打着农民旗号，租赁土地实施非法繁殖，制售套包、白包（彩包）侵权种子应当依法予以打击。

基于前述分析考量本案免责事由可知，本案系亲耕田农业公司实施销售行为。亲耕田农业公司并非与农村集体经济组织签订家庭农村土地承包经营合同的农民，不符合上述规定的农民自繁自用行为。本案被诉侵权种子通过亲耕田农业公司的商务电子平台组织交易，并非通过当地集贸市场。被诉侵权种子和亲耕田农业公司发布的其他种子销售信息达数千斤、数万斤，远超出农民家庭农村土地承包经营合同约定的土地范围所能剩余自留种的数量，上述因素足以证明亲耕田农业公司的交易目的是获取不正当的巨额经济利益。

综上所述，亲耕田农业公司在所谓“为农民买卖自留种提供信息匹配”的经营模式下，以为“农民”“种粮大户”服务名义所实施的销售行为严重侵害了品种权人的合法权益，应当认定构成侵害植物新品种权的行为，其无权适用农民自繁自用的免责抗辩。

三、侵权人存在举证妨碍行为时惩罚性赔偿基数的确定

“谁主张，谁举证”是民事诉讼法确定举证责任的基本原则，但在侵权人不主动提交财物账簿、其并非规范经营，亦缺少财务资料如报税记录、审计报告、年度报告等可供审查的情况下，权利人难以证明侵权人的侵权获利。为破解知识产权权利人“举证难”问题，最高人民法院在《知识产权民事诉讼证据规定》中明确了举证责任的合理转移问题，在坚持“谁主张，谁举证”的举证原则的基础上，适用《民事诉讼法》（2017 年修正）第 5 条第 2 款[1]有关“人民法院根据当事人的主张和案件审理情况，确定当事人应当提供的证据及其期限”的规定，细化其中的“案件审理情况”的具体情形，明确知识产权民事诉讼中人民法院根据当事人的主张及待证事实、证据持有情况、举证能力等，可以要求当事人提供有关证据。其中，“待证事实”主要指待证事实成立的可能性，是确定当事人是否承担有关举证义务的重要考量因素。《知识产权民事诉讼证据规定》第 25 条还相应规定：“人民法院依法要求当事人提交有关证据，其无正当理由拒不提交、提交虚假证据、毁灭证据或者实施其他致使证据不能使用行为的，人民法院可以推定对方当事人就该证据所涉证明事项的主张成立。”《知识产权惩罚性赔偿司法解释》第 5 条规定，人民法院确定惩罚性赔偿数额时，以原告实际损失数额、被告违法所得数额或者因侵权所获得的利益作为计算基数。人民法院依法责令被告提供其掌握的与侵权行为相关的账簿、资料，被告无正当理由拒不提供或者提供虚假账簿、资料的，人民法院可以参考原告的主张和证据确定惩罚性赔偿数额的计算基数。本案适用了举证责任转移，在审理中向亲耕田农业公司释明对于侵权获利的举证责任。

---

〔1〕 2021 年《民事诉讼法》修改后，本款变更为第 68 条第 2 款。

作为宣传营业额达亿元的企业，亲耕田农业公司在原审诉讼中明确不留存相关种子交易记录，导致二审中亦无法查明实际侵权规模，其应对此承担相应的不利后果，人民法院可依据亲耕田农业公司相关公开宣传资料，合理推定其侵权获利，作为赔偿数额的计算基数。

在确定惩罚性赔偿基数的基础上，对于侵权情节严重的认定，人民法院应当综合考虑侵权人的主观恶意、侵权手段、次数，侵权行为的持续时间、地域范围、规模、后果，侵权人在诉讼中的行为等因素予以确定。本案中，亲耕田农业公司明知未经许可销售授权品种繁殖材料的侵权性质，在销售的被诉侵权种子中部分包装上不标注任何信息，试图掩盖侵权行为和逃避责任追究的意图明显，可见其侵权恶意。且亲耕田农业公司的经营模式是利用信息网络作为工具组织买卖各方主体，以“农民”“种粮大户”等名义实施行为，行为隐蔽。亲耕田农业公司以种植大户为主要服务对象，在农民家庭联产承包合同之外的经营面积本就不属于农民自繁自用种子的免责范畴，其经营行为对品种权人的合法权益势必造成巨大市场冲击。从亲耕田农业公司自己的宣传来看，其服务200多万亩耕地，辐射江苏、山东、河南、安徽的4600多大户，侵权范围广、规模大。关于侵权行为情节严重的法定情形，《审理侵害植物新品种权纠纷案件的规定（二）》第17条第1款第5项规定，违反《种子法》（2015年修订）第77条第1款第1项[1]，即未取得种子生产经营许可证生产经营种子的，可以认定为侵权行为情节严重。综合本案事实可知，亲耕田农业公司的行为是直接从事侵权种子的销售行为，亲耕田农业公司当庭确认其并未取得种子生产经营许可证，又销售包装无标识的种子，参照上述规定，足以认定亲耕田农业公司的被诉侵权行为属于侵权情节严重的情形。

关于惩罚性赔偿金额的具体计算问题，本案一审虽然明确其判赔的惩罚性质，全额支持了品种权权利人的赔偿请求，但其缺失之处在于未明确赔偿基数和倍数，亦未明确其计算方式。二审判决在本案中参照《知识产权惩罚性赔偿司法解释》第5条规定，在查明亲耕田联合农场加盟协议记

---

〔1〕 2021年《种子法》修订后，本条变更为第76条第1款第1项。

载亲耕田农业公司 2019 年服务 200 多万亩耕地，辐射苏、鲁、豫、皖四省 4600 多名大户，年交易超过 2 亿元；对于加盟会员其每季每亩收取 10 元服务费，以及在亲耕田农业公司微信中发布的“亲耕田农业产业信息匹配”信息中，可见的品种有“南粳 2728”“南粳 9108”“南粳 505”“武运粳 23”“南粳 46”“金粳 818”等事实的基础上，从亲耕田农业公司的服务费收入口径计算：其服务的耕地面积 200 万亩，按收费标准 10 元每季每亩来算，计为 2000 万元；或按另一统计口径即其服务 4600 名大户，每户服务费收取本案服务费标准 4700 元计算，计为 2162 万元。考虑到亲耕田农业公司还经营农药、化肥等大项农资，前述服务费与种子相关部分按比例计 1/3 为 600 万~700 万元。从种子销售利润口径计算：亲耕田农业公司服务的耕地面积 200 万亩，每亩最少用种子 12 斤，而每斤销售价格 2 元，与商品粮价格 1.5 元的差价为 0.5 元，总利润计为 1200 万元。上述收入合计近 2000 万元。而本案证据显示亲耕田农业公司微信中提及销售水稻品种共 6 种，同时本院充分考虑到可能还涉及其他植物新品种，从宽计算“金粳 818”在亲耕田农业公司所售种子中的比例，仍可合理推定亲耕田农业公司就“金粳 818”的侵权获利达 100 万元以上。

如前所述，综合考虑亲耕田农业公司的侵权恶意、手段、规模和范围等，尤其是亲耕田农业公司未取得种子生产经营许可证，以无标识、标签的包装销售授权品种，亲耕田农业公司属侵权情节严重。依照《种子法》第 73 条第 3 款规定，参照《审理侵害植物新品种权纠纷案件的规定（二）》第 17 条第 2 款关于认定为侵权情节严重“存在前款第一项至第五项情形的，在依法适用惩罚性赔偿时可以按照计算基数的二倍以上确定惩罚性赔偿数额”的规定，对于亲耕田农业公司在依法适用惩罚性赔偿时可以按照计算基数的二倍以上确定惩罚性赔偿数额。据此，确定作为本案赔偿基数的侵权获利为 100 万元、惩罚性赔偿 200 万元，对权利人的判赔请求予以全额支持。

四、结语

植物新品种侵权案件应秉持强化品种保护司法理念，严厉打击和制止种子套牌侵权行为。本案对于以“信息匹配平台”“农民自繁自用”诸多幌子掩护下的隐蔽行为，准确界定平台经营行为性质，充分应用事实推定，适时转移举证责任，揭开侵权伪装，依法认定侵权行为。同时在侵权人拒不提供交易记录、相关账簿的情况下，依法适用举证妨碍制度，参考其宣传的交易额推定侵权获利并将其作为赔偿基数，根据侵权行为的严重程度依法适用惩罚性赔偿制度，在计算基数的二倍以上从高确定惩罚性赔偿数额，实际赔偿总额为补偿性赔偿数额的三倍，以科学的计算方式，最终全额支持权利人的诉讼请求。本案的裁判有效降低了权利人的维权难度，切实解决侵权赔偿额低的问题，彰显种业知识产权司法保护力度，有利于形成对恶性种业侵权行为的强有力威慑，为激励种业自主创新提供了有力司法保障。最高人民法院在本案中对于侵害植物新品种权行为中销售行为既成的认定标准，以及在适用惩罚性赔偿时适时转移举证责任确定惩罚性赔偿基数和倍数，是司法层面对法律和司法解释的进一步深化贯彻，具有示范作用。

最高人民法院二审合议庭成员：罗霞　潘才敏　邓卓

（编写人：潘才敏* 　审稿人：丁文严）

* 潘才敏，武汉大学国际法治研究院在读博士生，中华人民共和国最高人民法院知识产权法庭原审判员，浙江省杭州市中级人民法院审判员，四级高级法官。

娱美德有限公司
与
亚拓士软件有限公司等
侵害计算机软件著作权、确认合同无效纠纷案

——共有著作权权利的行使问题

【裁判摘要】

基于不可分割使用的合作作品所形成的著作权共有关系是著作权共有的一种类型，共有著作权人之间关于不可分割使用的共有作品著作权的行使，具体规则可概括为：共有作品的著作权由共有人通过协商一致行使。共有人有关管理、使用共有作品的约定属于已经协商一致的内容，双方均应遵守约定行使权利；不能协商一致，又无正当理由的，任何一方不得阻止他人行使除法律规定权利以外的其他权利，但是所得收益应当合理分配给所有共有著作权人。据此，共有著作权人一方提出协商要求时，应提供与权利行使有关的具体信息；他方阻止其他共有著作权人单方行使其他权利的正当理由，至少包括不得滥用权利损害共有著作权人的合法权益。

【案件基本信息】

1. 诉讼当事人

上诉人（原审被告）：娱美德有限公司（以下简称娱美德公司）

被上诉人（原审原告）：亚拓士软件有限公司（以下简称亚拓士软件公司）

原审被告：上海恺英网络科技有限公司（以下简称恺英网络科技公司）

2. 案件索引与裁判日期

一审：上海知识产权法院（2016）沪73民初739号判决（2019年12月20日）

二审：最高人民法院（2020）最高法知民终399号判决（2021年12月20日）

3. 案由

侵害计算机软件著作权、确认合同无效纠纷

【简要案情】

2000年11月10日，亚拓士软件公司与娱美德公司共同在韩国取得名称为“传奇Ⅱ（热血传奇）”程序登记证，创作时间为2000年9月1日。上述当事人又于2003年8月18日取得我国国家版权局的计算机软件著作权登记证书，软件名称为“Legend of Mir2（传奇）游戏软件［简称：Mir2游戏软件］V1.0”，著作权人为娱美德公司及亚拓士软件公司，权利取得方式为原始取得，首次发表日期为2000年8月22日。上述两权利登记指向的是同一个软件作品，在运营中会有MirⅡ、Mir2、Legend of MirⅡ、Legend of Mir2、传奇2、传奇Ⅱ、热血传奇、传奇等不同名称或表述，但指向的都是涉案软件。

2001年2月26日，娱美德公司与亚拓士软件公司签署产品共同开发及海外销售运营代理约定书（以下简称海外销售合同），该海外销售合同约定，将传奇的海外销售额全部确认为亚拓士软件公司的收入，亚拓士软件公司将其海外销售额的50%或60%作为销售代理手续费支付给娱美德公司。

2001年6月29日，亚拓士软件公司与案外人上海盛大网络发展有限公司（以下简称盛大网络发展公司）、上海浦东新区进出口公司（以下简称浦东新区进出口公司）签订软件许可协议，约定：亚拓士软件公司作为授权方将名称为“热血传奇”（又名：传奇，Legend of MirⅡ）的涉案软件授权被授权方盛大网络发展公司“使用、推介、经销、营销、改编或修改和转换本软件的中文版本的独家、专营许可证。服务器只安装在中国内地和中国香港特别行政区。”浦东新区进出口公司为进口代理。2002年7月14日，亚拓士软件公司（甲方）、盛大网络发展公司（乙方）、娱美德公司（丙方）签订补充协议，约定：“甲乙双方同意接受丙方成为‘传奇’的Co-Licensor，丙方将委托甲方行使其作为Co-Licensor的一切权利，此委托在原合同及本补充协议有效期内不可撤销。”此后，软件许可协议作了数次修订和延期，协议主要内容不变，被授权方作了变更，但均为盛大网络发展公司的关联公司，最后被授权方系蓝沙信息技术（上海）有限公司（以下简称蓝沙信息技术公司），期限延长至 2017 年 9 月 28 日。2015 年 3 月、2016 年 1 月蓝沙信息技术公司与娱美德公司以及亚拓士软件公司补签了手机游戏的授权协议。

2004 年，亚拓士软件公司与娱美德公司在韩国发生诉讼，双方于 2004 年 4 月 29 日达成和解。韩国法院和解笔录第 7 条内容为：（1）更新与盛大及意大利 Digital bros 公司签署的原合同的权限由申请人（亚拓士软件公司）保留，更新与光通及智冠（中国台湾地区）电子签署的原合同的权限由被申请人（娱美德公司）保留。但各方当事人更新上述各合同时，应事前进行协商。（2）关于“The Legend of Mir Ⅱ…”在海外与新的交易对方签署合同，由申请人发掘交易对方时，申请人和被申请人根据与盛大合同的例子按照 30∶70 的比例分配其销售额；由被申请人发掘交易对方时，申请人与被申请人根据与光通合同的例子按照 20∶80 的比例分配其销售额，确认销售额（确认收益）的权限归属于发掘交易对方的公司。

2012 年 12 月，在盛大网络发展公司“对已在进行的 Mir2 诉讼案”“需要提交追加资料”的邮件要求下，娱美德公司出具了申明，内容为：娱美德公司和亚拓士软件公司是 Legend of Mir Ⅱ 游戏软件共同著作权人，娱美德公司于 2002 年 7 月 14 日委托亚拓士软件公司行使其作为共同著作权人的一切权利。该委托在中国有效期间内（2002 年 7 月 14 日—2017 年 9 月 28 日）不可撤销，特此申明。

2016 年 4 月—5 月，娱美德公司曾将即将与奇虎 360 科技有限公司签约的消息以电子邮件告知亚拓士软件公司，亚拓士软件公司于 5 月 4 日函告奇虎 360 科技有限公司，在表明自己的共有权人身份的同时，表示反对签约及担心签约会引起法律问题。后娱美德公司与奇虎 360 科技有限公司未签约。

2016 年 6 月 28 日，恺英网络科技公司的母公司恺英网络股份有限公司发布公告称，其全资子公司即恺英网络科技公司于 2016 年 6 月 28 日与娱美德公司签订了涉案授权合同，娱美德公司将 Legend of Mir2 授权恺英网络科技公司进行移动和网页游戏在中国内地的开发及商业运营，合同金额 300 亿韩元。娱美德公司于2016年6月27日17:17，将以“向Kingnet授予License的通知”为主题的电子邮件发送给亚拓士软件公司，该通知告知了与恺英网络科技公司签订涉案授权合同的有关事项。之后，亚拓士软件公司收到了娱美德公司落款时间为2016年6月27日的上述通知的纸质文本。

2016年7月29日，亚拓士软件公司以娱美德公司未与其协商便擅自行使不可分割的共同共有著作权，违反相关法律规定，若恺英网络科技公司依据该授权从事开发和运营开发的侵权游戏，会对亚拓士软件公司合法权益及目前游戏运营秩序造成不可挽回的损失和严重不良影响为由，向一审法院提起本案诉讼。

恺英网络科技公司在2017年1月12日书面发函给娱美德公司确认终止合同，在一审判决之前，娱美德公司也向恺英网络科技公司确认合同在2017年1月12日终止。

一审法院判决恺英网络科技公司停止开发移动游戏和网页游戏，与娱美德公司共同赔偿亚拓士软件公司合理开支25万元。

娱美德公司不服一审判决，向最高人民法院提起上诉。

【案件焦点】

1. 娱美德公司引入新的合作主体的授权合同是否侵害亚拓士软件公司的合法权益；

2. 亚拓士软件公司阻止娱美德公司单方引入新的合作主体的理由是否正当。

【裁判结果】

最高人民法院经审理认为，基于不可分割使用的合作作品所形成的著作权共有关系是著作权共有的一种类型，共有著作权人之间关于不可分割使用的共有作品著作权的行使，具体规则可概括为：共有作品的著作权由共有人通过协商一致行使；共有人有关管理、使用共有作品的约定属于已经协商一致的内容，双方在行使权利时均应遵守约定；不能协商一致，又无正当理由的，任何一方不得阻止他人行使除法律规定权利以外的其他权利，但是所得收益应当合理分配给所有共有著作权人。据此，共有著作权人一方提出协商要求时，应提供与权利行使有关的具体信息；他方阻止其他共有著作权人单方行使其他权利的正当理由，至少包括不得滥用权利损害共有著作权人的合法权益。

本案中，娱美德公司引入新的合作主体并提出新增授权的协商要求，与其与亚拓士软件公司之间的内部约定不符，与基于该内部约定所产生对外效力的合理预期存在冲突，娱美德公司以通知方式代替协商，单方推进新增合作主体授权的行为侵害了亚拓士软件公司合法权益。一审判决认定娱美德公司授权他人开发涉案游戏软件，侵害了亚拓士软件公司对共有游戏软件享有的权利的结论正确，最高人民法院予以确认。据此，亚拓士软件公司阻止新增授权的理由正当。因此，判决驳回上诉，维持原判。

【裁判摘要评析】

本案当事人娱美德公司、亚拓士软件公司为外国主体，诉争作品的原始著作权依据韩国法律产生，本案法律关系具有涉外因素，属于涉外民事关系。《涉外民事关系法律适用法》第48条规定："知识产权的归属和内容，适用被请求保护地法律。"该法第50条规定："知识产权的侵权责任，适用被请求保护地法律，当事人也可以在侵权行为发生后协议选择适用法院地法律。"本案案由为侵害计算机软件著作权、确认合同无效纠纷，被诉侵权行为发生在中国境内，本案应适用中华人民共和国法律；同时，相应被诉侵权行为发生时间为2010年4月1日以后、2021年6月1日前，应适用当时施行的法律法规。2010年修正的《著作权法》第2条第2款规定："外国人、无国籍人的作品根据其作者所属国或者经常居住地国同中国签订的协议或者共同参加的国际条约享有的著作权，受本法保护。"中国和韩国均为《保护文学和艺术作品伯尔尼公约》的成员国，亚拓士软件公司在中国法院起诉寻求法律救济，应适用《合同法》、2010年修正的《著作权法》。

本案系因《传奇2》游戏软件共有著作权人亚拓士软件公司、娱美德公司之间，针对在中国市场已独占许可给盛大网络发展公司（蓝沙公司）并长期运营的《传奇2》网络游戏市场的衍生开发，因引入新的合作主体引起的著作权权利行使纠纷，故本案争议并非典型的著作权侵权纠纷。本案二审争议焦点问题是共有著作权人行使著作权的协商要求和内容，具体涉及娱美德公司引入新的合作主体的授权合同是否侵害亚拓士软件公司的合法权益，亚拓士软件公司阻止娱美德公司单方引入新的合作主体的理由是否正当。

一、合作作品著作权的行使

根据共有制度的基本规定，共有人按照约定管理共有财产，并根据约定或者法律规定确定因共有财产产生债权债务的对外、对内效力。《著作权法实施条例》第9条规定："合作作品不可以分割使用的，其著作权由各合作作者共同享有，通过协商一致行使；不能协商一致，又无正当理由的，任何一方不得阻止他方行使除转让以外的其他权利，但是所得收益应当合理分配给所有合作作者。"《计算机软件保护条例》第10条规定："……合作开发的软件不能分割使用的，其著作权由各合作开发者共同享有，通过协商一致行使；不能协商一致，又无正当理由的，任何一方不得阻止他方行使除转让权以外的其他权利，但是所得收益应当合理分配给所有合作开发者。"根据上述规定，基于不可分割使用的合作作品所形成的著作权共有关系是著作权共有的一种类型，共有著作权人之间关于不可分割使用的共有作品著作权的行使，可以参照上述规定，其具体规则可概括为：共有作品的著作权由共有人通过协商一致行使；共有人有关管理、使用共有作品的约定属于已经协商一致的内容，双方均应遵守约定行使权利；不能协商一致，又无正当理由的，任何一方不得阻止他人行使除法律规定权利以外的其他权利，但是所得收益应当合理分配给所有共有著作权人。我国《著作权法》的立法宗旨既有保护作品作者著作权，也有鼓励作品创作和传播。上述规定首先明确了共同共有不可分割使用的作品或软件，其著作权由各合作作者或各合作开发者"共同共有，通过协商一致行使"。主旨在于保护共同共有著作权人的利益。因此，协商是行使共同共有著作权的前提。其次，规定了"不能协商一致，又无正当理由的，任何一方不得阻止他方行使除转让权以外的其他权利，但是所得收益应当合理分配"给所有合作作者或合作开发者。这里其实又有两种情形：一是经协商，不能协商一致但有反对的正当理由；二是经协商，不能协商一致，但没有反对的正当理由。法条中明确了经协商后无反对的正当理由的，才可以行使除转让权以外的权利并分配利益。这明显是体现了鼓励作品和软件传播、应用这一宗旨。但从该规定也能直接看出，鼓励传播、应用的前提条件第一是经协商，第二是经协商后无反对的正当理由。若不经协商，或经协商一方有反对的正当理由，则不属鼓励传播、应用的范围。据此，共有著作权人一方提出协商要求时，应提供与权利行使有关的具体信息；他方阻止其他共有著作权人单方行使其他权利的正当理由，至少包括不得滥用权利损害共有著作权人的合法权益。本案中，亚拓士软件公司与娱美德公司已经达成有关管理、使用共有作品的约定，以及根据双方约定使用《传奇2》著作权已经产生的权利义务的对外、对内效力，应当作为娱美德公司引入新的合作主体并与亚拓士软件公司协商行使著作权的基础。最高人民法院认为，基于娱美德公司、亚拓士软件公司在2012年12月共同出具给盛大网络发展公司以申明为内容的已经达成的有关管理、使用共有著作权的约定及其产生的对外效力，娱美德公司引入新的合作主体的授权合同侵害了亚拓士软件公司合法权益。

二、关于亚拓士软件公司与娱美德公司之间行使共有著作权的内部约定

本案中，2001年2月26日，娱美德公司、亚拓士软件公司通过海外销售合同约定了共有作品在海外（含中国）销售运营代理等内容。根据该海外销售合同的约定，亚拓士软件公司发掘海外市场，并于2001年6月29日与案外人盛大网络发展公司、浦东新区进出口公司签订原合同。娱美德公司经2004年韩国法院促成和解并重新确认了娱美德公司与亚拓士软件公司之间单方对外授权的界限，其中包括更新与盛大网络发展公司签署的原合同的权限由亚拓士软件公司保留。2012年12月，娱美德公司、亚拓士软件公司应盛大网络发展公司要求向有关部门出具申明，明确了娱美德公司自2002年7月14日起委托亚拓士软件公司行使其作为共同著作权人的一切权利，进一步确认了亚拓士软件公司与娱美德公司之间行使共有著作权的约定。因此，本案纠纷发生时，在涉案游戏软件著作权被授权蓝沙公司的授权有效期内以及申明明确亚拓士软件公司行使权利的有效期内，娱美德公司拟在中国市场单方引入新的合作主体提出新增授权的协商要求，与亚拓士软件公司、娱美德公司之间已经达成的约定不符。娱美德公司拟单方行使共有著作权，需要与亚拓士软件公司进行协商确认。

三、基于内部约定行使共有著作权产生对外关系上的效力

民事主体的人身权利、财产权利以及其他合法权益受法律保护，任何组织或者个人不得侵犯；但民事主体不得滥用民事权利损害国家利益、社会公共利益或者他人合法权益。本案中，亚拓士软件公司根据与娱美德公司行使共有著作权的约定，已于2001年6月29日与盛大网络发展公司签署原合同，围绕原合同项下权利义务，娱美德公司又于2002年7月14日参与签署补充协议，出具申明向有关部门公示了亚拓士软件公司的权利范围，上述原合同、补充协议以及申明实际被公开、用于对外关系处理，已经产生相应的对外效力。结合韩国法院和解笔录的约定，该对外效力至少体现在：原合同及后续协议的修改、更新，实际均由亚拓士软件公司单方行使全体共有著作权人的权利；被授权方根据与亚拓士软件公司的约定独占使用《传奇2》游戏软件著作权，进行游戏开发和服务，采取维权措施进行维权，以及对蓝沙公司的授权有效期应延续到2017年9月28日。一审判决认定申明因特定事由出具，不产生特定事由之外的其他授权效力不妥，最高人民法院予以纠正。据此，在2017年9月28日前，基于对原合同、补充协议、韩国法院和解笔录以及娱美德公司申明产生对外效力的合理预期，在未经协商一致或者生效仲裁裁决明确原合同项下的授权范围之前，娱美德公司可以而且应当预见到，引入新的合作主体会与亚拓士软件公司根据共有人之间关于使用传奇IP在中国进行游戏开发和服务的既有协议发生冲突。在此情况下，娱美德公司无视亚拓士软件公司的异议继续推进对新增合作主体的授权，构成权利滥用。一审判决认定娱美德公司未经与亚拓士软件公司协商授权他人开发共有的游戏软件，侵害亚拓士软件公司对共有游戏软件享有的权利的结论正确，最高人民法院予以确认。

四、一审在案证据表明，获知娱美德公司的单方授权存在法律争议的交易相对人均选择放弃交易机会

娱美德公司引入新的合作主体的协商中，包括奇虎360科技有限公司、阿里巴巴集团等，在面对亚拓士软件公司“关于使用传奇IP在中国进行游戏开发和服务的既有协议发生冲突”等说明后，或者放弃交易，或者要求娱美德公司澄清权利界限。此后，娱美德公司与亚拓士软件公司协商行使著作权，开始采取以通知方式代替协商，阻挠亚拓士软件公司向交易相对人提示法律争议，促成签署授权协议。由此可知，未经协商确认，娱美德公司单方引入新的合作主体时，获知存在授权法律争议的交易相对人选择放弃交易机会。娱美德公司对亚拓士软件公司不希望其在中国市场引入新的合作主体是明知的。在此情形下，娱美德公司以通知方式代替协商与亚拓士软件公司协商不具有正当性，亚拓士软件公司有正当理由寻求阻止。

最高人民法院二审合议庭成员：钱建国　魏磊　刘晓梅

（编写人：钱建国*　祁帅**　审稿人：丁文严）

---

* 钱建国，法律硕士，中华人民共和国最高人民法院知识产权法庭，三级高级法官。

** 祁帅，法律硕士，中华人民共和国最高人民法院知识产权法庭，一级法官助理。

石家庄泽兴氨基酸有限公司、河北大晓生物科技有限公司与北京君德同创生物技术股份有限公司侵害技术秘密纠纷案

——技术许可合同保密期限届满后保密义务的负担

【裁判摘要】

1. 法律规定的保密义务既包括侵权法意义上的、普遍的消极不作为义务，也包括基于诚实信用原则的合同前、合同中、合同后的保密义务。技术许可合同虽然约定了保密期限，但这仅代表双方当事人对该期间的保密义务进行了约定；保密期限届满后，虽然合同约定的保密义务终止，但被许可人仍须承担后合同保密义务。

2. 如果技术许可合同约定了保密期限，那么在保密期限内，被许可人应当按照合同约定使用相关技术秘密；保密期限届满后，被许可人仍可以自己使用相关技术秘密，是否可以许可他人使用、披露相关技术秘密，在合同没有明确约定的情况下，需要根据双方签订合同的目的、双方的权利义务、合同对价、合同履行情况、商业惯例及诚信原则等综合判断。

【案件基本信息】

1. 诉讼当事人

上诉人（原审被告）：石家庄泽兴氨基酸有限公司（以下简称泽兴氨基酸公司）

上诉人（原审被告）：河北大晓生物科技有限公司（以下简称大晓生物科技公司）

被上诉人（原审原告）：北京君德同创生物技术股份有限公司（原北京君德同创农牧科技股份有限公司，以下简称君德同创公司）

2. 案件索引与裁判日期

一审：河北省石家庄市中级人民法院（2018）冀01民初936号判决（2019年7月3日）

二审：最高人民法院（2020）最高法知民终621号判决（2021年12月18日）

3. 案由

侵害技术秘密纠纷

【简要案情】

君德同创公司主营业务包括饲料添加剂研发、生产、销售。2008年，君德同创公司开始研究胍基乙酸在饲料方面的应用价值，研发了饲料级胍基乙酸产品的不同生产工艺，并将其中的盐酸胍-氯乙酸法申请发明专利，于2012年1月4日获得授权；将甘氨酸-单氰胺法采用技术秘密予以保护，且与可以接触到相关技术信息的员工签订了保密协议。

2010年6月，君德同创公司与泽兴氨基酸公司分别签订关于北京君德同创与石家庄泽兴氨基酸公司联合开发胍基乙酸项目的战略合作协议（以下简称战略合作协议）、委托加工协议（以下简称加工协议），约定泽兴氨基酸公司为君德同创公司向农业农村部申请新饲料和新饲料添加剂提供生产试验、生产设备、场地等支持；同时为君德同创公司加工饲料级胍基乙酸产品。两份协议除产品质量要求有所区别外，其他内容均完全相同。两份协议均明确约定：泽兴氨基酸公司应严格控制胍基乙酸生产技术，防止相关技术外泄，如果泽兴氨基酸公司或其人员将相关技术外泄，造成君德同创公司经济或技术（专利）损失，泽兴氨基酸公司应完全承担君德同创公司损失；还约定未经君德同创公司许可，泽兴氨基酸公司不得将胍基乙酸出售给除君德同创公司之外的任何第三方，如出现以上情况，给君德同创公司造成的经济和形象损失由泽兴氨基酸公司承担。关于泽兴氨基酸公司使用君德同创公司相关技术信息的期限，战略合作协议、加工协议中均没有明确约定，但约定了合同期限和保密期限，即合同有效期3年，自

2010年6月30日至2013年6月30日，双方协商同意，可以书面补充协议方式延长协议期限；合作期内及双方合作结束后3年内，泽兴氨基酸公司必须对双方合作有关的销售数据、技术信息等进行保密，不得向任何人泄露任何相关资料。

2011年10月31日，基于君德同创公司与泽兴氨基酸公司的合作，石家庄市环境保护局出具《关于泽兴氨基酸公司年产1200吨胍基乙酸项目环境影响报告书的批复》，同意泽兴氨基酸公司按照环境影响报告书中所列建设项目的地点、性质、规模、环境保护措施进行项目建设。2011年11月10日，君德同创公司提出新饲料和新饲料添加剂审定申请表，2014年10月23日，农业部[1]发布第2167号公告，批准君德同创公司申请的胍基乙酸（商品名称为肌源）为新饲料添加剂，颁发新饲料添加剂新产品证书，同时给予胍基乙酸新产品5年监测期。监测期间，农业部不再受理其他就该新饲料、饲料添加剂提出的生产申请。

2012年6月，君德同创公司将名称为单氰胺法生产胍基乙酸的生产工艺（以下简称涉案技术秘密）提供给泽兴氨基酸公司。2014年6月君德同创公司与泽兴氨基酸公司双方合作终止。2015年3月26日泽兴氨基酸公司自行制作了单氰氨法生产胍基乙酸工艺流程表，即被诉侵权生产工艺。2016年3月10日，君德同创公司委托北京大成律师事务所向泽兴氨基酸公司发出关于停止生产、经营和使用胍基乙酸作为饲料添加剂的律师函，表明在双方合作终止后，泽兴氨基酸公司将胍基乙酸作为饲料添加剂生产、经营、使用、宣传并销售给用户，要求泽兴氨基酸公司立即停止侵权行为。2016年下半年始，君德同创公司发现大晓生物科技公司在对外宣传、参加展会，销售饲料级胍基乙酸产品时，宣称其生产工艺来自君德同创公司、泽兴氨基酸公司或者与君德同创公司、泽兴氨基酸公司有关。大晓生物科技公司出具的胍肌乙酸（饲料级）产品的分析报告等显示该公司销售的胍

---

〔1〕 根据2018年国务院机构改革方案，将农业部的职责，以及国家发展和改革委员会的农业投资项目、财政部的农业综合开发项目、国土资源部的农田整治项目、水利部的农田水利建设项目等管理职责整合，组建农业农村部，作为国务院组成部门。将农业部的渔船检验和监督管理职责划入交通运输部。不再保留农业部。

肌乙酸（饲料级）产品质量达到了战略合作协议要求。大晓生物科技公司与泽兴氨基酸公司具有关联关系。

君德同创公司认为，被诉侵权生产工艺与涉案技术秘密实质相同，泽兴氨基酸公司、大晓生物科技公司共同实施了侵害商业秘密行为，应承担停止生产、销售、许诺销售胍基乙酸产品行为并赔偿损失。泽兴氨基酸公司认为在战略合作协议、加工协议约定的保密期限届满后，泽兴氨基酸公司不再负有任何保密义务，其可以自己使用、许可他人使用，甚至披露涉案技术秘密。大晓生物科技公司认为其没有生产场地和设备，销售的产品并非来自泽兴氨基酸公司。

一审法院于2019年7月3日作出（2018）冀01民初936号判决：（一）泽兴氨基酸公司、大晓生物科技公司立即停止制造、销售侵害君德同创公司技术秘密的饲料级胍基乙酸产品；（二）泽兴氨基酸公司、大晓生物科技公司自原审判决生效之日起10日内共同赔偿君德同创公司经济损失及合理开支共计50万元；（三）驳回君德同创公司的其他诉讼请求。

泽兴氨基酸公司、大晓生物科技公司不服，向最高人民法院提起上诉。

【案件焦点】

1. 技术许可合同约定的使用期限与保密期限的关系；

2. 技术许可合同约定的保密期限届满后，被许可方能否自己使用相关技术秘密；

3. 技术许可合同约定的保密期限届满后，被许可方能否许可他人使用、披露相关技术秘密。

【裁判结果】

最高人民法院经审理认为，根据在案事实，泽兴氨基酸公司履行战略合作协议、加工协议约定的保密期限义务应当至2017年6月30日。由于技术许可合同首先遵循当事人意思自治原则，如果合同中明确约定保密期限届满后，被许可人可以许可他人使用、披露相关商业秘密，则被许可人实施上述行为不构成侵害商业秘密。如果技术许可合同并未明确约定保密期限届满后，被许可人可以许可他人使用、披露相关商业秘密，则需要根据双方签订合同的目的、双方的权利义务、合同对价、合同履行情况、商业惯例及诚信原则等，综合判断保密期限届满后，被许可人是否可以许可他人使用、披露相关商业秘密。

本案中，泽兴氨基酸公司违反保密约定，在战略合作协议、加工协议约定的保密期限内单独使用了涉案商业秘密，构成侵害君德同创公司商业秘密，应当承担的相应的民事责任。在战略合作协议、加工协议约定的保密期限内和保密期限届满后，泽兴氨基酸公司与大晓生物科技公司共同实施了侵害君德同创公司商业秘密行为，应当承担连带赔偿责任。因此，判决维持一审判决第二项，撤销一审判决第一、三项，判决泽兴氨基酸公司立即停止允许他人使用涉案技术秘密、大晓生物科技公司立即停止使用涉案技术秘密直至涉案技术秘密为公众所知悉。

【裁判摘要评析】

本案裁判结论实质上明确了技术秘密许可合同中，双方当事人约定的保密期限届满后，负有保密义务的一方仍然负有后合同保密义务。本案的核心争议在于泽兴氨基酸公司与君德同创公司签署的战略合作开发协议、加工协议约定的保密期限届满后，泽兴氨基酸公司能否自己使用相关技术秘密，能否许可大晓生物科技公司使用、披露相关技术秘密。

技术秘密作为知识产权保护客体，与专利以公开换保护不同，技术秘密以不为公众所知悉为获得法律保护的基础条件。基于技术秘密保护的特殊性，在技术秘密许可使用合同中，当事人通常除约定使用期限外，还会约定保密期限。但目前的法律规定中，对于保密期限与使用期限的关系如何；保密期限或者使用期限届满后，负有保密义务的一方享有的权利和承担的义务尚未有明确规定。特别是对于保密期限届满后，负有保密义务的一方当事人是否有权披露相关技术秘密的问题，目前理论和司法实践中分歧较大。主要有两种观点：一是认为技术秘密系权利人享有的一项专有权利，技术秘密私权属性不会因为技术使用合同中约定的保密期限届满而发生变化，因此，保密期限届满后，负有保密义务的一方当事人仍然不能擅自允许他人使用和披露相关技术秘密。二是认为民事法律行为可以附期限，附终止期限的民事法律行为，自期限届满时失效。[1] 因此，保密期限

---

〔1〕 参见最高人民法院民法典贯彻实施工作领导小组：《中华人民共和国民法典总则编理解与适用》（下），第799页。

届满后，保密义务人不再负有保密义务，否则，保密期限约定没有意义，即保密期限届满后，负有保密义务的一方当事人不再负有保密义务。本案裁判明确采纳了第一种观点，具体评析如下。

一、如何理解技术许可合同中约定的使用期限与保密期限

首先，技术许可合同的法律性质要求合同中通常要约定使用期限或者保密期限。《民法典》施行前，我国法律并没有对技术许可合同作出专门规定，原《合同法》将技术许可合同列入技术转让合同的范畴。[1]《民法典》首次从立法层面专门规定了技术许可合同，明确了技术许可使用合同的概念、类型和对约定内容的特殊要求。第 862 条第 2 款规定："技术许可合同是合法拥有技术的权利人，将现有特定的专利、技术秘密的相关权利许可他人实施、使用所订立的合同。"第 863 条第 2 款规定："技术许可合同包括专利实施许可、技术秘密使用许可等合同"。第 864 条规定："技术转让合同和技术许可合同可以约定实施专利或者使用技术秘密的范围，但不得限制技术竞争和技术发展。"

关于技术许可合同的期限，《民法典》第 865 条仅对专利实施许可合同进行专门规定，即"专利实施许可合同仅在该专利权的存续期限内有效"。而《民法典》没有对技术秘密使用许可合同的期限进行限制，这是由于与专利权以公开换特定时间特定地域的排他独占专有权利保护不同，技术秘密是通过权利人自己保护的方式而存在的权利，权利人并不具有排他的独占权。[2] 因此，权利的行使也不受时间地域的限制，只要权利人采取保密措施使相关技术秘密一直处于不为公众所知状态，权利人都可以通过自己实施或者许可他人实施该技术秘密而获得专属收益。也正因如此，在技术秘密使用许可合同中，约定使用期限和保密期限，对于权利人而言显得尤为重要。《合同法》第 348 条规定："技术秘密转让合同的受让人应当按照约定使用技术，支付使用费，承担保密义务。"《技术合同司法解释》（2004 年通过）第 28 条规定："合同法第三百四十三条所称'实施专利或者使用

---

〔1〕《合同法》第 342 条第 1 款规定，技术转让合同包括专利权转让、专利申请权转让、技术秘密转让、专利实施许可合同。

〔2〕 参见孔祥俊：《反不正当竞争法新原理——分论》，法律出版社 2019 年版，第 352 页。

技术秘密的范围’，包括实施专利或者使用技术秘密的期限、地域、方式以及接触技术秘密的人员等。当事人对实施专利或者使用技术秘密的期限没有约定或者约定不明确的，受让人实施专利或者使用技术秘密不受期限限制。”《民法典》第 869 条[1]和《技术合同司法解释》（2020 年修正）第 28 条[2]保留了上述规定。如果被许可人违反了合同中约定的保密义务，权利人既可以根据合同约定要求其承担违约责任，还可以依据《反不正当竞争法》的规定要求其承担侵权责任。《反不正当竞争法》（2017 年修订）第 9 条第 1 款第 3 项规定，违反约定或者违反权利人有关保守商业秘密的要求，披露、使用或者允许他人使用其所掌握的商业秘密的行为属于侵害商业秘密行为。本案君德同创公司即依据《反不正当竞争法》主张权利。

其次，技术秘密使用合同中约定的使用期限和保密期限具有不同的法律性质。如前所述，技术秘密使用许可合同的双方当事人可以约定被许可人使用技术秘密的范围，包括使用期限、地域、方式以及接触技术秘密的人员等；还可以约定保密期限，被许可人应当按照约定使用技术秘密，承担保密义务。由技术秘密使用许可合同的合同性质可知，许可人通过授权他人使用技术秘密实现技术秘密的价值，被许可人通过实施他人的技术秘密获得商业利益。因此，技术秘密使用许可合同中，保证许可人的技术秘密的秘密性和保证被许可人有权使用技术秘密是实现合同目的的前提。如果双方当事人在合同中未对使用期限或保密期限作出明确约定，根据前述《技术合同司法解释》的规定，没有约定使用期限的，被许可人使用相关技术秘密不受期限限制，但是这并不意味着约定的使用期限届满，被许可人就不负有保密义务，即被许可人除了自己在原有范围内可以继续使用外，仍不能许可他人使用和披露相关技术秘密。同理，保密期限的约定是为了保证技术秘密的价值，如果双方没有约定使用期限，仅约定了保密期

---

[1] 《民法典》第 869 条保留了该规定：“技术秘密转让合同的受让人和技术秘密使用许可合同的被许可人应当按照约定使用技术，支付转让费、使用费，承担保密义务。”以下同。

[2] 《技术合同司法解释》（2020 年修正）第 28 条规定：“民法典第八百六十四条所称‘实施专利或者使用技术秘密的范围’，包括实施专利或者使用技术秘密的期限、地域、方式以及接触技术秘密的人员等。当事人对实施专利或者使用技术秘密的期限没有约定或者约定不明确的，受让人、被许可人实施专利或者使用技术秘密不受期限限制。”

限，那么保密期限内，被许可人应当按照合同约定使用相关技术秘密，保密期限届满后，被许可人是否需要承担保密义务，现有法律和司法解释没有明确规定，本案裁判希望给出司法指引。

二、技术许可合同约定的保密期限届满后，被许可方应当继续承担保密义务

技术秘密许可合同与其他合同一样，应遵循当事人意思自治原则，如果合同中明确约定保密期限届满后，被许可人可以许可他人使用、披露相关商业秘密，则被许可人实施上述行为不构成侵害商业秘密；如果技术许可合同并未明确约定保密期限届满后，被许可人可以许可他人使用、披露相关商业秘密，则需要根据双方签订合同的目的、双方的权利义务、合同对价、合同履行情况、商业惯例及诚信原则等，综合判断保密期限届满后，被许可人是否可以许可他人使用、披露相关商业秘密。

首先，技术秘密构成要件中不为公众所知悉的要求，使技术秘密许可合同中被许可人保密义务的期限和范围直接影响技术秘密专有权是否存续。《民法总则》第123条〔1〕第1款规定："民事主体依法享有知识产权。"第2款规定，商业秘密作为知识产权的一种，系权利人依法享有的专有的权利。显然，包括技术秘密在内的商业秘密是民事主体依法享有的知识产权，任何人未经许可不得披露、使用和允许他人使用权利人的商业秘密。区别于其他知识产权具有公开性、期限性、绝对排他性等特征，商业秘密自产生之日起就自动取得，并具有相对排他性，即同一商业秘密可能由多个权利主体占有；同时，商业秘密的保护期限具有不确定性，只要商业秘密不被泄露，就一直受法律保护。技术秘密许可合同约定保密期限，仅代表双方当事人对该期间的保密义务进行了约定，该保密期限届满后，虽然合同约定的保密义务终止，但被许可人仍须承担除自己使用以外的保密义务。

其次，保密义务的来源不仅有约定义务，还有法定义务。法律规定的保密义务既包括侵权法意义上的、普遍的消极不作为义务，如2017年修订的《反不正当竞争法》第9条第1款规定，任何人未经许可不得披露、使

---

〔1〕 本条现为《民法典》第123条。

用和允许他人使用权利人的商业秘密；也包括基于诚实信用原则的合同前、合同中、合同后的保密义务，如《合同法》第43条规定："当事人在订立合同过程中知悉的商业秘密，无论合同是否成立，不得泄露或者不正当地使用。泄露或者不正当地使用该商业秘密给对方造成损失的，应当承担损害赔偿责任。"[1] 第92条规定："合同的权利义务终止后，当事人应当遵循诚实信用原则，根据交易习惯履行通知、协助、保密等义务。"[2]《合同法解释（二）》第22条规定："当事人一方违反合同法第九十二条规定的义务，给对方当事人造成损失，对方当事人请求赔偿实际损失的，人民法院应当支持。"保密义务贯穿技术秘密许可合同的订立、履行的始终，对于当事人在订立合同过程中知悉的商业秘密，无论合同是否成立，都不得泄露或者不正当地使用，泄露或者不正当地使用该商业秘密给对方造成损失的，应当承担损害赔偿责任；[3] 合同终止后，当事人仍然有保密义务，未尽到保密义务的，应当向对方承担赔偿责任。[4]

再次，按照技术许可合同的性质，被许可人仅是获得了使用相关商业秘密的权利，合同中约定有保密期限，也不应当解释为保密期限届满后，受让人和被许可人可以许可他人使用，甚至披露相关商业秘密。因披露商业秘密属于放弃商业秘密民事权利的行为，除非合同中有明确约定，否则该行权处分行为不能由非权利主体作出。如《合同法》第348条规定，技术秘密转让合同的受让人应当按照约定承担保密义务。第350条规定："技术转让合同的受让人应当按照约定的范围和期限，对让与人提供的技术中尚未公开的秘密部分，承担保密义务。"[5] 因原《合同法》未区分

---

〔1〕 现为《民法典》第501条："当事人在订立合同过程中知悉的商业秘密或者其他应当保密的信息，无论合同是否成立，不得泄露或者不正当地使用；泄露、不正当地使用该商业秘密或者信息，造成对方损失的，应当承担赔偿责任。"

〔2〕 本条现为《民法典》第558条："债权债务终止后，当事人应当遵循诚信等原则，根据交易习惯履行通知、协助、保密、旧物回收等义务。"

〔3〕 参见黄薇主编：《中华人民共和国民法典释义》（中），法律出版社2020年版，第960页。

〔4〕 参见最高人民法院民法典贯彻实施工作领导小组主编：《中华人民共和国民法典合同编理解与适用》（一），第283页。

〔5〕 现为《民法典》第871条："技术转让合同的受让人和技术许可合同的被许可人应当按照约定的范围和期限，对让与人、许可人提供的技术中尚未公开的秘密部分，承担保密义务。"

技术转让合同和技术许可合同，上述规定应当适用于技术许可合同。依据前述规定，技术许可合同中被许可人应当承担的保密义务至少包括：未经许可人同意，不得擅自许可第三人使用相关商业秘密；应当按照合同约定采取保密措施，不应故意或者过失泄露相关商业秘密；对许可人提供或者传授的技术和有关技术资料，应当按照合同约定的范围和期限承担保密义务；对超过合同约定范围和期限仍须保密的技术，应当遵循诚实信用的原则，履行合同保密的附随义务。

综上所述，若技术秘密许可合同中仅约定了保密期限，届满后负有保密义务的一方当事人有权自己使用技术秘密，但仍应承担不对外披露相关技术秘密的义务。

本案中，战略合作协议、加工协议均没有授权泽兴氨基酸公司在合同约定的保密期限届满后可以许可他人使用、披露涉案技术秘密，且根据战略合作协议、加工协议对泽兴氨基酸公司保密义务和保密期限的约定，泽兴氨基酸公司未经君德同创公司许可，不得将胍基乙酸出售给除君德同创公司之外的任何第三方。显然，君德同创公司作为涉案技术秘密的权利人通过签订战略合作协议、加工协议，允许泽兴氨基酸公司使用涉案技术秘密，旨在充分利用涉案技术秘密商业价值，与泽兴氨基酸公司实现合作共赢。而泽兴氨基酸公司提供的在案证据不能证明，战略合作协议、加工协议约定的保密期限届满后，君德同创公司具有允许泽兴氨基酸公司许可他人使用、披露涉案技术秘密的任何意思表示；亦不能证明泽兴氨基酸公司为了在保密期限届满后享有与君德同创公司同等的涉案技术秘密权利人权益，支付了相当于涉案技术秘密价值的合理对价。故泽兴氨基酸公司在战略合作协议、加工协议约定的保密期限届满后，即 2017 年 6 月 30 日以后，仅能自己使用涉案技术秘密，不能许可他人使用、披露涉案技术秘密。

三、结语

随着科技强国的理念扎根企业建设，在现在社会中，各个企业间的竞争更多地转化为技术的比拼。企业所拥有的知识产权是企业强大竞争力的核心，知识产权的实施是企业将竞争力利益化的过程，专利、技术秘密的许可使用日益频繁。

虽然技术许可合同与其他合同一样，遵循意思自治原则，尊重合同当事人约定的内容，但在合同当事人对于合同内容未作约定或者约定不明的情况下，除与其他合同一样考察合同订立时当事人的真意、考虑合同目的与性质外，还须考虑知识产权客体的特殊性。技术秘密许可合同中，应考虑技术秘密这一合同标的的特殊性，在合同当事人约定的保密期限届满后，除非合同明确约定无须被许可人承担保密义务，否则仍应认定被许可人承担保密义务。本案判决弥补了现行法律法规中对于被许可人此种情形下应否负担保密义务的空缺，也就司法和理论界对此的争议作出回应。在保护技术秘密专有权人的利益的情况下，保证了被许可人自己使用技术秘密的权利，有效平衡了两者利益。

最高人民法院二审合议庭成员：原晓爽　孔立明　徐飞

（编写人：原晓爽*　郝小娟**　审稿人：丁文严）

---

* 原晓爽，法学博士，中华人民共和国最高人民法院知识产权法庭，三级高级法官。

** 郝小娟，法学硕士，中华人民共和国最高人民法院知识产权法庭，二级法官助理。

胡某某与岳某
侵害实用新型专利权纠纷案

——实用新型专利中功能性特征内容的认定

【裁判摘要】

实用新型专利中，说明书及附图所载、为实现功能性特征所限定的功能、效果不可缺少的形状构造类特征和非形状构造类特征，均对该功能性特征具有实质限定作用，均构成功能性特征的内容，在侵权判定时均应予以考虑。

【案件基本信息】

1. 诉讼当事人

上诉人（原审原告）：胡某某

被上诉人（原审被告）：岳某

2. 案件索引与裁判日期

一审：浙江省杭州市中级人民法院（2019）浙 01 民初 3509 号判决（2020 年 6 月 2 日）

二审：最高人民法院（2021）最高法知民终 411 号判决（2021 年 10 月 25 日）

3. 案由

侵害实用新型专利权纠纷

【简要案情】

胡某某于 2010 年 8 月 10 日向国家知识产权局申请名称为“一种多功能塑料书写纸板及书写工具”的实用新型专利（以下简称涉案专利）。同日，胡某某向国家知识产权局申请“一种多功能塑料书写纸及其制作方法”

的发明专利（以下简称同日发明）。涉案专利于 2011 年 5 月 4 日授权公告，专利号为 ZL201020293455.4，同日发明于 2011 年 12 月 7 日获得授权公告，目前涉案专利和同日发明均有效。

涉案专利权利要求 1 为：一种多功能塑料书写纸板，它是以塑料纸或者塑料纸板为基料，其特征是：塑料纸或塑料纸板的一面或者两面经过磨砂处理形成磨砂层，显影层与一面磨砂层粘接连接。权利要求 2 为：根据权利要求 1 所述的一种多功能塑料书写纸板，其特征是：显影层通过与一层或两层石粉混合层粘接后再与一面磨砂层粘接连接。权利要求 4 为根据权利要求 1、2、3 任一权利要求所述的一种多功能塑料书写纸板制成的书写文具，其特征是书写文具分为书写单板、书写文件夹和书写卷轴，书写单板的单板和书写文件夹的夹板采用塑料纸或塑料纸板为基料的多功能塑料书写纸板，书写卷轴的卷面采用以塑料为基料的多功能塑料书写纸板。

涉案专利说明书所载具体实施方式中载明如下内容：第［0054］段显影层石粉目数为 320 目以上；第［0057］段显影层粘接剂采用建筑用 103 外墙防水胶；或 103 外墙防水胶，与 976#外墙抗碱底涂料、屋面防晒防漏胶水、107 建筑胶水、801 超浓缩建筑胶水中的一种或几种混合；第［0058］段 103 外墙防水胶和混合胶的重量比例为 1∶3-6；第［0059］段显影层中显影层粘接剂和石粉的重量比例为 1∶0.5-1；第［0060］段显影层石粉目数为 600 目以上；第［0061］段显影层石粉采用 2000 目轻钙石粉、2000 目硅石粉、2000 目方解石粉或 600 目瓷土粉。

同日发明权利要求关于显影层的限定，与涉案专利说明书的记载基本一致。

2019 年 6 月 3 日，国家知识产权局作出第 40363 号决定，宣告涉案专利权利要求 1 或间接引用权利要求 1 的权利要求 4、5 无效，在权利要求 2、3 以及直接或间接引用权利要求 2、3 的权利要求 4、5 的基础上继续维持该专利权有效。第 40363 号决定认为，权利要求 2 限定了显影层、石粉混合层和磨砂层的位置关系以及连接方式，对于显影层的结构、组成，专利说明书第［0054］［0057］－［0061］段公开了显影层的制作方法，没有在权利要求书中对这些内容进行限定并不会导致权利要求 2 保护范围不清楚。

2017 年 7 月 11 日，胡某某的委托代理人在名为“深圳市福田区御墨轩笔墨商行”的 1688 店铺以 12.8 元（其中包含运费 6 元）购得被诉侵权产品一件，销售上述产品的页面显示有产品图片、价格、4 条评价等信息，该店铺显示的主体信息为深圳市福田区御墨轩笔墨商行、经营者为吴某；该店铺卖家会员“御墨轩笔墨”的实名信息为岳某。2017 年 9 月 19 日，胡某某的委托代理人在上海市闵行公证处公证人员监督下收取了上述被诉侵权产品。岳某确认被诉侵权产品系上述店铺所售。

胡某某于 2019 年 9 月 16 日向杭州市中级人民法院提起诉讼，以岳某在其 1688 店铺内销售侵犯涉案专利权的商品为由，请求判令岳某立即停止销售侵害涉案专利权的产品并赔偿胡某某损失以及为制止侵权行为所支出的合理开支共计 30,000 元。

胡某某明确以涉案专利权利要求 2、4 为权利保护范围，权利要求 4 选择引用权利要求 2，胡某某明确显影层为功能性特征。

杭州市中级人民法院一审认为，被诉侵权产品存在磨砂层，能够实现蘸水后显示面层痕迹，具有书写功能，具有能实现显影的面层，被诉侵权产品各层之间密合，认定其存在粘接剂。但被诉侵权产品的显影面层是否通过一层或两层石粉混合层粘接后再与基料连接，以及被诉侵权产品的显影面层是否采用涉案专利显影层的组成方式，仅凭被诉侵权产品现状无法确定。一审法院判决：驳回胡某某的全部诉讼请求。

胡某某不服一审判决，向最高人民法院提起上诉。

【案件焦点】

二审争议焦点问题被诉侵权产品是否落入涉案专利权利要求 2 的保护范围，具体涉及“显影层”“显影层通过与一层或两层石粉混合层粘接后再与一面磨砂层粘接连接”技术特征的争议，争议实质是说明书第［0054］［0057］－［0061］关于显影层的物质组分、配方等非形状、构造或其组合的技术特征，是否应当解释为“显影层”技术特征所确定的内容。

【裁判结果】

最高人民法院认为，在侵权纠纷中，已经记载在权利要求中的有关物质的组分、配方等内容对该权利要求保护范围具有限定作用。实用新型专利中，功能性特征有关实施例中非形状、构造或其结合的技术特征，如系实现所称功能、效果所不可缺少，仍构成对该功能性特征保护范围的限定。实用新型专利保护形状、构造或其结合的专利类型定位，并不足以成为排除实现所称功能、效果不可缺少的实施例中非形状、构造或其结合技术特征限定作用的充分理由。否则，反而会形成含有功能性特征的实用新型专利权利要求保护范围大于具有相同权利要求的发明专利保护范围的窘况。“显影层”并非本领域专业术语，也未给出结构和组成等实质性技术信息，属于功能性描述，本领域技术人员仅通过阅读权利要求关于“显影层”及与之关联的“磨砂层”“石粉混合层”之间位置和连接关系，并不能确定实现上述“显影功能”的具体实施方式。据此，“显影层”属于功能性特征，原审中，胡某某亦明确认可显影层为功能性特征，涉案专利说明书给出四个具体实施例，并记载了涉案专利书写纸板的制作方法，其中第［0054］［0057］-［0061］段详细说明了显影层的原料、配比等，权利人也主张以上述说明书的记载确定“显影层”技术特征的内容。被诉侵权产品的浅三色网格表面构成的显影层由粘接剂和石粉组成，但是，该粘接剂和石粉是否具有上述说明书所述“显影层”的具体实施方式及其等同的实施方式相同的技术特征，胡某某并未予以证明，应当承担相应的不利后果。

最高人民法院判决：驳回上诉，维持原判。

【裁判摘要评析】

发明专利、实用新型专利、外观设计专利是专利权的三种客体，其可以取得专利保护的范围并不相同。但在审查过程中，发明专利必须经过实质审查，而实用新型专利只须经初步审查没有发现驳回理由即可授予专利权。这就不可避免地导致实用新型专利的稳定性较低。同时，取得授权的实用新型专利有可能涉及方法、组分等非形状、构造或其结合的技术特征；而由于专利保护的范围以权利要求为准，说明书及附图可以用于解释权利要求的内容，在涉及需要结合说明书或附图进行理解的功能性特征时，侵权判断进一步复杂化。本案是典型的在实用新型专利权利要求中涉及功能性特征时需要结合说明书及附图所载非形状构造类特征进行理解的案件，对于非形状构造特征是否构成实用新型专利保护范围，在侵权判定时应当如何认定进行了界定。

《专利法》第 2 条第 3 款规定："实用新型，是指对产品的形状、构造或者其结合所提出的适于实用的新的技术方案。"按照这一规定，实用新型的客体必须是一种产品。非经加工制造的自然存在的物品，以及一切有关的方法，包括产品的制造方法、使用方法、通信方法、处理方法以及将产品用于特定用途的方法等，不属于实用新型专利的保护范围。产品的形状是指产品所具有的、可以从外部观察到的确定的空间形状，产品的构造是指产品的各个组成部分的安排、组织和相互关系。物质的组分、配方等不属于产品的构造，权利要求中不得包含有关组分或配方含量的限定，是指在专利授权确权中，针对实用新型新颖性、创造性评价时，对权利要求中物质的组分、配方等不属于产品的构造的内容不予考虑。但是，在侵权纠纷中，已经记载在权利要求中的有关物质的组分、配方等内容对该权利要求保护范围具有限定作用。

本案中，虽然权利要求中未记载有关物质的组分、配方等内容，但因"显影层"并非本领域专业术语，也未给出结构和组成等实质性技术信息，属于功能性描述。《审理侵犯专利权纠纷案件司法解释（二）》第 8 条规定："功能性特征，是指对于结构、组分、步骤、条件或其之间的关系等，通过其在发明创造中所起的功能或者效果进行限定的技术特征，但本领域普通技术人员仅通过阅读权利要求即可直接、明确地确定实现上述功能或者效果的具体实施方式的除外。"本案中，本领域技术人员仅通过阅读权利要求关于"显影层"及与之关联的"磨砂层""石粉混合层"之间位置和连接关系的描述，并不能确定实现上述"显影功能"的具体实施方式，专利权人亦认可"显影层"属于功能性特征。据此，"显影层"属于功能性特征。

《审理侵犯专利权纠纷案件司法解释》第 4 条规定："对于权利要求中以功能或者效果表述的技术特征，人民法院应当结合说明书和附图描述的该功能或者效果的具体实施方式及其等同的实施方式，确定该技术特征的内容。"在判断涉案专利权利要求中"显影层"的保护范围时，仍应结合说明书内容予以认定，说明书中对于"显影层"的限定是否为实现所称功能、效果不可缺少的技术特征，是判断说明书及附图记载的内容中有关技术特征是否具有限定作用的标准。涉案专利说明书给出四个具体实施例，并记载了涉案专利书写纸板的制作方法，其中第［0054］［0057］－［0061］段详细说明了显影层的原料、配比等，权利人也主张以上述说明书的记载确定“显影层”技术特征的内容。据此，上述说明书的内容是实现显影功能不可缺少的技术特征，对权利要求保护范围具有限定作用。此外，同日发明的权利要求中包含了将涉案专利中为实现“显影层”功能、效果的原料、配比内容，这也说明涉案专利关于显影层原料、配比的内容是实现其功能、效果不可缺少的技术特征，因发明专利授权须进行实质审查，而实用新型专利只须进行形式审查，如对于实用新型专利权利要求中的功能性特征不可缺少的原料、配比内容不予限定，具有相同权利要求的发明专利保护范围将小于含有功能性特征的实用新型专利权利要求保护范围。

综上所述，实用新型专利中，功能性特征有关实施例中非形状、构造或其结合的技术特征，如系实现所称功能、效果所不可缺少，仍构成对该功能性特征保护范围的限定。实用新型专利保护形状、构造或者其结合的专利类型定位，并不足以成为排除实现所称功能、效果不可缺少的实施例中非形状、构造或其结合技术特征限定作用的充分理由。

最高人民法院二审合议庭成员：钱建国　陈瑞子　颜峰

（编写人：钱建国*　祁帅**　审稿人：丁文严）

---

* 钱建国，法律硕士，中华人民共和国最高人民法院知识产权法庭，三级高级法官。

** 祁帅，法律硕士，中华人民共和国最高人民法院知识产权法庭，一级法官助理。

格吕伦塔尔有限公司
诉
国家知识产权局
发明专利无效行政纠纷案

——化合物新晶型的创造性判断

【裁判摘要】

尽管新晶型的制备带有一定的不确定性，但本领域技术人员公知，固态有机药物大多存在多种晶型。在研究制备固态有机药物时，为获得符合药物生产和使用需要的晶型，本领域技术人员有动机进行新晶型的筛选，而筛选新晶型通常可以借助常规技术手段来实现。因此，仅是制备出一种新的晶型并不当然意味着该晶型具备了专利法意义上的创造性，化合物新晶型的创造性应当结合其能够实现的技术效果进行考量。

【案件基本信息】

1. 诉讼当事人

上诉人（原审原告）：格吕伦塔尔有限公司（GRUENENTHAL GMBH，以下简称格吕伦塔尔公司）

被上诉人（原审被告）：国家知识产权局

原审第三人：江苏恒瑞医药股份有限公司（以下简称恒瑞医药公司）

2. 案件索引与裁判日期

一审：北京知识产权法院（2016）京 73 行初 3201 号判决（2019 年 1 月 30 日）

二审：最高人民法院（2019）最高法知行终 12 号判决（2019 年 9 月 29 日）

3. 案由

发明专利权无效行政纠纷

【简要案情】

本涉案及名称为“(-) -（1R，2R）-3-（3-二甲基氨基-1-乙基-2-甲基丙基）-苯酚盐酸盐的晶形”的发明专利（以下简称本专利)，其申请日为2005年6月27日，优先权日为2004年6月28日，授权公告日为2011年6月15日，专利权人为格吕伦塔尔公司。原审第三人恒瑞医药公司针对本专利提出无效宣告请求。经审查，国家知识产权局作出无效宣告审查决定(以下简称被诉决定)，宣告本发明专利权全部无效。格吕伦塔尔公司不服，向北京知识产权法院提起行政诉讼。

北京知识产权法院于2019年1月30日作出（2016）京73行初3201号判决，驳回格吕伦塔尔公司的诉讼请求。格吕伦塔尔公司不服一审判决，向最高人民法院上诉，主要上诉理由为：(1）被诉决定及原审判决关于技术问题和技术效果认定错误；(2）被诉决定及原审判决关于本专利的新晶型不具有创造性的认定错误。最高人民法院于2019年9月29日作出(2019）最高法知行终12号判决，驳回上诉，维持一审判决。

【案件焦点】

化合物新晶型的创造性如何判断。

【裁判结果】

最高人民法院经审理认为，关于本专利是否具备创造性问题，争议焦点集中于本专利权利要求1是否具备创造性。本领域技术人员公知，固态有机药物大多存在多种晶型，尽管新晶型的制备带有一定的不确定性，但仅是制备出一种新的晶型并不当然意味着该晶型即具有了专利法意义上的创造性。在研究制备固态有机药物时，为获得符合药物生产和使用需要的晶型，本领域技术人员有动机进行新晶型的筛选，而筛选新晶型通常可以借助常规技术手段来实现。证据3公开的内容也印证了上述公知常识，并给出了明确的技术教导，本领域技术人员在对比文件1和对比文件3的基础上，借助本领域常规技术手段，有动机制备得到权利要求1请求保护的晶型技术方案。在格吕伦塔尔公司关于新晶型A相对于已有晶型B具有更好的稳定性的主张并没有得到本专利说明书公开内容支持的情况下，更无从认定新晶型相比原有已知晶型具备所谓预料不到的技术效果。综上所述，被诉决定和原审判决关于本专利创造性的认定正确，格吕伦塔尔公司关于本专利具备创造性的相关上诉理由不能成立。故判决驳回上诉、维持原判。

【裁判摘要评析】

同一药物化合物的不同晶型，在外观、溶解度、熔点、溶出度、生物有效性等方面可能会有不同，从而影响药物的稳定性、生物利用度及疗效。因此，对于药物化合物新晶型的研发，是药物研发领域的热门方向，而与化合物晶型相关的专利授权确权法律规则也是业界热议的前沿问题。

有观点认为，基于新晶型的制备带有一定的不确定性，只要制备出了新的晶型，就具备创造性。本案上诉人格吕伦塔尔公司也在上诉状中提出，“从本领域技术人员的水平来看，一种新的具体晶型本身就是非显而易见的，具有创造性，无论其是否产生了预料不到的技术效果”。随着晶型产业的发展，相关领域的技术越发成熟，对晶型药物创造性的认识也在不断深入，上述观点已逐渐转变。本案在确立裁判规则方面的贡献即在于，明确指出仅制备出一种新的晶型并不当然意味着该晶型即具备专利法意义上的创造性，化合物新晶型的创造性应当结合其能够实现的技术效果进行考量。

关于化合物新晶型的创造性标准，最高人民法院在先判决指出，“在晶体的创造性判断中，微观晶体结构本身必须结合其是否带来预料不到的技术效果一并考虑”〔1〕。该判决明确在化合物晶型创造性的审查判断中须考量“预料不到的技术效果”。对于制备出的新晶型，其相较于最接近的现有技术的化合物或者其已知晶型而言，二者因微观结构不同而带来在物理化学参数方面（如溶解度、稳定性等方面）的变化，如果这些变化对于该化合物活性物质具有正向的作用，由此带来在药效的改进等方面具有预料不到的技术效果，则足以认定该新晶型具备创造性。

---

〔1〕 参见再审申请人贝林格尔英格海姆法玛两合公司与被申请人中华人民共和国国家知识产权局专利复审委员会、原审第三人江苏正大天晴药业股份有限公司发明专利无效行政纠纷案，最高人民法院行政裁定书（2011）知行字第86号。

就本案而言，格吕伦塔尔公司主张，新晶型A相比已知的晶型B具有更好的稳定性，因而具备创造性。但本专利说明书中仅记载在-40℃的温度点存放一定时间，晶型B会转变为晶型A这一组实验结果，而未记载在-40℃~40℃温度区间内其他任何具体温度点上晶型A与晶型B之间的转变情况。仅依据一个端点最低值-40℃下的实验结果，并不足以得出从-40℃~40℃的温度跨度区间内均能够实现相同或相近的结果；并且，本专利说明书中也未验证在更常规的室温环境条件下，晶型A是否比晶型B具有更好的稳定性。对于讲求实验证明的医药领域而言，格吕伦塔尔公司的主张需要有可信的实验数据对其宣称的效果予以证明，而格吕伦塔尔公司并未提交有效的相关实验数据。因此，基于说明书中已公开的内容，本领域技术人员无法得出新晶型A比已有晶型B具有更为稳定效果的结论，继而也无从判断其是否相较于已知晶型具有意料不到的技术效果，因此无法得出新晶型具备创造性的结论。

最高人民法院二审合议庭成员：焦彦　魏磊　佘朝阳

(编写人：魏磊*　审稿人：丁文严)

* 魏磊，法学硕士，中华人民共和国最高人民法院知识产权法庭，三级高级法官。

未某某
与
得力富企业股份有限公司
侵害计算机软件著作权纠纷案

——技术措施有效性的认定

【裁判摘要】

《著作权法》所规定的保护著作权的技术措施是指在正常使用环境下能够有效阻止侵权行为的技术措施，并不要求该技术措施完全无法被避开或者破解。

【案件基本信息】

1. 诉讼当事人

上诉人（原审被告）：未某某

被上诉人（原审原告）：得力富企业股份有限公司（以下简称得力富公司）

2. 案件索引与裁判日期

一审：江苏省苏州市中级人民法院（2018）苏 05 民初 1279 号判决（2020 年 5 月 25 日）

二审：最高人民法院（2020）最高法知民终 1206 号判决（2020 年 11 月 4 日）

3. 案由

侵害计算机软件著作权纠纷

【简要案情】

得力富公司（住所地在中国台湾地区）系“CH-608 X-Ray 钻靶机”软

件［含去毛边（deburr）模块］的著作权人。南亚电路板（昆山）有限公司（以下简称南亚电路板公司）分别于2008年3月3日、2008年9月11日向得力富公司购买名称为“双轴测量X-Ray钻靶机（规格1217）”的设备4台，后针对产品序列号为H89715-0810166的1台钻靶机，南亚电路板公司以采购方式加装了除毛边装置。2011年3月南亚电路板公司向得力富公司采购“deburr”装置（含安装调试）（得力富型号：CH-608）1台。昆山得广欣自动化技术有限公司（以下简称得广欣自动化技术公司）作为得力富公司设在中国大陆的关联公司，负责客户的相关设备维护。因南亚电路板公司付费购买软件，得广欣自动化技术公司为其设备升级软件并加载deburr模块，对deburr模块解锁后，使其去毛边设备正常使用和运行。未某某于2010年入职得广欣自动化技术公司，2014年7月离职，工作期间其主要负责客户关系管理、安装含CH-608 X-Ray钻靶机等设备软件、维修机器等工作。

2016年6月29日，南亚电路板公司与昆山市玉山镇思多威电子经营部（以下简称思多威经营部）签订工程合约书一份，为P1二课钻靶机增设除毛边机。未某某作为思多威经销部员工，实际实施该合同项下除毛边设备的安装调试工作。思多威经销部系个体工商户，成立于2014年12月2日，经营者为李某某。李某某系未某某的妻子，也是昆山富得力机电设备有限公司（以下简称富得力机电设备公司）唯一股东。富得力机电设备公司系与得力富公司从事相同行业，并且存在经常与南亚电路板公司接洽的情况。

得力富公司向原审法院申请至南亚电路板公司进行证据保全，查明现场4台钻靶机设备中1台故障停运，另有3台正常运行。针对产品序列号为H89701-0804146的钻靶机上使用deburr模块情况进行证据保全，该设备运行画面显示去毛边系统（选购配备）运行界面。证据保全的3台机器中，其中1台机器使用的deburr装置系向得力富公司购买，另外2台机器使用的deburr装置系向思多威经营部购买。

得力富公司明确主张保护计算机软件的范围系“CH-608 X-Ray”钻靶机系统软件中的去毛边装置模块即deburr模块。得力富公司在为客户提供系统升级服务过程中，可能会将 deburr 模块安装进去，但系统有 deburr 模块并不代表可以直接使用。原审审理中，双方当事人一致确认增设安装去毛边机时，操作人员须按照 5 个步骤操作，才能实现解锁钻靶机系统软件中 deburr 模块功能。

未某某未经其许可，擅自为南亚电路板公司涉案 5 台钻靶机增设的去毛边机实施了涉案软件中 deburr 模块的破解技术措施的行为，构成了对得力富公司计算机软件著作权的侵害，权利人据此向法院提起诉讼。

一审法院于 2020 年 5 月 25 日作出（2018）苏 05 民初 1279 号判决，判令未某某立即停止涉案侵害得力富公司计算机软件著作权的行为，并于判决生效之日起 10 日内赔偿得力富公司经济损失及合理费用共计 15 万元；二审法院于 2020 年 11 月 4 日作出（2020）最高法知民终 1206 号判决，驳回上诉，维持一审判决。

【案件焦点】

1. 未某某是否侵害得力富公司计算机软件著作权；
2. 未某某是否是本案的适格被告；
3. 原审判决认定的赔偿数额是否存在不当。

【裁判结果】

最高人民法院经审理认为，未某某自 2010 年入职得力富公司在大陆设立的关联公司得广欣自动化技术公司，从事涉案软件的维护工作，至 2014 年 7 月离职前，其有机会接触到涉案计算机软件的解锁等技术措施。没有证据证明被诉侵权行为系思多威经销部的行为，亦没有证据证明被诉侵权行为系思多威经销部授意未某某所为，而未某某未经得力富公司许可，对涉案计算机软件具体实施了解锁行为，实际构成了对涉案计算机软件著作权的侵害，未某某作为本案侵权之诉的被告，具有事实和法律依据。

未某某作为得力富公司关联企业长期从业的员工，知悉涉案软件的价值以及在涉案软件上存在技术措施的情况。其在离职之后与李某某共同出资设立了富得力机电设备公司，且两公司从事相同行业，未某某有意破解涉案软件的技术措施，具有侵权的故意。因此，最高人民法院最终判决驳回上诉，维持原判。

【裁判摘要评析】

本案裁判结论实质上是对技术措施有效性的司法认定。本案的核心争议是得力富公司对涉案软件设置“解锁灰化+设定键值”的技术措施，能否认定为有效。《著作权法》所规定的保护著作权的技术措施是指在正常使用环境下能够有效阻止侵权行为的技术措施，并不要求该技术措施完全无法被避开或者破解。以下从技术措施的定义、有效性认定等方面，对裁判理由作进一步说明。

一、何谓保护著作权的技术措施

对技术措施的立法保护最早可追溯至1988年的英国法——《英国版权、外观设计和专利法》(UK Copyright, Design and Patents Act 1988) 第296条规定了“防止复制系统”的保护,〔1〕但对技术措施保护的系统认识却形成于美国。1995年，克林顿政府发布的《知识产权和国家信息基础设施白皮书》，承认版权人在发展技术措施方面的大量投资，并建议增设“反规避规则”。

《著作权法》(2020年修正) 第49条规定：“为保护著作权和与著作权有关的权利，权利人可以采取技术措施……本法所称的技术措施，是指用于防止、限制未经权利人许可浏览、欣赏作品、表演、录音录像制品或者通过信息网络向公众提供作品、表演、录音录像制品的有效技术、装置或者部件。”著作权法意义上的技术措施通常是指权利人对作品的接触控制、复制控制或者其他控制，以实现对版权作品的使用进行控制的技术措施。《著作权法》第49条属于2020年修正时的新增条款，系为适应科学技术发展对技术措施的保护和规制增加的具体内容。该法第50条同时对可以避开技术措施的五种情形予以规定。〔2〕

---

〔1〕 参见李晓阳:《重塑技术措施的保护——从技术措施保护的分类谈起》，载《知识产权》2019年第2期。

〔2〕《著作权法》(2020年修正) 第50条规定：“下列情形可以避开技术措施，但不得向他人提供避开技术措施的技术、装置或者部件，不得侵犯权利人依法享有的其他权利：(一) 为学校课堂教学或者科学研究，提供少量已经发表的作品，供教学或者科研人员使用，而该作品无法通过正常途径获取；(二) 不以营利为目的，以阅读障碍者能够感知的无障碍方式向其提供已经发表的作品，而该作品无法通过正常途径获取；(三) 国家机关依照行政、监察、司法程序执行公务；(四) 对计算机及其系统或者网络的安全性能进行测试；(五) 进行加密研究或者计算机软件反向工程研究。前款规定适用于对与著作权有关的权利的限制。”

二、得力富公司采取的技术措施是否符合有效性条件

权利人依据法律的规定，有权采取技术措施以保护自己的版权，从而防止他人实施侵权行为。权利人采取技术措施属于防患于未然的事前预防措施，其保护效果较侵权行为发生后的事后救济要理想得多。技术措施的设定有多种技术手段，通常可以包括加密技术、rootkit 技术、数字水印等。

本案中，得力富公司是以未某某未经其许可，擅自为南亚电路板公司涉案 5 台钻靶机增设的去毛边机实施了涉案软件中 deburr 模块的破解技术措施的行为，构成了对得力富公司计算机软件著作权的侵害为由提起诉讼。得力富公司系涉案软件的权利人，其采取的技术措施须符合有效性条件。

（一）得力富公司客观上对涉案软件已采取技术措施

本案中，得力富公司作为涉案软件的权利人，在增设安装去毛边机时，需要按照 5 个步骤解锁钻靶机系统软件中 deburr 模块功能。从 5 个解锁步骤可知，得力富公司对涉案软件已采取“解锁灰化+设定键值”的技术措施，目的在于防止他人未经其许可运行、商业性使用涉案软件，因此，得力富公司所主张的技术措施客观存在。

（二）涉案软件采取的技术措施有效性的认定

为实现保护版权与维系社会公共利益之间的平衡，权利人采取保护著作权的技术措施须符合有效性条件。但有效性的认定，我国《著作权法》没有明确规定，因此，要合理地界定技术措施的有效性，就需要从使用者的角度来考量。[1] 考虑到作品的使用者一般并不掌握专业规避技术，因此，只要技术措施在正常使用过程中，能有效避免被普通用户规避即为有效。通常对于“有效性”的判断应当以一个普通计算机用户为标准，该用户应当仅具有非计算机专业人员常规的计算机操作常识、经验和能力，仅会使用大众化的合法通用工具，他并不掌握各种专业解密技术和手段，也

---

〔1〕 参见罗明东：《〈著作权法修订草案（送审稿）〉的技术措施条款之评述》，载《知识产权》2016 年第 3 期。

没有获得由专业人员所设计并提供的专业破解工具，如果就一种技术措施，该假想的计算机用户能够避开，则说明该技术措施缺乏“有效性”。当然，对“普通用户”标准的认定还须在个案中结合涉案技术措施用户群体的知识水平、规避技能、工具的发展和普及情况等因素来综合判断。

同时，权利人在行使法律赋予的对其版权采取技术措施的权利时，不得滥用权利，即权利人采取的技术措施不得成为其垄断技术、妨碍市场竞争的工具，以避免损害社会公共利益的后果发生。因此，得力富公司采取技术措施只有符合有效性，且不存在滥用的情形下才能受到法律的保护。

本案中，得力富公司采取了“解锁灰化+设定键值”的技术措施，目的在于防止他人未经其许可运行、商业性使用涉案软件，所针对的客体是计算机软件著作权，所针对的行为是依据著作权人控制利用作品的专有权利。同时，权利人得力富公司采取的技术措施在目的上具有正当性，不存在滥用技术措施损害社会公共利益的情形，亦不存在未某某所称通过技术手段将在软件上的竞争优势拓展到机器。关于所采取的技术措施是否有效，针对特定的行为采取的技术措施的有效是相对的，即通常情况下不容易被避开或者破解，而非不能实现避开或破解。本案中，得力富公司设置的技术措施解锁需要同时设定两个键值，对于一名普通计算机用户而言，根据其常规的计算机操作知识和技能难以破解。因此，应当认定得力富公司对涉案计算机软件采取了有效的技术措施。

三、未某某未经许可实施对涉案软件的破解行为是否构成侵权

本案中，未某某作为得力富公司在大陆的关联企业公司中长期从业的员工，知悉涉案软件的价值以及在涉案软件上存在技术措施的情况。在案证据表明，2016 年思多威经营部为南亚电路板公司 5 台钻靶机增设去毛边机，且未某某确认相关安装调试工作系其实施，本案诉讼中未某某亦主动向法院清晰阐述了解锁钻靶机系统软件中 deburr 模块功能的具体步骤细节，表明其清楚知晓相关技术措施的运用，因此，根据在案证据足以认定未某某未经得力富公司许可，为南亚电路板公司涉案 5 台钻靶机增设的去毛边机实施了涉案软件中“deburr 软件模块”的破解技术措施的行为，构成了对得力富公司计算机软件著作权的侵害，依法应当承担停止侵权、赔偿损失的民事责任。

最高人民法院二审合议庭成员：罗霞　周平　岳利浩

（编写人：王晓琳*　审稿人：丁文严）

---

* 王晓琳，民商法学硕士、公共管理硕士，中华人民共和国最高人民法院知识产权法庭，四级高级法官助理，现为山东省青岛市中级人民法院四级法官。

江苏靶标生物医药研究所有限公司、常州南京大学高新技术研究院诉国家知识产权局发明专利申请驳回复审行政纠纷案

——相关技术领域公知常识的认定与证明

【裁判摘要】

1. 对于公知常识的认定应当以确凿无疑为标准，应该有充分的证据或者理由支持。一般而言，对于相关技术知识是否属于公知常识，原则上可以通过技术词典等所属技术领域中的公知常识性证据加以证明；在难以通过公知常识性证据予以证明的情况下，也可以通过所属领域的多份非公知常识性证据例如多篇专利文献、期刊等相互印证以充分证明该技术知识属于公知常识，但这种证明方式应遵循更严格的证明标准。

2. 公知常识性证据是指技术词典、技术手册、教科书等记载本领域基本技术知识的文献。如无相反证据，技术词典、技术手册、教科书记载的技术知识可以推定为公知常识。对于技术词典、技术手册、教科书之外的文献，判断其是否属于记载本领域基本技术知识的公知常识性证据，则需要结合该文献的载体形式、内容及其特点、受众、传播范围等具体认定。

3. 当事人在二审过程中提交的新证据实际变更了被诉决定的认定理由和逻辑，且未给出合理解释的，人民法院原则上对该等新证据不应予以接受。

【案件基本信息】

1. 诉讼当事人

上诉人（原审被告）：国家知识产权局

被上诉人（原审原告）：江苏靶标生物医药研究所有限公司（以下简称靶标生物医药公司）

被上诉人（原审原告）：常州南京大学高新技术研究院（以下简称南大研究院）

2. 案件索引与裁判日期

一审：北京知识产权法院（2017）京73行初2193号判决（2019年10月17日）

二审：最高人民法院（2020）最高法知行终35号判决（2020年8月13日）

3. 案由

发明专利申请驳回复审行政纠纷

【简要案情】

本涉案及名称为“一种肿瘤靶向性肿瘤坏死因子相关凋亡配体变体及其应用”的发明专利申请，申请人为靶标生物医药公司、南大研究院，涉及肿瘤靶向性肿瘤坏死因子相关凋亡配体变体融合蛋白质领域。本申请要解决的技术问题是构建一种带有连接肽的肿瘤靶向性肿瘤坏死因子相关凋亡配体变体融合蛋白质。经实质审查，国家知识产权局原审查部门以涉案申请权利要求1—14请求保护的技术方案不具有创造性为由，驳回了涉案申请。靶标生物医药公司、南大研究院向国家知识产权局原复审部门提出复审请求，国家知识产权局复审后认为图书《肿瘤研究前沿》第8卷能够证明相关技术知识属于公知常识，在对比文件3的基础上结合对比文件1、本领域公知常识以及本领域常规技术手段得出涉案专利权利要求1所要求保护的技术方案，对本领域的技术人员来说是显而易见的，因此权利要求1所要求保护的技术方案不具备创造性，遂作出被诉决定，维持了驳回决定。靶标生物医药公司、南大研究院不服，提起行政诉讼。北京知识产权法院判决撤销国家知识产权局的复审决定。国家知识产权局不服，上诉至最高人民法院，其主要上诉理由为：（1）在被诉决定作出之前，《肿瘤研究前沿》第8卷这一份证据已通过复审通知书告知靶标生物医药公司和南大研究院，并给予了陈述意见的机会。在答复复审通知书的意见陈述书中，靶标生物医药公司和南大研究院对于复审通知书采用《肿瘤研究前沿》第8卷来说明相关公知常识并未提出任何异议。（2）《肿瘤研究前沿》第8卷并非期刊，而是图书。医学属于知识更新速度相对比较快的领域，并非知识更新速度较为迟缓的领域，被诉决定所引用的《肿瘤研究前沿》第8卷中所涉及的NGR相关技术知识并非前沿进展，而是早已为本领域所熟知的公知常识，即使不将《肿瘤研究前沿》第8卷视为公知常识性证据，现有技术中也有多本书籍、多篇文献可以证明被诉决定所引用的《肿瘤研究前沿》第8卷中所涉及的NGR序列多肽相关技术知识是本领域的公知常识。国家知识产权局在二审中提交了涉案申请公开日前的图书、期刊论文等，意图补充证明《肿瘤研究前沿》第8卷中所涉及的NGR序列多肽相关技术知识是本领域的公知常识。

【案件焦点】

1. 涉案《肿瘤研究前沿》第8卷是否属于公知常识性证据；

2. 二审程序中，是否应允许国家知识产权局提交新证据用于公知常识的证明。

【裁判结果】

最高人民法院经审理认为，相关技术领域公知常识的认定，直接决定了该领域普通技术人员所应具备的技术知识和认知能力，进而对创造性判断具有重要影响。因此，对于公知常识的认定应该以确凿无疑为标准，应该有充分的证据或者理由支持，不应过于随意化。一般而言，对于相关技术知识是否属于公知常识，原则上可以通过技术词典、技术手册、教科书等所属技术领域中的公知常识性证据加以证明；在难以通过技术词典、技术手册、教科书等公知常识性证据予以证明的情况下，也可以通过所属领域的多份非公知常识性证据，例如多篇专利文献、期刊等相互印证以充分证明该技术知识属于公知常识，但这种证明方式应遵循更严格的证明标准。对于技术词典、技术手册、教科书之外的文献，判断其是否属于记载本领域基本技术知识的公知常识性证据，则需要结合该文献的载体形式、内容及其特点、受众、传播范围等具体认定。《肿瘤研究前沿》第8卷虽然属于图书，但并非通常意义上的教科书，尚不足以认定属于公知常识性证据。

被诉决定以《肿瘤研究前沿》第 8 卷作为公知常识性证据予以使用，依据不足。

最高人民法院还指出，关于国家知识产权局提交的用于证明公知常识的新证据是否应予接受及其证明力问题。新证据本质上变更了被诉决定的认定理由和依据。被诉决定系将《肿瘤研究前沿》第 8 卷认定为所属技术领域中类似于教科书的公知常识性证据，并因此将涉案 NGR 序列多肽相关技术知识认定为公知常识。国家知识产权局在二审阶段提交的新证据系涉案申请公开日前的图书、期刊论文，其意在通过多份现有技术文献相互印证的方式证明涉案 NGR 序列多肽相关技术知识属于公知常识。这一证明方式本质上并非补充证明被诉决定的理由和依据，而是实际变更了被诉决定的认定理由和逻辑。

综上所述，最高人民法院判决：驳回上诉，维持原判。

【裁判摘要评析】

本案中，最高人民法院明确了相关技术领域公知常识和公知常识性证据的认定标准，并对二审程序中提交的新证据是否应予接受等程序性问题进行了分析，对办理类似案件具有指导意义。

一、公知常识的认定与证明

第一，关于公知常识及其证明方法。首先，相关技术领域公知常识的认定，直接决定了该领域普通技术人员所应具备的技术知识和认知能力，进而对创造性判断具有重要影响。因此，对于公知常识的认定应该以确凿无疑为标准，应该有充分的证据或者理由支持，不应过于随意化。一般而言，对于相关技术知识是否属于公知常识，原则上可以通过技术词典、技术手册、教科书等所属技术领域中的公知常识性证据加以证明；在难以通过技术词典、技术手册、教科书等公知常识性证据予以证明的情况下，也可以通过所属领域的多份非公知常识性证据，例如多篇专利文献、期刊等相互印证以充分证明该技术知识属于公知常识。其次，公知常识性证据是指技术词典、技术手册、教科书等记载本领域基本技术知识的文献。如无相反证据，技术词典、技术手册、教科书记载的技术知识可以推定为公知常识。对于技术词典、技术手册、教科书之外的文献，判断其是否属于记载本领域基本技术知识的公知常识性证据，则需要结合该文献的载体形式、内容及其特点、受众、传播范围等具体认定。

第二，关于本案中《肿瘤研究前沿》第 8 卷是否属于公知常识性证据的具体判断。首先，从载体形式看，《肿瘤研究前沿》第 8 卷属于图书。《肿瘤研究前沿》第 8 卷的图书在版编目（CIP）显示其书号为 ISBN 978-7-8108-6559-3，ISBN 是国际标准书号的代称，在我国已使用多年，故应当认定《肿瘤研究前沿》第 8 卷属于图书。原审判决认定其属于期刊，有失准确。其次，从内容及其特点看，《肿瘤研究前沿》第 8 卷虽然属于图书，却并不属于一般性教科书。该书的序言指出，其尽力以最通俗的语言将目前世界上肿瘤研究的最新进展介绍给同行及相关研究人员，具有专著、综述、述评、科普读物等诸种文献的特点，以包容性、先进性、焦点争论为特色。这表明，该书旨在介绍世界肿瘤研究的最新进展，并非讲述肿瘤研究领域一般性技术知识，不属于通常意义上的教科书。最后，从受众、传播范围方面看，亦难以认定《肿瘤研究前沿》第 8 卷属于教科书。该书版权页“内容简介”记载“本书可作为相关专业研究人员的参考用书，也可供高校、医院的相关人员阅读使用”，同样表明其并非通常意义上的教科书，而是专业研究人员的参考用书。此外，本案并未有其他证据表明，该书在相关领域已经成为研究人员的普遍参考用书。综合上述因素，可以认定《肿瘤研究前沿》第 8 卷虽然属于图书，但并非通常意义上的教科书，尚不足以认定属于公知常识性证据。因此，本案被诉决定以《肿瘤研究前沿》第 8 卷作为公知常识性证据予以使用，依据不足。

二、二审程序中提交新证据的审查标准

关于二审中提交的新证据是否可予接受，应当综合具体案情的实际情况进行评判。

首先，本案新证据本质上变更了被诉决定的认定理由和依据。被诉决定系将《肿瘤研究前沿》第 8 卷认定为所属技术领域中类似于教科书的公知常识性证据，并因此将涉案 NGR 相关技术知识认定为公知常识。国家知识产权局在二审阶段提交的新证据系涉案申请公开日前的图书、期刊论文，其意在通过多份现有技术文献相互印证的方式证明涉案 NGR 相关技术知识属于公知常识。这一证明方式本质上并非补充证明被诉决定的理由和依据，而是实际变更了被诉决定的认定理由和逻辑。

其次，靶标生物医药公司和南大研究院在原审起诉时已经对涉案 NGR 相关技术知识属于公知常识提出疑问。国家知识产权局在原审中并未提供新证据，在二审程序中才予提交且并未给出合理解释。

再次，由于国家知识产权局在二审中才提出新证据，靶标生物医药公司和南大研究院在一审中无法对此发表意见，原审法院对此亦未予以审理。

最后，即便二审法院不予接受本案新证据，国家知识产权局重做作出复审决定时，仍可引入该新证据并在听取靶标生物医药公司和南大研究院的意见后作出决定。

因此，综合考虑本案新证据的证明对象、提交时机以及维护当事人正当程序利益等因素，对本案中的新证据不予接受。

最高人民法院二审合议庭成员：朱理　原晓爽　傅蕾

（编写人：刘清启* 审稿人：丁文严）

---

* 刘清启，法学硕士，中华人民共和国最高人民法院知识产权法庭，法官助理。

诺奥思
诉
国家知识产权局
商标申请驳回复审行政纠纷案

——英文商标显著性的司法审查标准

【裁判摘要】

判断诉争商标是否属于《商标法》规定的不得作为商标注册的标志，应当以该标志所指定使用商品或服务的相关公众的普遍通常认识为判断标准，在审查中考量标志本身与其指定使用的商品或服务的关联程度，使用上能否发挥标识、区别商品或服务来源的作用。对诉争商标的显著性须以标志整体构成要素和含义进行判断，不能对特定要素进行片面拆分与割裂。

【案件基本信息】

1. 诉讼当事人

再审申请人（一审原告、二审上诉人）：诺奥思

被申请人（一审被告、二审被上诉人）：国家知识产权局

2. 案件索引与裁判日期

一审：北京知识产权法院（2019）京73行初9638号判决（2019年9月19日）

二审：北京市高级人民法院（2020）高行终485号判决（2020年5月28日）

再审：最高人民法院（2022）最高法行再4号判决（2022年5月9日）

3. 案由

商标申请驳回复审行政纠纷

【简要案情】

2018 年 2 月 2 日，诺奥思申请注册第 29087232 号“BIODERMA”商标，指定使用商品类别为第 5 类 0501—0508 群组：医药制剂、护肤药剂、医用营养品、维生素制剂等。

2019 年 3 月 5 日，国家知识产权局[1]作出商评字〔2019〕第 45421 号《关于第 29087232 号“BIODERMA”商标驳回复审决定书》，认为：诉争商标使用在“医药制剂、护肤药剂”等商品上直接表示了商品的功能用途等特点，使用在“医药制剂、护肤药剂”等以外的商品上易使消费者产生误认，已构成 2013 年修正的《商标法》第 10 条第 1 款第 7 项、第 11 条第 1 款第 2 项所指情形；诺奥思所述其他商标获准注册的情况不能成为诉争商标予以初步审定的当然依据；对诉争商标在复审商品上的注册申请予以驳回。

诺奥思不服，向北京知识产权法院提起一审诉讼。

一审法院于 2019 年 9 月 19 日作出（2019）京 73 行初 9638 号判决，认为：诉争商标使用在“医药制剂、护肤药剂”等商品上构成 2013 年《商标法》第 11 条第 1 款第 2 项所指情形；诉争商标指定使用在“医用营养品、维生素制剂”等商品上构成 2013 年《商标法》第 10 条第 1 款第 7 项所指情形；诺奥思提交的证据不能证明诉争商标已在复审商品上经使用并获得了极高知名度和显著性。一审判决：驳回诺奥思的诉讼请求。

二审法院于 2020 年 5 月 28 日作出（2020）高行终 485 号判决，驳回上诉，维持一审判决。

判决生效后，诺奥思向最高人民法院申请再审，放弃诉争商标的指定商品“卫生消毒剂、医用营养品、维生素制剂、医用放射性物质、医用氧、心电图电极用化学导体、医用营养食物、牙用研磨剂、隐形眼镜清洁剂、医用胶布、宠物尿布、微生物用营养物质、动物用洗涤剂（杀虫剂）、婴儿

---

〔1〕 根据 2018 年国务院机构改革方案，原国家工商行政管理总局、商标评审委员会的相关职责由国家知识产权局统一行使。

尿布、牙用光洁剂、人工授精用精液、空气净化制剂、杀昆虫剂”，仅针对诉争商标在“医药制剂、护肤药剂、皮肤病用医药制剂”三项商品上申请再审。请求撤销一审、二审法院判决，撤销被诉决定，判令国家知识产权局依法重新作出行政决定。

【案件焦点】

诉争商标在“医药制剂、护肤药剂、皮肤病用医药制剂”三项商品上的注册是否违反了2013年《商标法》第11条第1款第2项规定之情形。

【裁判结果】

最高人民法院经审理认为，2013年《商标法》第11条第1款第2项规定，仅直接表示商品的质量、主要原料、功能、用途、重量、数量及其他特点的标志，不得作为商标注册。

《审理商标授权确权行政案件规定》第7条规定，人民法院审查诉争商标是否具有显著特征，应当根据商标所指定使用商品的相关公众的通常认识，判断该商标整体上是否具有显著特征。第8条规定：“诉争商标为外文标志时，人民法院应当根据中国境内相关公众的通常认识，对该外文商标是否具有显著特征进行审查判断。标志中外文的固有含义可能影响其在指定使用商品上的显著特征，但相关公众对该固有含义的认知程度较低，能够以该标志识别商品来源的，可以认定其具有显著特征。”

根据上述规定，判断诉争商标是否属于上述规定所指的不得作为商标注册的标志，应当以标志所指定使用商品或服务的相关公众的普遍通常认识为判断标准，在审查中考量标志本身与其指定使用的商品或服务的关联程度，使用上能否发挥标识、区别商品或服务来源的作用。对诉争商标的显著性须以标志整体构成要素和含义进行判断，不能对特定要素进行片面拆分与割裂。

本案中，诉争商标为“BIODERMA”，由词根“BIO”与“DERMA”组合构成。虽然“BIO”有生物的含义，“DERMA”有“真皮”的含义，但根据再审查明的事实，“DERMA”并非常用词根，以中国相关公众对英文商标的一般认知水平和能力，通常不会将“BIODERMA”理解为“生物真皮”，诉争商标整体上使用于所核定使用的“医药制剂、护肤药剂、皮肤病用医药制剂”商品，相关公众不易将之理解为系对原料、功能、用途等特点的直接描述。判断诉争商标的显著性，应主要从其整体构成要素和含义进行考量，拆分之后的词根释义组合不能简单机械地作为“BIODERMA”具有固有含义的认定依据。“BIODERMA”在常用英汉词典以及专业医学词典中均未收录。另外，诺奥思的第9092135号“BIODERMA”商标已于2013年12月21日获得核准注册，该商标核定使用的商品部分包含了诉争商标指定使用的商品。百度翻译、谷歌和金山词霸、有道词典等网络在线词典均将“BIODERMA”译为“贝德玛”（诺奥思在中国的子公司商号及中文商标），必应词典将“BIODERMA”译为“贝德玛”“法国贝德玛”，可以佐证诉争商标发挥了识别、区别商品来源的作用，故原审法院关于诉争商标构成2013年《商标法》第11条第1款第2项规定情形的认定缺乏事实和法律依据，本院依法予以纠正。

【裁判摘要评析】

一、商标注册之显著性要求

商标的基本功能在于区分商品或服务的来源，而要实现这一基本的功能，作为商标使用的标志就必须具有足够的显著性，使相关公众能够将其作为区分商品或服务来源的标志加以识别。显著性是指该标志使用在具体的商品或服务上时，标注该标志能够让消费者根据其一般或特殊的消费体验认为它应该或者实际指向特定的商品或服务提供人。[1] 作为商标的核心要件，显著性在商标法中是非常重要的，“显著性概念是商标法运转的枢纽”[2] 且“商标显著性之有无，以及显著性之强弱，将影响及商标之可注册性以及其受保护之范围”[3]。显著性是商标取得注册的客观要件，《商标法》对商标注册所必需的显著性进行了明确规定。

《商标法》第9条规定，申请注册的商标，应当有显著特征，便于识别，并不得与他人在先取得的合法权利相冲突。《商标法》第11条规定，下列标志不得作为商标注册：（1）仅有本商品的通用名称、图形、型

---

〔1〕参见黄晖：《商标法》（第2版），法律出版社2016年版，第59页。

〔2〕Barton Beebe, *The Semiotic Analysis of Trademark Law*, 51 UCLA L. Rev. 625 (2004).

〔3〕曾陈明汝：《商标法原理》，中国人民大学出版社2003年版，第131页。

号的；（2）仅直接表示商品的质量、主要原料、功能、用途、重量、数量及其他特点的；（3）其他缺乏显著特征的。前款所列标志经过使用取得显著特征，并便于识别的，可以作为商标注册。第 11 条从反面对不具有显著性的标志情形进行了例示性规定，进一步具体地明确了显著性的要求。其中，第 11 条第 1 款涉及商标固有显著性的问题，第 2 款则涉及商标获得显著性。

根据固有显著性的强弱高低，通常会划分为臆造的标志、任意的标志、暗示性标志、描述性标志和通用标志。前三者具有足够的显著性，是具有固有显著性的可注册商标。描述性标志和通用标志则不具有最低的显著性，不具备注册条件。

本案商标申请人在再审申请阶段放弃了在部分指定商品类别上的申请，仅针对“医药制剂、护肤药剂、皮肤病用医药制剂”三项商品，故本案仅涉及对是否符合《商标法》第 11 条第 1 款第 2 项固有显著性的审查，须审查是否属于描述性标志。

二、英文商标的显著性审查判断

《商标审查审理指南（2021）》对《商标法》第 11 条第 1 款第 2 项的审查作如下规定：“仅直接表示”是指申请商标仅由对指定商品或服务的质量、主要原料、功能、用途、重量、数量及其他特点，具有直接说明性和描述性的标志构成，或者商标虽然包含其他构成要素，但整体上仅直接表示。

《审理商标授权确权行政案件规定》第 7 条规定，人民法院审查诉争商标是否具有显著特征，应当根据商标所指定使用商品的相关公众的通常认识，判断该商标整体上是否具有显著特征。第 8 条规定：“诉争商标为外文标志时，人民法院应当根据中国境内相关公众的通常认识，对该外文商标是否具有显著特征进行审查判断。标志中外文的固有含义可能影响其在指定使用商品上的显著特征，但相关公众对该固有含义的认知程度较低，能够以该标志识别商品来源的，可以认定其具有显著特征。”

根据前述规定，结合近年来司法实践中对英文商标的显著性审查，在进行具体的审查判断中主要须考量以下因素。

一是以相关公众的普遍通常认识为判断标准。首先，判断主体须是相关公众。商标的经济功能是消除经营者与消费者之间关于商品信息的不对称，减少消费者的搜寻成本。由于只有具有显著性的商标才能在信道中传输，才更容易为消费者所接受。商标的经济功能及其发挥机理决定了商标显著性的判断主体只能是消费者。[1] 考量商标的显著性时，须站在消费者作为相关公众的角度，而不能是专业人士或商标审查员或法官的角度。其次，在对英文商标的含义进行是否系描述性判断时，应当在结合音、形的基础上，以诉争商标指定使用的商品或服务的相关公众（消费者）的一般认知能力和水平为基准进行考量，而不能脱离普遍通常的认识。本案中，诉争商标“BIODERMA”由词根“BIO”和“DERMA”组合构成。虽然“BIO”有生物的含义，为常用词根，但“DERMA”并非常用词根，再审查明《朗文当代英语大辞典》《牛津高阶英语词典》等7个国内综合词典及医学相关专业词典均未收录“DERMA”一词，以中国相关公众对英文商标的一般认知水平和能力，通常不会将诉争商标理解为“生物真皮”。

在“AIRLIQUIDE”商标申请驳回复审行政纠纷案[2]中，北京市高级人民法院认为：诉争商标由英文“AIR”和法文“LIQUIDE”构成。上述两词汇均各自有固定的含义，“AIR”一词有“空气、天空、曲调”等含义；“LIQUIDE”一词有“液态的、稀薄的”等含义。根据中国相关公众的通常认知水平，对于“AIR”一词的认知度较高，但对于“LIQUIDE”一词的认知度较低，对于上述两词汇的组合，中国相关公众通常不会将其理解为“液化气、液化气体”的含义。因此，诉争商标指定使用在第1类的液化二氧化碳商品上，第6类的压缩气体瓶……生产二氧化碳设备商品上，能够起到识别商品来源的作用，具有显著特征。

在“永恒印记”商标争议行政纠纷案[3]中，最高人民法院在审查外文商标“FOREVERMARK”与中文商标“永恒印记”是否构成近似时指

---

〔1〕 参见王太平：《商标法——原理与案例》，北京大学出版社，2015年版，第81页。

〔2〕 参见乔治洛德方法研究和开发液化空气有限公司诉国家工商行政管理总局商标评审委员会商标申请驳回复审行政纠纷案，北京市高级人民法院行政判决书（2017）京行终1621号。

〔3〕 参见戴比尔斯百年有限公司诉国家工商行政管理总局商标评审委员会商标争议行政纠纷案，最高人民法院行政裁定书（2014）知行字第49号。

出，需要考虑我国相关公众对英文文字的认知水平和引证的英文商标词汇自身的常用程度。

二是在确定英文商标对应的含义时要着眼于整体。在考量英文商标是否存在《商标法》第 11 条第 1 款规定的情形时，主要是考察英文商标对应的中文含义是否具有上述情形，那么确定英文商标对应的含义在显著性判断中是非常关键的环节。《商标审查指南》指出，判断“仅直接表示”必须结合商标指定的商品或者服务、相关公众的认知习惯等因素，不能机械地因其包含直接说明性和描述性要素就进行认定，商标整体上是对指定的商品或者服务特点的描述的，才会被禁止注册。

认定构成描述性商标，要考量商标构成要素对于商品特征的描述是否达到直接、具体和明确的程度。如果达到这种程度，就可以认定该标志系对于商品的描述性表达，而不再被当作商标来发挥识别商品来源的作用。

确定英文商标对应含义时，不能一味地机械拆分英文商标。英文商标中有不少是词根的组合，但确定其中文含义时不能片面化地进行绝对拆分，而是要着眼于消费者看到英文商标的整体感知。本案中“BIODERMA”在常用英汉词典及专业医学词典中均未收录，百度翻译、谷歌和金山词霸、有道词典等网络在线词典均将“BIODERMA”译为“贝德玛”（诺奥思在中国的子公司商号及中文商标），必应词典将其译为“贝德玛”“法国贝德玛”，可以佐证诉争商标发挥了识别、区别商品来源的作用。对于消费者而言，更多的是将“BIODERMA”识别为一个商标，而不是“生物真皮”。诉争商标并未提供有关指定使用商品特性的更加具体充分的信息，所以国家知识产权局和原审法院将其认定为描述性商标是不妥当的。

最高人民法院再审合议庭成员：毛立华　李嵘　江建中

（编写人：毛立华[*]　唐弦[**]　审稿人：丁文严）

---

[*] 毛立华，法学博士，中华人民共和国最高人民法院执行局副局长，二级高级法官。

[**] 唐弦，法学硕士，中华人民共和国最高人民法院民事审判第三庭，一级高级法官助理，挂任河北雄安新区中级人民法院综合审判庭副庭长。

东方风行（北京）传媒文化有限公司
诉
国家知识产权局
商标异议复审行政纠纷案

——对《商标法》第 32 条后半段的审查

【裁判摘要】

1. 商标申请人举证证明其申请商标注册具有正当性，没有利用在先使用商标商誉之恶意的，不构成《商标法》第 32 条后半段关于申请商标注册“不得以不正当手段抢先注册他人已经使用并有一定影响的商标”的规定。

2. 我国《商标法》实行商标权注册取得制度，采取申请在先原则，并未规定只有在先使用商标才可申请注册，亦未规定因共同使用商标或共同对商标商誉作出贡献而成为共同商标权人。在缺乏法律明确规定及合同依据的情况下，不能采取财产共有的思路认定商标商誉应当共享，否定申请人在先申请商标注册的合法资格。

【案件基本信息】

1. 诉讼当事人

再审申请人（一审原告、二审被上诉人）：东方风行（北京）传媒文化有限公司（以下简称东方风行传媒公司）

被申请人（一审第三人、二审上诉人）：海南海视旅游卫视传媒有限责任公司（以下简称旅游卫视公司）

一审被告：国家知识产权局

2. 案件索引与裁判日期

一审：北京知识产权法院（2015）京知行初字第 4913 号判决（2018 年 3 月 26 日）

二审：北京市高级人民法院（2018）京行终4403号判决（2018年11月5日）

再审：最高人民法院（2021）最高法行再261号判决（2021年12月17日）

3. 案由

商标异议复审行政纠纷

【简要案情】

第6925383号“美丽俏佳人及图”商标（以下简称诉争商标）由东方风行传媒公司于2008年8月29日向国家工商行政管理总局商标局（以下简称商标局）提出注册申请，指定使用在第41类“学校（教育）、节目制作、健身俱乐部”等服务项目上，后经商标局初步审定，于2012年11月6日予以公告。《美丽俏佳人》节目由北京东方欢腾文化艺术发展有限公司（以下简称东方欢腾文化公司）于2005年下半年开始筹备并制作。2006年和2007年，东方欢腾文化公司与旅游卫视公司签订合作协议，约定《美丽俏佳人》节目由双方共同投资，东方欢腾文化公司制作，节目著作权归双方共同所有。2008年1月，东方风行传媒公司与旅游卫视公司签订合作协议，约定《美丽俏佳人》节目由双方共同投资，东方风行传媒公司制作，节目著作权归双方共同所有。2006年1月，《美丽俏佳人》节目在旅游卫视首播，此后持续在该平台播放至2012年12月31日。经过持续播放和宣传，在诉争商标申请日前，“美丽俏佳人”标识在电视文娱节目上已构成有一定影响的未注册商标。2008年1月，东方欢腾文化公司与东方风行传媒公司签订合同，约定东风欢腾文化公司将其与旅游卫视公司共同享有的2006—2007年的《美丽俏佳人》（集数共312期）电视节目著作权转让给东方风行传媒公司。东方欢腾文化公司注销后，其股东出具说明，明确自2008年1月15日起，将包括“美丽俏佳人”美术作品著作权在内的全部权益转让给东方风行传媒公司。旅游卫视公司于2014年4月10日向国家工商行政管理总局商标评审委员会（以下简称商标评审委员会）提出异议复审申请，商标评审委员会于2015年7月7日作出商评字〔2015〕第47798号《关于第6925383号“美丽俏佳人及图”商标异议复审裁定书》（以下简称第 47798 号裁定)，认为“美丽俏佳人”文字所承载的财产价值由旅游卫视公司与东方风行传媒公司共同实现，双方当事人均有权享有“美丽俏佳人”背后所承载的商誉并进行延续性的市场运营，故诉争商标在“广播和电视节目制作”等 18 项服务项目上，违反了 2013 年《商标法》第 32 条关于“申请商标注册不得以不正当手段抢先注册他人已经使用并有一定影响的商标”之规定，不应予以核准注册。诉争商标在其余服务上，予以核准注册。东方风行传媒公司不服第 47798 号裁定，向一审法院提起诉讼。

一审法院于 2018 年 3 月 26 日作出（2015）京知行初字第 4913 号判决，撤销第 47798 号裁定；商标评审委员会重新作出裁定。旅游卫视公司不服，向二审法院提起上诉。二审法院于 2018 年 11 月 5 日作出（2018）京行终 4403 号判决，撤销一审判决，驳回东方风行传媒公司的诉讼请求。

东方风行传媒公司不服，向最高人民法院申请再审，请求撤销二审判决，维持一审判决。

【案件焦点】

1. 东方风行传媒公司申请注册诉争商标是否存在主观恶意；

2. 第 47798 号裁定认为旅游卫视公司与东方风行传媒公司均有权享有诉争商标所承载的商誉并进行延续性的市场运营、不允许东方风行传媒公司申请诉争商标注册是否正确。

【裁判结果】

最高人民法院经审理认为，2013 年《商标法》第 32 条后半段必须具备的条件之一是商标申请人具有主观恶意，即以不正当手段抢先注册商标。本案东方风行传媒公司于 2008 年 8 月 29 日向商标局提出诉争商标的注册申请，申请注册在第 41 类“广播和电视节目制作、电视文娱节目”等服务项目上，具有正当性，不存在主观恶意。因此，诉争商标的注册未违反 2013 年《商标法》第 32 条后半段关于申请商标注册“不得以不正当手段抢先注册他人已经使用并有一定影响的商标”的规定。二审法院未全面考虑 2013 年《商标法》第 32 条后半段的适用要件，适用法律有误。在缺乏法律明确规定及合同依据的情况下，商标评审委员会作出的第 47798 号裁定，进行商誉贡献的分析判断，采取财产共有的思路进而得出旅游卫视公司与东方风行传媒公司共享诉争商标商誉、排除东方风行传媒公司在先申请的结论，适用法律错误。东方风行传媒公司的部分申请再审理由成立。一审判决结果正确，应予维持。二审判决适用法律错误，应予纠正。因此，判决撤销二审判决，维持一审判决。

【裁判摘要评析】

本案核心争议是诉争商标的申请注册是否违反《商标法》第 32 条后半段规定即申请商标注册“不得以不正当手段抢先注册他人已经使用并有一定影响的商标”，更深层次的问题是如何看待我国商标注册取得制度与未注册商标权益的关系。

一、我国《商标法》确立的商标权注册取得制度

商标权[1]的产生有两种制度：使用取得和注册取得。我国《商标法》制定之初就确定了商标权注册取得制度。2013 年《商标法》第 3 条第 1 款规定：“经商标局核准注册的商标为注册商标，包括商品商标、服务商标和集体商标、证明商标；商标注册人享有商标专用权，受法律保护。”第 4 条规定：“自然人、法人或者其他组织在生产经营活动中，对其商品或者服务需要取得商标专用权的，应当向商标局申请商标注册……本法有关商品商标的规定，适用于服务商标。”依上述规定，注册商标专用权产生于商标申请和核准注册，相关主体取得商标专用权的途径是申请注册。

2013 年《商标法》第 31 条规定：“两个或者两个以上的商标注册申请人，在同一种商品或者类似商品上，以相同或者近似的商标申请注册的，初步审定并公告申请在先的商标；同一天申请的，初步审定并公告使用在先的商标，驳回其他人的申请，不予公告。”由此可见，在注册取得制度下，我国商标法实行申请在先原则，仅在同一天申请的时候才适用使用在先原则。

商标权注册取得制度具有快速确权、降低信息查询成本等积极功

[1] 商标权有广义和狭义之分。广义上的商标权不仅包括注册商标人享有的注册商标使用权与禁止权（狭义上的商标权），也包含一定范围内的未注册商标人所享有的不完整的商标权（一定条件下的注册抗辩权以及在先使用权等权利）。注册商标专用权指的是，注册商标所有人所享有的独占使用权（包含了禁止权）。参见冯文杰：《我国商标专用权取得制度的反思与重构》，载《上海政法学院学报（法治论丛）》2018 年第 4 期。此处是在狭义上使用商标权。

能，但是也产生了“抢注”商标等有失公平的现象。为了平衡各方当事人的利益，兼顾公平原则，我国商标法对未注册商标亦予以一定程度的保护，如2013年《商标法》第13条第2款、第15条、第32条后半段、第59条第3款等。对于在先使用并具有一定影响的未注册商标，一方面，2013年《商标法》第32条后半段禁止他人恶意抢注；另一方面，2013年《商标法》第59条第3款允许在先使用人在原有范围内继续使用。虽然《商标法》加强了对未注册商标的保护，但对未注册商标的保护原则上弱于注册商标，且注册取得商标权制度在我国仍具有重要意义。商标具有不同于其他知识产权客体的特征。作为一种知识或信息，发明、作品等的投入是一次性的，一旦生产出来就不会灭失，具有永存性；而商标具有动态性。只有商标稳定、确定地由某个主体所有和控制，该主体才能更好地利用商标，促进商标的形成，维持商标的存在，避免商标的消亡。商标法正是将商标稳定确定地由某个主体所有和控制的制度，为某个企业提供与某个标志建立独占性联系的机会。[1]

二、在商标注册制度之下，对2013年《商标法》第32条后半段的理解

2013年《商标法》第32条[2]是2001年修改商标法时新增加的，后半段的内容来自《商标法实施细则》（1993年修正）第25条第1款第2项的规定，违反诚实信用原则，以复制、模仿、翻译等方式，将他人已为公众熟知的商标进行注册的，属于《商标法》（1993年修正）第27条第1款所指的以欺骗手段或者其他不正当手段取得注册的行为。2013年《商标法》第32条后半段是诚实信用原则的具体落实条款。

关于2013年《商标法》第32条后半段的具体适用。《审理商标授权确权行政案件若干问题的意见》第18条规定：“根据商标法的规定，申请人不得以不正当手段抢先注册他人已经使用并有一定影响的商标。如果申请人明知或者应知他人已经使用并有一定影响的商标而予以抢注，即可认定其采用了不正当手段。在中国境内实际使用并为一定范围的相关公众所知晓的商标，即应认定属于已经使用并有一定影响的商标。有证据证明在先

---

〔1〕 参见王太平：《我国普通未注册商标与注册商标冲突之处理》，载《知识产权》2020年第6期。

〔2〕 2013年《商标法》第32条与2001年《商标法》第31条规定相同。

商标有一定的持续使用时间、区域、销售量或者广告宣传等的，可以认定其有一定影响。对于已经使用并有一定影响的商标，不宜在不相类似商品上给予保护。”《审理商标授权确权行政案件规定》第23条规定：“在先使用人主张商标申请人以不正当手段抢先注册其在先使用并有一定影响的商标的，如果在先使用商标已经有一定影响，而商标申请人明知或者应知该商标，即可推定其构成‘以不正当手段抢先注册’。但商标申请人举证证明其没有利用在先使用商标商誉的恶意的除外。在先使用人举证证明其在先商标有一定的持续使用时间、区域、销售量或者广告宣传的，人民法院可以认定为有一定影响。在先使用人主张商标申请人在与其不相类似的商品上申请注册其在先使用并有一定影响的商标，违反《商标法》第三十二条规定的，人民法院不予支持。”根据前述规定，2013年《商标法》第32条后半段规定的申请商标注册“不得以不正当手段抢先注册他人已经使用并有一定影响的商标”的构成要件包括：一是诉争商标与在先使用商标构成使用在同一种或者类似商品上的相同或者近似商标；二是在先使用商标已经使用并有一定影响；三是诉争商标申请人是以不正当手段抢先注册，即诉争商标申请人明知他人在先使用商标，具有利用在先使用商标商誉的恶意。该条规制的典型情形是恶意抢注他人已经使用并有一定影响的未注册商标，而普通的不具有一定影响的未注册商标或者商标申请人不具有恶意的申请注册，不在本条的规制范围内。本条款必须具备的一个条件就是商标申请人具有恶意。如申请人能够举证证明其申请注册商标具有正当性，没有利用在先使用商标商誉的恶意，则不违反本规定。

三、关于恶意要件在本案中的适用

本案中，在诉争商标申请日前，“美丽俏佳人”标识在电视文娱节目上已构成有一定影响的未注册商标。旅游卫视公司在东方风行传媒公司之前已使用该标识。虽然一般情况下，诉争商标申请人明知该商标已被他人在先使用并有一定影响而申请注册即可推定其具有利用他人商标商誉获利的意图，但是根据以下事实可知东方风行传媒公司申请诉争商标具有正当性，不具有利用在先使用商标商誉的恶意：其一，虽然旅游卫视公司与东方欢腾文化公司或东方风行传媒公司先后签订的合作协议均约定，双方共同享有《美丽俏佳人》节目的著作权，但并未约定“美丽俏佳人”作为商标的权益归属。其二，本案诉争商标为图文商标，标志与“美丽俏佳人”美术作品完全相同。“美丽俏佳人”美术作品系2005年许××受东方欢腾文化公司委托而创作，著作权归东方欢腾文化公司享有。在东方欢腾文化公司注销后，该美术作品的著作权转移至东方风行传媒公司。其三，《美丽俏佳人》节目最初由东方欢腾文化公司策划与制作。在诉争商标申请日之前，东方风行传媒公司已实际开展《美丽俏佳人》节目制作服务。根据前述事实，东方风行传媒公司对诉争商标标志享有美术作品著作权，且在诉争商标申请日前实际使用了诉争商标，相关公众亦将东方风行传媒公司与诉争商标建立了联系，东方风行传媒公司在第41类“广播和电视节目制作、电视文娱节目”等服务项目上申请注册诉争商标具有正当性，应当受到商标法的保护。

四、关于“美丽俏佳人”标识所承载的商誉归属与商标申请注册的关系问题

商标评审委员会认为，“美丽俏佳人”文字所承载的财产价值由旅游卫视公司与东方风行传媒公司共同实现，双方当事人均有权享有“美丽俏佳人”背后所承载的商誉并进行延续性的市场运营，故“美丽俏佳人”不宜由东方风行传媒公司一方独享和垄断，诉争商标若获准注册易妨碍旅游卫视公司合法权益的实现。对此，分析如下：首先，商标评审委员会前述观点源于财产权劳动学说，〔1〕但是我国《商标法》规定的注册取得商标专用权制度是以注册取得财产权为基础的，即商标注册并不以注册前商标实际使用（付出劳动）为前提。对于未注册商标权益的保护应结合具体的法律条文来分析。比如，本案当行政机关判断申请注册的商标是否违反2013年

〔1〕劳动财产理论或财产权劳动理论是以人的劳动来解释财产权获得依据的一种理论。该理论主要源于洛克自然法哲学中的财产权劳动学说。人格理论常被用于论证著作权产生的正当性，该理论反映出某些非经济因素对法律制度的影响，但它忽略了经济基础（生产关系）对法律的决定作用。激励理论倾向于从激励创造、激励投资的角度来解释知识产权的存在原因或正当性。在论证知识产权正当性的各种学说中，激励理论一般被认为是最有力和最广泛适用的理论。参见杨源哲：《基于唯物史观的知识产权正当性学说反思》，载《求索》2016年第8期。关于知识产权的正当性问题，诚如有学者指出的，知识产权制度是制度自身价值和工具价值的统一，知识产权的合理性论证应是正义价值和效率价值的统一，单独的劳动财产权理论和激励理论均存在一定缺陷，不可能解决知识产权合理性论证的所有问题。参见韦稼霖：《自然权利还是功利性选择：对知识产权合理性的反思》，载《党政研究》2017年第3期。

《商标法》第32条后半段的规定时，须对在先使用商标的商誉是否达到有一定影响的程度、商标申请人是否有利用在先使用商标商誉的恶意等一系列构成要件综合分析。其次，在权利的归属方面，我国《商标法》与《著作权法》《专利法》的规定有所不同。根据《著作权法》的规定，著作权一般属于创作作品的人即作者。两人以上合作创作的作品，著作权由合作作者共同享有。根据《专利法》的规定，非职务发明创造，申请专利的权利属于发明人或者设计人，即对发明创造的实质性特点作出创造性贡献的人。合作、委托完成的发明创造，除另有协议的以外，申请专利的权利属于完成或者共同完成的单位或者个人。而商标注册采取申请在先原则，《商标法》既未规定只有在先使用商标才可申请注册，亦未规定因共同使用商标或共同对商标商誉作出贡献而成为共同商标权人。最后，从商标授权确权程序作为行政程序的角度来考虑，自然人、法人或者其他组织在生产经营活动中，对其商品或者服务需要取得商标专用权的，都可以向商标局申请商标注册。商标局、商标评审委员会应依照法律规定审查，除非有法律明确禁止的情形，否则应当核准注册。如前所述，本案诉争商标申请人东方风行传媒公司没有利用他人在先使用商标商誉的恶意，不符合2013年《商标法》第32条后半段的规定。在缺乏法律明确规定及合同依据的情况下，商标评审委员会从财产共有的角度认为诉争商标的商誉应当共享，进而得出排除东方风行传媒公司在先申请、不予核准注册的结论，缺乏法律依据。虽然东方风行传媒公司可以申请诉争商标的注册，但根据2013年《商标法》第59条第3款的规定，旅游卫视公司作为在先使用人在原有范围内可继续使用诉争商标。

最高人民法院再审合议庭成员：张志弘　白雅丽　许常海

（编写人：白雅丽*　刘海珠**　审稿人：丁文严）

---

* 白雅丽，法学博士，中华人民共和国最高人民法院民事审判第三庭，二级高级法官。

** 刘海珠，法学学士，中华人民共和国最高人民法院民事审判第三庭，三级高级法官助理。

广州赖特斯商务咨询有限公司
与
双飞人制药股份有限公司及一审被告
广州医药有限公司、深圳市立丰医药有限公司等
侵害商标权及不正当竞争纠纷案

——商标侵权诉讼中商标在先使用是否成立的判断

【裁判摘要】

在明知他人商品已存在于市场的情况下，恶意申请注册与他人商品包装近似的商标并行使权利，并以上述商标作为权利基础起诉他人侵权的，被诉侵权行为应当被认定属于2013年修正的《商标法》第59条第3款规定的商标权人无权禁止在先使用人在原使用范围内继续使用的情形。

【案件基本信息】

1. 诉讼当事人

再审申请人（一审被告、二审上诉人）：广州赖特斯商务咨询有限公司（以下简称赖特斯商务咨询公司）

被申请人（一审原告、二审被上诉人）：双飞人制药股份有限公司（以下简称双飞人制药公司）

一审被告、二审上诉人：广州医药有限公司

一审被告：深圳市立丰医药有限公司

一审被告：普宁市立丰药业有限公司

一审被告：深圳市文华医药有限公司

一审被告：中山市三才医药连锁有限公司

一审被告：江西省药帮国药堂药品有限公司民众药店

一审被告：广州七乐康药业连锁有限公司

一审被告：广州正康连锁大药房有限公司

一审被告：佛山市开心大药房连锁有限公司

一审被告：佛山市佛心医药连锁有限公司

2. 案件索引与裁判日期

一审：江西省宜春市中级人民法院（2014）宜中民三初字第35号判决（2015年8月20日）

二审：江西省高级人民法院（2015）赣民三终字第32号判决（2016年5月27日）

再审：最高人民法院（2020）最高法民再23号判决（2021年3月16日）

3. 案由

侵害商标权及不正当竞争纠纷

【简要案情】

双飞人制药公司是“双飞人”注册商标权利人，该商标核定使用商品为第3类的花露水、化妆品等。同时，双飞人制药公司还是两个核定使用在爽水产品上的双飞人立体商标的权利人。法国利佳制药厂拥有指定使用在第3类商品上的“利佳”注册商标，赖特斯商务咨询公司独家代理在中国境内宣传、推广、分销和销售利佳薄荷水等“利佳”品牌化妆品。双飞人制药公司以赖特斯商务咨询公司等生产、销售利佳薄荷水侵害其注册商标专用权，并同时实施了不正当竞争行为为由，向法院提起诉讼。一审法院认为，利佳薄荷水与“双飞人”商标核定使用的“双飞人爽水”属于相同商品。经对比，被诉侵权产品包装与双飞人制药公司的立体商标构成近似并可能导致相关公众混淆误认，赖特斯商务咨询公司侵害了双飞人制药公司的立体商标专用权。同时，赖特斯商务咨询公司为实现商业目的，在产品宣传中强调其产品为“双飞人”产品（双飞人药水），构成对“双飞人”文字商标的侵权。此外，利佳薄荷水的包装装潢与双飞人制药公司有一定影响的商品的包装装潢近似，赖特斯商务咨询公司的行为构成不正当竞争。赖斯特商务咨询公司等不服提起上诉，二审法院判决驳回上诉、维持原判。

赖特斯商务咨询公司向最高人民法院申请再审。

【案件焦点】

1. 关于赖特斯商务咨询公司的在先使用抗辩是否成立；

2. 关于赖特斯商务咨询公司的被诉行为是否构成不正当竞争。

【裁判结果】

最高人民法院认为，都昌县医药公司销售“双飞人药水”的行为不属于合法的在先行为，不能产生在先权利的法律后果。赖特斯商务咨询公司提交的证据可以证明法国利佳制药厂在先使用了“双飞人药水”所采用的“蓝、白、红”包装并有一定影响。相关证据可以证明，双飞人制药公司明知“双飞人药水”存在于市场，却恶意申请注册与“双飞人药水”包装近似的第7559578号、第7559588号商标并行使权利，其行为难言正当，赖特斯商务咨询公司的被诉侵权行为应当被认定属于2013年修正的《商标法》第59条第3款规定的商标权人无权禁止在先使用人在原使用范围内继续使用的情形，因此，赖特斯商务咨询公司的在先使用抗辩成立。判决撤销一审、二审判决，驳回双飞人制药公司的诉讼请求。

【裁判摘要评析】

一、关于未注册商标在先使用的认定问题

2013年修正的《商标法》第48条规定：“本法所称商标的使用，是指将商标用于商品、商品包装或者容器以及商品交易文书上，或者将商标用于广告宣传、展览以及其他商业活动中，用于识别商品来源的行为。”按照本条规定，商标使用是以识别商品来源为目的的将商标用于商业活动的行为，具体包括形式使用和实质使用。商标使用的形式可以是多种多样的，对于不属于本条规定列举的情形，但实质上是以识别商品来源为目的的将商标用于商业活动的行为，应认定为商标法意义上的商标使用。[1]

2013年修正的《商标法》第59条第3款规定：“商标注册人申请商标注册前，他人已经在同一种商品或者类似商品上先于商标注册人使用与注册商标相同或者近似并有一定影响的商标的，注册商标专用权人无权禁止

---

〔1〕 参见郎胜主编：《中华人民共和国商标法释义》，法律出版社2013年版，第95-96页。

该使用人在原使用范围内继续使用该商标，但可以要求其附加适当区别标识。”该款规定系为保护在先未注册商标使用人的相关权利，体现了追求公平的价值导向。判断是否构成《商标法》第59条第3款规定的情形，需要考量以下因素：一是未注册商标所有人存在使用该未注册商标的行为；二是该未注册商标与涉案注册商标标识相同或者近似，且该未注册商标所用于的商品和涉案注册商标核定使用的商品相同或者类似；三是该未注册商标已经产生一定影响。

本案中，赖特斯商务咨询公司主张，法国利佳公司在先使用了相关商标要素并产生了一定影响。法国利佳制药厂自20世纪90年代起在《厦门日报》《汕头日报》《海南日报》《广州日报》等报纸上刊登关于请中国内地消费者委托港澳亲友购买法国利佳制药厂生产的“双飞人药水”的广告，已经具有通过使用商标标识或相关商标要素指引内地消费者识别商品来源、购买该商品的主观目的，并且广告持续时间较长、报刊发行地域较广、发行量较大。因此，经对在案证据进行综合分析判断，可以认定法国利佳公司通过在中国内地打广告，在中国香港特别行政区、澳门特别行政区销售的方式，使“双飞人药水”商标标识以及相关构成要素在珠三角地区积累了一定的商誉，形成了一定影响，相关公众可以将“双飞人药水”包装上的商标标识和相关商标要素与法国利佳制药厂联系起来。此外，双飞人制药公司在宣传“双飞人爽水”产品时，亦强调“无论是国产的法国双飞人药水，还是原装的法国双飞人药水，其成分、作用都是一样的，使用功效是没有区别的”等，亦可证明“双飞人药水”在行业内颇具知名度。

本案中，虽然销售“双飞人药水”的门店主要是在香港特别行政区、澳门特别行政区，但是在案证据可以证明，由于“双飞人药水”在珠三角的知名度以及珠三角与港澳往来便利，“双飞人药水”已经流入珠三角市场。同时，在案证据显示，消费者在天猫商城上购买了双飞人制药公司的“双飞人爽水”后，有将“双飞人药水”与“双飞人爽水”进行对比的相关评论，“双飞人药水”商誉受到了影响。

《民法典》第7条规定：“民事主体从事民事活动，应当遵循诚信原则，秉持诚实，恪守承诺。”诚信原则是民法领域的帝王条款，经营者在市场交易中，应当遵循诚实信用的原则，遵守公认的商业道德。本案中，判断赖特斯商务咨询公司经授权销售“利佳薄荷水”是否构成侵权，还应当考量双飞人制药公司在涉案商标注册前后的行为是否违背诚信原则。双飞人制药公司主张赖特斯商务咨询公司侵害其第 7559578 号、第 7559588 号注册商标专用权，但是在案证据表明，双飞人制药公司申请注册与“双飞人药水”包装近似的第 7559578 号、第 7559588 号商标时，已明知法国利佳公司生产的“双飞人药水”的存在。同时，双飞人制药公司在对“双飞人爽水”进行宣传时，存在主动混淆“双飞人爽水”与“双飞人药水”的行为。双飞人制药公司上述行为违背诚信原则，难言正当。综上所述，赖特斯商务咨询公司的被诉侵权行为应当被认定属于《商标法》第 59 条第 3 款规定的商标权人无权禁止在先使用人在原使用范围内继续使用的情形，未侵犯双飞人制药公司享有的商标权。此外，虽然双飞人制药公司的“双飞人爽水”产品经过多年的宣传、销售已产生了较高的市场知名度，但法国利佳制药厂的“蓝、白、红”包装在先使用并有一定影响，并且赖特斯商务咨询公司已经在“利佳薄荷水”包装的显著位置标明其享有商标权的注册商标“利佳”，已经尽量区别避让，并无侵占双飞人制药公司已有商誉之故意。故亦应当认定赖特斯商务咨询公司不存在不正当竞争行为。

二、关于非法使用是否能够认定为商标使用的问题

2013 年修正的《商标法》第 9 条规定：“申请注册的商标，应当有显著特征，便于识别，并不得与他人在先取得的合法权利相冲突。”第 32 条规定：“申请商标注册不得损害他人现有的在先权利，也不得以不正当手段抢先注册他人已经使用并有一定影响的商标。”本案中，双飞人制药公司于 2009 年申请注册 7559578 号、第 7559588 号商标，并主张赖特斯商务咨询公司侵犯其享有的商标权。对此，赖特斯商务咨询公司提出在先使用抗辩的另一理由是，专利复审委员会第 7641 号无效宣告请求审查决定书可证明法国利佳制药厂在中国香港特别行政区销售的“法国双飞人药水”在 2001 年就已经出现在江西省都昌县。7641 号文书中提到，案外人提交的公证书可证明都昌县卫生局对都昌县医药公司出具《行政处罚决定书》《没收假药劣药凭证》等相关文书，证明都昌县医药公司于 2001 年 12 月从广东普宁购进一批法国利佳制药厂生产的双飞人药水，并于2001年12月—2002年1月在国内公开销售的事实。但法国利佳制药厂生产的“双飞人药水”系因进入中国内地未履行相关审批手续而被都昌县行政部门查处。都昌县医药公司被查处依据的是《药品管理法》第39条和第48条相关规定，即“药品进口，须经国务院药品监督管理部门组织审查，经审查确认符合质量标准、安全有效的，方可批准进口，并发给进口药品注册证书”，“禁止生产(包括配制，下同)、销售假药……有下列情形之一的，按假药论处……(二)依照本法必须批准而未经批准生产、进口，或者依照本法必须检验即销售的”。《民法典》第143条规定了民事法律行为有效的要件之一是“不违反法律、行政法规的强制性规定，不违背公序良俗”。可见，法国利佳制药厂在中国香港特别行政区销售的“法国双飞人药水”依法是不得在市场上进行流通的，都昌县医药公司未经审查批准销售“双飞人药水”违反了《药品管理法》的规定，属于无效民事法律行为。非法使用行为产生的商誉不应归于商标所有者，亦不应当构成商标使用行为。因此，上述商品销售行为不应当被认定为在先使用。

最高人民法院再审合议庭成员：秦元明　马秀荣　周波

（编写人：秦元明*　曾志**　审稿人：丁文严）

---

* 秦元明，法学博士，中华人民共和国最高人民法院民事审判第三庭，二级高级法官。

** 曾志，法学硕士，中华人民共和国最高人民法院民事审判第三庭，法官助理。

华润（集团）有限公司、华润知识产权管理有限公司与成都市金牛区华润灯饰商店侵害商标权及不正当竞争纠纷案

——类似服务及公民姓名合理使用的判定

【裁判摘要】

1. 判断服务是否构成类似，应当以相关公众的一般注意力为标准，综合考虑经营主体的经营范围、经营模式、服务对象等因素。商业主体将自身所代理或购进的商品进行归类，以方便消费者选购的批发或零售等销售模式统一销售产品，与《类似商品和服务区分表》中第35类“推销（替他人）”服务存在交叉和重合的，应当认定二者构成类似服务。

2. 公民依法享有姓名权，有权合理使用自己的姓名，但应当遵循诚实信用原则并遵守相关法律、法规的规定，对姓名进行商业使用时不得侵害他人的在先权利。在与公民姓名相同或近似的文字已被他人注册为商标，并经过长期使用已经具有较高知名度的情况下，该公民再将其姓名使用在相同或类似商业领域，容易造成相关公众混淆误认的，即使与其自身姓名存在关联，亦构成对注册商标权的侵害。

【案件基本信息】

1. 诉讼当事人

再审申请人（一审原告、二审上诉人）：华润（集团）有限公司（以下简称华润集团）

再审申请人：华润知识产权管理有限公司（以下简称华润知识产权公司）

被申请人（一审被告、二审被上诉人）：成都市金牛区华润灯饰商店（以下简称华润商店）

2. 案件索引与裁判日期

一审：四川省成都市中级人民法院（2017）川01民初1643号判决（2018年12月25日）

二审：四川省高级人民法院（2020）川知民终174号判决（2020年11月23日）

再审：最高人民法院（2021）最高法民再338号判决（2021年12月20日）

3. 案由

侵害商标权及不正当竞争纠纷

【简要案情】

华润集团是第776090号“华润”商标、第3843561号“华润万家”商标（以下统称涉案商标）的注册商标专用权人，该两商标均核准注册在第35类上，包含“推销（替他人）”等服务。华润商店注册使用“华润”作为其字号，并在其经营的灯饰店店外招牌、宣传资料等多处使用“华润”字样，售卖多种他人品牌灯具。华润集团主张，华润商店的行为足以使消费者对服务来源产生混淆与误认，并引人误认为与华润集团存在关联关系，违反了《商标法》（2013年修正）第57条、第13条及《反不正当竞争法》（2017年修订）第2条、第5条第3项的规定，故诉请判令华润商店立即停止相关商标侵权及不正当竞争行为，就侵权行为在相关报刊上刊登声明以消除影响，并赔偿华润集团经济损失、支付合理开支。

四川省成都市中级人民法院一审认为，华润商店从事的经营行为与涉案商标核定使用的“推销（替他人）”服务不构成类似服务；华润商店使用的“华润灯饰”不构成商标性使用；华润商店注册“华润”字号以及使用字号的方式具有正当性。故一审法院认定华润商店的被诉侵权行为不构成商标侵权及不正当竞争，据此判决驳回华润集团的诉讼请求。华润集团不服上述判决，提起上诉。四川省高级人民法院二审认为，华润商店在商业活动中使用“华润灯饰”不属于商标性使用；华润商店经营的“批发、零售”服务与涉案商标核定使用服务第35类“推销（替他人）”不构成类似服务；华润商店在字号简称前使用其自有的“HR”商标，与涉案商标区别明显，不会造成相关公众混淆误认；华润集团无证据证明华润商店存在“搭便车”故意和过错；华润集团在灯具行业没有批发、零售等经营活动，与华润商店不存在竞争关系。据此二审法院判决驳回上诉，维持原判。华润集团及涉案商标受让人华润知识产权公司不服上述判决，向最高人民法院院申请再审，请求撤销一审、二审判决；判令支持华润集团的一审诉讼请求。

【案件焦点】

1. 华润商店使用被诉侵权标识的服务类别与华润知识产权公司涉案商标核定使用的服务类别是否类似；

2. 华润商店关于被诉侵权标识源于其经营者儿子的名字，故其使用被诉侵权标识不构成商标侵权及不正当竞争的抗辩理由能否成立。

【裁判结果】

最高人民法院再审认为，华润商店经销各种品牌的灯具、灯饰商品，其经营范围为灯具批发、零售，该服务与两涉案商标核定使用的第35类“推销（替他人）”服务在服务目的、内容、方式及服务对象等方面存在较大关联，二者构成类似服务。虽然《类似商品和服务区分表》中第35类“推销（替他人）”服务中并未明确包含“批发、零售”服务，但是认定服务是否构成类似，应当以相关公众的一般注意力为标准，结合经营主体的经营范围、经营模式、服务对象等因素综合考虑。本案中，华润商店将自己代理或购进的各类品牌灯饰进行归类并统一销售，以方便消费者选购，其所销售的灯饰产品显示的标识及相关信息仍源于其代理或购进的灯饰品牌，而“华润灯饰”系为销售上述灯饰产品所提供的服务标识。上述销售模式与涉案商标核定使用的服务存在交叉和重合，二者构成类似服务。“华润”系臆造词，具有较强显著性；华润集团及华润知识产权公司提交的证据能够证明在华润商店注册成立之前，华润集团的“华润”品牌已为相关公众广泛知晓，“华润”系列商标在超市行业亦具有较高知名度。两涉案商标自获准注册后，在超市经营中持续使用至今，经过长期使用和宣传，已经在相关行业具有较高知名度。在上述情况下，华润商店作为从事商品销售的主体，仍突出使用与涉案商标相同或近似的标识，从事与涉案商标核定服务类似的服务，容易造成相关公众的混淆误认，其所提交的证据亦尚不足以证明被诉侵权标识已经在行业内具有较高知名度，足以避免相关公众将其与涉案商标相混淆。华润商店主张其使用“华润灯饰”标识系源于其经营者儿子的名字，具有合理性和正当性。最高人民法院认为，公民虽享有合法的姓名权，并有权合理使用自己的姓名，但应当遵循诚实信用原则并遵守相关法律、法规的规定，在将姓名进行商业使用时，不得侵害他人的在先权利。华润商店的行为已超出合理使用姓名的界限，故对其相关抗辩理由及所提相关证据，不予采纳。

此外，在案证据显示，在华润商店注册成立之前，华润集团在超市行业已产生了较高知名度。国家工商行政管理总局分别于2001年10月20日、2010年7月15日下发通知，要求各地工商行政管理局对已经登记注册的以“华润”作为字号的企业名称进行清理，并要求对在2001年10月20日之后申请“华润”作为字号的，如果与华润集团、中国华润总公司无投资关系，一律不予核准。在上述情况下，华润商店仍将与华润集团字号相同、与涉案商标相同或近似的文字注册为企业名称，客观上容易造成相关公众的混淆误认，对华润集团及华润知识产权公司均构成不正当竞争。如前所述，华润商店经营者儿子的名字为亦不能作为其企业名称具有合理性和正当性的依据。

综上所述，华润商店的被诉侵权行为侵害了华润知识产权公司涉案商标的专用权，亦对华润集团及华润知识产权公司构成不正当竞争，二审判决部分事实认定错误，适用法律不当，依法应当予以纠正。因此，最高人民法院判决撤销一审、二审判决；华润商店立即停止侵害涉案商标专用权及不正当竞争的行为，并向华润知识产权公司赔偿经济损失及支付合理费用。

【裁判摘要评析】

本案在侵权判定中涉及两个较为普遍且典型的问题：一是商品批发、零售服务与第35类“推销（替他人）”服务是否构成类似的判断问题；二是商业主体在商业领域中如何正确行使公民姓名权的问题。

一、关于类似服务的判断问题

本案主张权利的注册商标核定使用的服务类别为第35类“推销（替他人）”等，被诉侵权人从事的是灯饰商品的批发、零售业务，具将被诉侵权标识使用在为销售灯饰产品所提供的服务上，故判断被诉侵权标识是否侵害了涉案注册商标的专用权，涉及对商品批发、零售服务与第35类“推销（替他人）”服务是否构成类似服务的判断问题。

需要说明的是，第35类“推销（替他人）”服务是否包含商场、超市等商业模式下的商品批发、零售等服务的问题，商标注册管理的行政规章及相关文件规定存在一个由紧到松的渐进变化过程。《商标注册用商品和服务国际分类》（第8版）中，第35类“替他人推销”服务并不包含商品的零售或批发，并在第35类注释中明确记载，本类尤其不包括“企业主要职能是销售商品的企业，即商品商业企业的活动”。此外，2004年8月13日，国家工商行政管理总局商标局（以下简称商标局）发布的《关于国际分类第35类是否包括商场、超市服务问题的批复》中亦指出：第35类服务的主要目的在于“对商业企业的经营或管理进行帮助”，为他人销售商品（服务）提供建议、策划、宣传、咨询等服务，不包括主要职能是销售商品的企业，即商业企业的活动。而自2007年1月1日《商标注册用商品和服务国际分类》（第9版）开始适用时起，这种趋势有所缓解，在该版分类表中，第35类注释中的“尤其包括”项下，在第8版相应内容“为他人将各种商品（运输除外）归类，以便客户、顾客看到和购买”的基础上，增加了“这种服务可由零售批发商店通过邮购目录和电子媒介提供，例如通过网站或电视购物节目”的说明；同时，在“尤其不包括”项下删除了原第8版中“企业主要职能是销售商品的企业，即商品商业企业的活动”的文字说明。2013年1月1日开始适用的《商标注册用商品和服务国际分类》（第10版）中，更增加了第3509类似群“药品、医疗用品零售或批发服务”项目，对于药品的批发、零售服务的注册类别单独进行了列明，但是对于其他商品的批发、零售服务，仍未单独进行分类。

以往的司法实践中，人民法院对该问题的认定也有分歧。这种分歧在商标授权确权行政案件及商标侵权案件中均有体现。在商标授权确权案件中，通常来说，法院往往会严格依据《类似商品和服务区分表》认定“销售服务”与“替他人推销”不构成相同或类似服务，但在认定商标的使用及知名度时，却存在依据商品销售活动中的使用证据认定第35类“替他人推销”服务上注册商标知名度的情况，[1] 亦即潜在地将“销售服务”与“替他人推销”认定为同类服务。在商标侵权案件中，法院也同样存在认定二者构成同种或类似服务[2]及认定为不构成类似服务两种情形，但总体上看，认定构成类似服务者居多。

笔者认为，商标局此前发布的《关于国际分类第35类是否包括商场、超市服务问题的批复》系基于我国当时的经济形态及市场状况作出，但随着社会经济的发展，我国的经济管理制度、市场策略和运营规范等方面均须因势利导地作出相应调整，以适应新的历史阶段。事实上，这种调整从《商标注册用商品和服务国际分类》几个版本的变化就可见一斑。虽然目前分类表仍未对除药品、医疗用品之外的其他商品的批发、零售服务进行单独分类列明，但从第九版之后对第35类“推销（替他人）”的解释说明文字中，即可窥见该类别服务项目已针对“零售批发商店”“销售商品的企业”等主体进行了松绑。此外，北京市高级人民法院于2019年4月24日公布的《商标授权确权行政案件审理指南》更进一步明确：诉争商标注册人为商场、超市等，其能够证明通过提供场地等形式与销售商等进行商业合作，足以认定其为推销商品提供建议、策划、宣传、咨询等服务，可以认定诉争商标在“替他人推销”服务上进行了商标使用。显而易见，作为以批发、零售商品为经营范围的商业企业、超市、个体工商户等经营主体，其在销售商品过程中，对商品进行归类、整理、摆放，以便于顾客进行选购的行为，对其所销售的商品进行宣传、策划的行为，为顾客选购商品提供咨询的行为，以及为与其合作的品牌商提供营销建议等行为，都属于销售过程中常规的经营服务行为，如果其销售的不是自有品牌商品，而是他人的商品，那么该销售行为自然就属于“替他人推销”的行为，该行

---

〔1〕 参见河南欧凯龙家居集团有限公司诉国家工商行政管理总局商标评审委员会商标异议复审行政纠纷案，北京市高级人民法院民事判决书（2017）京行终3528号。

〔2〕 参见广东省高级人民法院民事判决书（2014）粤高法民三终字第123号，好又多管理咨询服务（上海）有限公司与张家港市好又多连锁超市有限公司、刘某某侵害商标权及不正当竞争纠纷案；北京知识产权法院民事判决书（2015）京知民终字第1828号，中粮集团有限公司与北京寺库商贸有限公司东城第一分公司等侵害商标权及不正当竞争纠纷案。

为与第35类“推销（替他人）”的服务应当被认定为构成相同或类似的服务；其在批发、零售等销售活动中使用诉争商标的行为即应视为系在与第35类“推销（替他人）”服务相同或类似的服务上使用诉争商标。因此，在具体案件中，判断服务类别是否构成相同或类似，不应简单局限于服务名称或《类似商品和服务区分表》的类别划分，而应当顺应社会经济发展，结合案情实际，以相关公众的一般注意力为标准，综合考虑经营主体的经营范围、经营模式、服务对象等因素作出判断。

本案中，被诉侵权人将自己所代理或购进的各类品牌灯饰进行归类并统一销售，以方便消费者选购，其所销售的灯饰产品显示的标识及相关信息仍源于其代理或购进的灯饰品牌，而被诉侵权标识“华润灯饰”系为销售上述灯饰产品所提供的服务标识。综合考虑经营主体的经营范围、经营模式、服务对象等因素，被诉侵权人的销售模式与涉案注册商标核定使用的第35类“替他人推销”服务存在交叉和重合，以相关公众的一般注意力为标准，应当认定二者构成类似服务。

二、关于对姓名合理使用的认定问题

本案被诉侵权人还提出了被诉侵权标识属于合理使用自然人姓名的抗辩。判断上述抗辩理由能否成立，首先应当明确，姓名是人与人区别的外在表征，[1] 姓名权保护的是自然人与姓名之间的对应关系，其保护范围与商标权存在区别。公民享有其合法的姓名权，当然有权合理使用自己的姓名，但行使权利须遵循诚实信用原则并遵守相关法律、法规的规定，对姓名进行商业使用时不得侵害他人的在先权利。在与公民姓名相同或近似的文字已被他人注册为商标，并经过长期使用已经具有较高知名度的情况下，经营主体再将该姓名的相应文字使用在相同或类似服务上，容易造成相关公众混淆误认的，同样构成对注册商标权的侵害。

本案中，涉案注册商标的主要识别部分“华润”显著性较强；华润集团及华润知识产权公司提交的证据能够证明在被诉侵权人华润商店注册成立之前，华润集团的“华润”品牌已为相关公众广泛知晓，“华润”系列商

---

〔1〕参见最高人民法院民法典贯彻实施工作领导小组主编：《中华人民共和国民法典人格权编理解与适用》，人民法院出版社2020年版，第186页。

标在超市行业亦具有较高知名度。涉案注册商标自获准注册后，在超市经营中持续使用至今，经过长期使用和宣传，已经在相关行业具有较高知名度。在上述情况下，被诉侵权人华润商店作为从事商品销售的主体，仍突出使用与涉案注册商标相同或近似的标识，从事类似的经营服务，容易造成相关公众的混淆误认。并且，其所提交的证据亦尚不足以证明被诉侵权标识已经在行业内具有较高知名度，足以避免相关公众将其与涉案注册商标相混淆。虽然被诉侵权人华润商店主张其使用被诉侵权标识“华润灯饰”系源于其经营者儿子的名字，但公民行使姓名权应当遵循诚实信用原则并遵守相关法律、法规的规定，在将姓名进行商业使用时，不得侵害他人的在先权利。华润商店的行为已超出合理使用姓名的界限，故其提出的相关抗辩理由不能成立。

三、结论

本涉案及的类似服务的判断问题是商标侵权案件中的常见问题。最高人民法院在本案中明确，认定服务是否构成类似，不应局限于服务名称或区分表的划分，应当顺应社会经济的发展，结合案情实际，综合考虑经营主体的经营范围、经营模式、服务对象等因素，以相关公众的一般注意力为标准。将自身所代理或购进的商品进行归类，以方便消费者选购的批发或零售等销售模式统一销售产品的经营模式，与第 35 类“推销（替他人）”服务存在交叉和重合，应当认定二者构成类似服务。该认定标准对类似案件的审理具有较强的指导意义。此外，最高人民法院在本案中还指出，公民合理使用自己的姓名应当遵循诚实信用原则并遵守相关法律、法规的规定，对姓名进行商业使用时不得侵害他人的在先权利，进一步明确了对合理使用姓名这一抗辩理由的审查标准。

最高人民法院再审合议庭成员：晏景　李丽　许常海

（编写人：晏景*　曹佳音**　审稿人：丁文严）

---

* 晏景，法学博士，中华人民共和国最高人民法院民事审判第三庭，二级高级法官。

** 曹佳音，法学博士，中华人民共和国最高人民法院民事审判第三庭，法官助理。

行 政

高某某
诉
山东省枣庄市山亭区人民政府
行政赔偿案

——保障原有生活水平不降低原则在涉集体土地征收类行政赔偿案件中的适用

【裁判摘要】

保障被征收人原有生活水平不降低，系集体土地征收补偿中应遵循的重要原则之一，2019年修改后的《土地管理法》对此亦作了相应规定。因行政机关的违法行政行为导致其在集体土地征收补偿中原应履行的行政补偿责任转化为行政赔偿责任的，该原则在行政赔偿程序中应继续予以适用。公平、合理确定集体土地上房屋的赔偿价格，切实保障被征收人的居住权益，系在涉集体土地征收行政赔偿案件中贯彻该原则的重中之重。

【案件基本信息】

1. 诉讼当事人

再审申请人（一审原告、二审上诉人）：高某某

被申请人（一审被告、二审被上诉人）：山东省枣庄市山亭区人民政府（以下简称山亭区政府）

2. 案件索引与裁判日期

一审：山东省枣庄市中级人民法院（2020）鲁04行初56号判决（2020年9月11日）

二审：山东省高级人民法院（2020）鲁行终1709号判决（2020年12月17日）

再审：最高人民法院（2021）最高法行申7017号裁定（2022年2月17日）

3. 案由

行政赔偿

【简要案情】

2011年3月26日，山亭区政府拟定山亭区西鲁居委会第二居民点棚户区改造项目房屋征收补偿安置方案，同年10月31日，山东省人民政府作出鲁政土字〔2011〕1328号建设用地批复，批准征收山亭区山城街道办事处东鲁社区、西鲁社区建设用地。高某某系西鲁社区居民，其房屋位于征收范围内，山亭区政府向其颁发了集体土地建设用地使用证。2017年8月27日，山亭区棚户区改造指挥部发布《东鲁、西鲁社区棚户区改造项目房屋征收补偿安置方案》。涉案房屋被拆除前，由区、街道、村人员对房屋进行了测量，并就补偿标准与高某某进行了沟通，但未达成一致意见。2017年11月23日，涉案房屋被拆除。高某某提起诉讼，请求确认山亭区政府强制拆除其房屋的行政行为违法，山东省枣庄市中级人民法院作出生效行政判决，确认山亭区政府强制拆除高某某房屋的行政行为违法。高某某于2019年10月8日向山亭区政府申请国家赔偿，因山亭区政府未予赔偿，遂提起本案诉讼。

一审法院于2020年9月11日作出（2020）鲁04行初56号判决，参照补偿安置方案确定的补偿标准，判令山亭区政府限期赔偿因违法强拆给高某某造成的经济损失人民币422,015.2元及利息（利息以422,015.2元为基数，自2017年11月23日起至实际给付之日止，按中国人民银行同期存款利率计算）；驳回高某某的其他诉讼请求。二审法院于2020年12月17日作出（2020）鲁行终1709号判决，驳回上诉，维持一审判决。高某某不服二审判决，向最高人民法院申请再审。

【案件焦点】

本案行政赔偿中确定的赔偿标准和赔偿数额，是否符合保障被征地人员原有生活水平不降低的基本原则。

【裁判结果】

最高人民法院经审理认为，在行政征收赔偿案件中确定赔偿标准和赔偿数额时，应当坚持保障被征地人员原有生活水平不降低的基本原则。本案中，山亭区政府违法强拆行为系造成高某某房屋损失的直接原因，高某某此后按法定程序寻求救济，其对房屋损失的发生及扩大并无过错。本案一审行政赔偿判决的作出时间为2020年9月11日，距山亭区政府发布补偿安置方案和实施强拆行为已逾3年。原审法院仅以该补偿安置方案为标准计算房屋赔偿数额，可能导致高某某实际获得的赔偿款不足以购买与原有合法房屋基本匹配的住房，进而出现山亭区政府违法强拆，而实际由高某某最终承担原有生活水平降低的不利后果，故存在明显不当。对此，原审法院应在充分考虑高某某原有居住条件、判决赔偿时当地同地段同类房屋价值、涉案项目所配备安置房价值等多方面因素，通过评估或其他适当方式重新确定房屋赔偿标准并计算赔偿数额。综上所述，原审法院错误认定房屋赔偿标准，判令赔偿数额不足以弥补高某某因违法强拆而遭受的直接损失，依法应予纠正。遂裁定指令二审法院再审本案。

【裁判摘要评析】

本案系集体土地征收补偿过程中，因行政机关违法强制拆除集体土地上房屋所引发的行政赔偿案件。最高人民法院在指令再审的裁定中认为，在涉行政征收的行政赔偿案件中确定赔偿标准和赔偿数额时，应当坚持保障被征地人员原有生活水平不降低的基本原则（以下简称“生活水平不降低”原则）。

一、“生活水平不降低”原则的主要内涵

在集体土地征收补偿领域，关于“生活水平不降低”的规定最早出现在《国务院关于深化改革严格土地管理的决定》（国发〔2004〕28号）中。此后，这一规定内容多次出现在国务院、原国土资源部乃至纪检监察机关的相关规范性文件[1]中。2019年《土地管理法》修改时，正式将保障被征

〔1〕 如《国务院关于加强土地调控有关问题的通知》（国发〔2006〕31号）、《国务院办公厅关于进一步严格征地拆迁管理工作切实维护群众合法权益的紧急通知》（国办发明电〔2010〕15号、《国土资源部关于进一步做好征地管理工作的通知》（国土资发〔2010〕96号）以及《中共中央纪委办公厅、监察部办公厅关于加强监督检查进一步规范征地拆迁行为的通知》（中纪办发〔2011〕8号）等。其中，《国土资源部关于进一步做好征地管理工作的通知》（国土资发〔2010〕96号）已废止。

地农民“原有生活水平不降低、长远生计有保障”写入法律，有效提高了“生活水平不降低”这一规定的法律位阶，从而有利于更好保护被征地农民的财产权益，意义十分重大。

《土地管理法》第 48 条第 1 款规定，“征收土地应当给予公平、合理的补偿，保障被征地农民原有生活水平不降低、长远生计有保障”。一般而言，生活水平不降低，主要是指被征地人当前的生活水平，包括居住条件、收入水平等不会因为土地征收而降低；长远生计有保障，指的是建立长期实施的保障机制，确保被征地人有持续稳定的生活保障，包括提供就业技能培训和就业机会、纳入社保体系等配套措施。“生活水平不降低”和“长远生计有保障”，均属于集体土地征收补偿工作中的基本原则，必须在征收补偿的各个环节中予以遵循。〔1〕

根据《土地管理法》第 48 条第 2 款之规定，征收集体土地应当给予的补偿项目主要包括土地补偿、安置补助、农村村民住宅补偿、其他地上附着物和青苗等的补偿，以及被征地农民的社会保障。对上述所有项目的补偿，均应遵循“生活水平不降低”原则。实践中，土地补偿费、安置补助费、除住宅外的其他地上附着物和青苗补偿费，以及社会保障费用等，由于标准相对统一、明确，被征地农民对标准本身的异议较少，相关异议往往集中在安置补偿资格确定、土地使用权归属、土地面积和青苗数量的认定等方面。而就住宅房屋而言，由于直接关涉被征地农民居住权益、市场价格难以确定、评估程序适用不够、与国有土地上房屋差价较大等多方面因素影响，往往成为集体土地征收补偿中的焦点问题，并引发大量行政争议。从一定意义上说，如何有效保障被征地农民对住宅房屋所享有的财产权，切实维护其居住权益，系集体土地征收补偿中贯彻落实“生活水平不降低”原则的重中之重。

为在法律层面有效应对上述问题，2019 年修改《土地管理法》时，在地上附着物补偿的范畴内就农民住宅安置补偿进行了专门的规定。根据该

---

〔1〕 参见王瑞贺、魏莉华主编：《中华人民共和国土地管理法释义》，中国民主法制出版社 2020 年版，第 117 页。

法第48条第4款之规定，对集体土地征收中的农村村民住宅，应当按照先补偿后搬迁、居住条件有改善的原则，尊重农村村民意愿，采取重新安排宅基地建房、提供安置房或者货币补偿等方式给予公平、合理的补偿，并对因征收造成的搬迁、临时安置等费用予以补偿，保障农村村民居住的权利和合法的住房财产权益。其中，“先补偿后搬迁、居住条件有改善”与《国有土地上房屋征收与补偿条例》关于国有土地上房屋征收与补偿的相关规定保持一致，明确了搬迁必须以补偿到位为前提。住宅安置的标准和补偿方式方面，在充分尊重农民意愿的前提下，立法者考虑到各地实际情况不同，预留了多种补偿方式。比如，建设用地指标比较充裕的地区，可以重新安排宅基地；土地资源紧张的地区，可以通过建设安置房进行集中安置；对于已经不需要提供住房的农民，可以通过货币化的方式进行补偿。法律允许采取多元化的补偿方式对住宅进行补偿，既可以解决被征地农民的实际需求，也可以促进更好地节约集约利用土地资源。同时，法律明确将“因征收造成的搬迁、临时安置等费用”列入补偿内容，主要是针对农民搬迁和临时安置发生的成本，包括因征地发生的搬家费用和临时租住费用等，有利于周延保护被征地农民的相关经济利益。[1] 总体而言，《土地管理法》着眼于充分保障农民财产权益特别是宅基地用益物权权利，对农民住宅安置补偿作出专门规定，确保经征收后农民居住条件不降低，具体体现了对“生活水平不降低”原则的遵循。

二、“生活水平不降低”原则的适用正当性

通常而言，行政补偿是指行政机关实施合法的行政行为，给行政相对人合法权益造成损失，由国家依法予以补偿的制度；行政赔偿是指行政机关实施违法的行政行为，侵犯行政相对人合法权益，由国家依法予以赔偿的制度。如前所述，“生活水平不降低”原则系《土地管理法》针对集体土地征收补偿所规定的基本原则之一。换言之，“生活水平不降低”原则在成文法上的调整对象系行政补偿法律关系，故如欲将其适用于行政赔偿法律

---

〔1〕 参见王瑞贺、魏莉华：《中华人民共和国土地管理法释义》，中国民主法制出版社2020年版，第118页。

关系之中，需要分析论证其适用的正当性。

（一）行政补偿向行政赔偿的转换

在集体土地征收过程中，征收所涉及的对象除土地本身外，一般还包括宅基地上房屋、青苗及其他地上附属物等。与此同时，由于集体土地征收涉及多主体、多环节的不同行政行为，各行政行为的作出和实施未必均属合法，由此进一步导致征收补偿及与征收相关联的违法行政行为造成损失的赔偿互相交织。其中既有因违法拆除（清除）宅基地上房屋、青苗或其他地上附属物给权利人物权造成损失的赔偿问题，也有因未依据当地征收补偿标准、涉案项目具体补偿安置方案进行征收补偿而给权利人造成的应补偿利益的损失问题，甚至还包括搬迁、临时安置以及应当给予的补助和奖励的损失问题。

当行政补偿与行政赔偿发生竞合时，一方面，应当允许被征收人自主选择救济程序。换言之，在集体土地征收过程中，即使行政机关违法实施了强制拆除（清除）行为，被征收人仍有权主张行政机关对其予以补偿，当被征收人据此提起履责之诉时，人民法院对此应依法立案、审理，不得因违法行政行为的存在而要求被征收人通过行政赔偿程序解决。另一方面，当被征收人基于行政机关的相关违法行政行为而提起行政赔偿之诉时，出于降低被征收人维权成本、降低行政和司法成本、实质化解行政争议等多方面因素考虑，可以认为此时行政机关的行政补偿责任已经转化为行政赔偿责任，人民法院应在赔偿诉讼中一并解决各项补偿问题，而不得要求被征收人对部分项目继续寻求补偿救济（当然，被征收人已经获得的补偿，应在计算赔偿金额时相应予以扣除）。循此逻辑，当行政机关在集体土地征收过程中因违法行政导致其行政补偿责任转化为行政赔偿责任时，其在行政补偿程序中应遵循的“生活水平不降低”原则，便相应具备了在行政赔偿程序中适用的正当性基础。

（二）法律适用的衔接

上述关于行政补偿向行政赔偿的转换，旨在论证“生活水平不降低”原则的适用合理性。此外，由于成文法（包括相关司法解释）长期以来并未对“生活水平不降低”原则的转换适用作出明确规定，司法实践中各级人民法院虽对此有着一定共识，并作出不少类似裁判，但相关裁判往往只是在说理部分参考“生活水平不降低”原则进行论证，而难以直接引用《土地管理法》第 48 条第 1 款，由此不可避免地导致在行政赔偿中适用“生活水平不降低”原则存在法律依据不足，以及相关裁判标准不尽统一等问题，并进而影响对被征收人合法权益的保障。

2022 年 3 月 20 日，最高人民法院发布《关于审理行政赔偿案件若干问题的规定》，其中第 27 条第 2 款明确规定：“违法征收征用土地、房屋，人民法院判决给予被征收人的行政赔偿，不得少于被征收人依法应当获得的安置补偿权益。”司法解释的上述规定同时适用于国有土地上房屋征收以及集体土地征收相关行政赔偿案件。在涉集体土地征收类行政赔偿案件中，根据上述司法解释之规定，人民法院应当首先依据《土地管理法》所规定的“生活水平不降低”原则，明确“被征收人依法应当获得的安置补偿权益”。在此基础上，再结合个案案情依法、合理确定被征收人应获得的行政赔偿。按照这一裁判逻辑，“生活水平不降低”原则通过在确定“安置补偿权益”过程中的适用，最终体现在不低于“安置补偿权益”的行政赔偿之中。换言之，《关于审理行政赔偿案件若干问题的规定》第 27 条第 2 款实则是以“安置补偿权益”为媒介，实现了在成文法层面将原适用于补偿程序中的“生活水平不降低”原则向赔偿程序中的转换，为该原则在赔偿程序中的适用提供了有效法律依据，明确了适用之合法性。人民法院通过适用《关于审理行政赔偿案件若干问题的规定》第 27 条第 2 款，既消除了对此前存在的法律依据不足的担忧，又能实质遵循“生活水平不降低”原则，有效保障被征收人的合法权益，进而能够实现统筹兼顾裁判的法律效果和社会效果。

三、“生活水平不降低”原则的适用要点

前文已述，对住宅房屋权益的补偿系集体土地征收补偿中贯彻落实“生活水平不降低”原则的重中之重。当行政补偿转化为行政赔偿之后，这一判断同样适用。在本案中，最高人民法院的裁定亦主要是认为原审法院错误认定房屋赔偿标准，判令赔偿数额不足以弥补高某某因违法强拆而遭受的直接损失，遂指令二审法院再审。鉴于此，有必要在前文讨论的基础上，进一步分析在涉集体土地征收的行政赔偿案件中，如何通过正确适用“生活水平不降低”原则有效保障被征收人的居住权益。

《土地管理法》第48条第4款规定，对集体土地征收中的农村村民住宅，可以采取重新安排宅基地建房、提供安置房或者货币补偿等方式给予公平、合理的补偿。据此，法律允许行政机关结合本地实际通过提供宅基地、安置房或货币等不同形式进行补偿。实践中，行政机关在相关补偿安置方案中一般提供房屋置换和货币补偿两种方式供被征收人选择。就进入行政赔偿程序的案件而言，多是因为行政机关已对住宅房屋实施了违法强拆所引发，加之此时房屋所涉土地往往已被征收或确定将被征收（未批先占的情形中），返还财产或恢复原状已不可能，故实践中对此类案件以给付赔偿金作为主要判决赔偿方式。换言之，在涉集体土地征收行政赔偿案件中，人民法院为有效落实“生活水平不降低”原则、切实保障被征收人的居住权益，主要着力点即在于如何公平、合理地确定住宅房屋的损失价值。

在《关于审理行政赔偿案件若干问题的规定》出台以前，由于缺乏对集体土地上房屋价值认定的明确法律规定，实践中不少法院基于赔偿不低于补偿的共识，往往参考补偿安置方案对房屋价值的计算标准确定房屋赔偿数额，本案中的原审法院即采用了这一做法。一般而言，只要参考补偿标准所计算出的房屋赔偿数额相对公平、合理，便应予以认可。《关于审理行政赔偿案件若干问题的规定》出台后，其第27条第1款规定：“违法行政行为造成公民、法人或者其他组织财产损害，不能返还财产或者恢复原状的，按照损害发生时该财产的市场价格计算损失。市场价格无法确定，或者该价格不足以弥补公民、法人或者其他组织损失的，可以采用其他合理方式计算。”根据司法解释的这一最新规定，对集体土地征收行政赔偿案件中的房屋赔偿数额，应通过市场价格或者其他合理方式确定。

第一，关于房屋市场价格的计算。根据《关于审理行政赔偿案件若干问题的规定》第27条第1款之规定，对集体土地上房屋的损失，应“按照损害发生时该财产的市场价格计算”。就“市场价格”而言，根据相关法律规定，目前集体土地上的房屋仍只能在集体经济组织成员之间买卖，尚不能自由上市交易，故对其“市场价格”的确定往往较为困难。对此，如征收范围或临近范围内存在集体经济组织成员之间的交易价格，则可重点参考该交易价格确定“市场价格”。未来集体土地上房屋的交易制度如有所突破，则对其“市场价格”的判断将会相应愈发明晰。此外，如果相关补偿安置方案明确规定参考商品房的价格评估确定集体土地上房屋价格，则当然可参照适用并确定相应价格。就计算时点而言，所谓“损害发生时”，既包括行为发生时也包括结果发生时。以“损害发生”的时间点作为计算时点，具有较强的确定性，同时能够较好体现国家赔偿弥补损失的原则，有利于促进当事人及时行使行政赔偿救济权。特别是对集体土地上的住宅房屋而言，由于实践中的交易频率较商品房明显偏低，交易价格波动不大，以“损害发生时”作为损失计算时点一般能够实现公平、合理赔偿。

第二，关于采用其他合理方式计算价格。如果住宅房屋的“市场价格”确实难以确定，此时可采用其他合理方式计算。此外，即使能够确定住宅房屋在“损害发生时”的“市场价格”，人民法院亦不能不加判断地直接适用，而是需要进一步考察该“市场价格”是否足以弥补被征收人的房屋损失，如果不足以弥补，则仍需要进一步选择其他合理方式重新进行计算。这一点对于有效落实“生活水平不降低”原则、切实保障被征收人的居住权益尤为重要。实践中，集体土地征收项目一般都会配备相应的安置房，此类安置房本身即是用于置换被征收人的原有住宅房屋，故其市场价格或实际交易价格既可以作为评估特定住宅房屋之“市场价格”是否足够弥补损失的重要参照，亦可以作为计算房屋价格的“其他合理方式”。换言之，如果相关房屋的“市场价格”足以保障被征收人购买与其原有合法房屋基本相当的安置房，则可认为其属于公平、合理的价格；如不足以购买，则人民法院可结合被征收人原有房屋的基本情况，重点参考安置房价格合理确定房屋损失价格。特别是通过参考安置房价格进行判赔，亦能与其他被拆迁人所获得的补偿权益基本保持平衡，不至于因差距过大引发新的矛盾。当然，人民法院亦可选择适用“其他合理方式”计算价格，只要该价格足以弥补被征收人的损失。

第三，关于附随于房屋的其他安置补偿权益。此处所谓的其他安置补偿权益，一般是指补偿安置方案规定的搬迁费、过渡费、奖励费等。这类安置补偿权益虽不属于住宅房屋的本身价值，但当然构成被征收人居住权益的组成部分，按照行政赔偿不得少于被征收人依法应当获得的安置补偿权益的规定，可参考补偿安置方案规定的标准，一并纳入住宅房屋的赔偿价格之中。对此，《关于审理行政赔偿案件若干问题的规定》第 29 条明确规定，通过行政补偿程序依法应当获得的奖励、补贴等，属于《国家赔偿法》第 36 条第 8 项规定的“直接损失”。该条规定通过依法解释“直接损失”，为一并判决赔偿其他安置补偿权益进一步明确了法律依据。

最高人民法院再审合议庭成员：蔚强　朱宏伟　仝蕾

（编写人：仝蕾* 蒋蔚** 责任编辑：韩德强）

---

* 仝蕾，法学博士，中华人民共和国最高人民法院行政审判庭，二级高级法官。

** 蒋蔚，法学博士，中华人民共和国最高人民法院行政审判庭，一级高级法官助理。

王某某
诉
山东省日照市东港区
人民政府
行政赔偿案

——公平补偿原则的参照适用

【裁判摘要】

在行政赔偿案件中确定被强制拆除的国有土地上房屋的价值，应参照适用公平补偿原则。公平补偿原则要求保障国有土地上房屋被征收人生产、生活水平不降低。就货币赔偿而言，公平原则的参照适用分为两个维度：在横向维度上，对被征收房屋价值的补偿不得低于房屋征收决定公告之日被征收房屋类似房地产的市场价格；在纵向维度上，保障被征收人在实际获得补偿安置时能够在市场上购买到类似房地产。若无论从上述两个维度的哪个维度分析，均缺乏有效证据证明被强制拆除房屋价值的确定实属公平，则应当认定原判决构成认定事实的主要证据不足。

【案件基本信息】

1. 诉讼当事人

再审申请人（一审原告、二审上诉人）：王某某

被申请人（一审被告、二审被上诉人）：山东省日照市东港区人民政府（以下简称东港区政府）

2. 案件索引与裁判日期

一审：山东省日照市中级人民法院（2018）鲁11行赔初4号判决（2019年4月9日）

二审：山东省高级人民法院（2019）鲁行赔终161号判决（2019年8月23日）

再审：最高人民法院（2020）最高法行赔申1655号裁定（2022年1月11日）

3. 案由

行政赔偿

【简要案情】

1991年12月10日，日照市人民政府就王某某在该市东港区×××路××号的房屋颁发了房屋契证。2012年2月13日，东港区政府作出东政征字〔2012〕1号《关于征收东关北路改造区域内房屋的决定》及东政字〔2012〕7号《关于印发东关北路改造区域内房屋征收补偿安置方案的通知》。涉案房屋位于改造区域内，王某某与房屋征收部门未达成安置补偿协议。2015年11月15日，涉案房屋被东港区政府组织实施强制拆除。2017年11月，王某某向东港区政府提出国家赔偿申请。2018年1月12日，东港区政府作出东赔决字〔2017〕2号国家赔偿决定书（以下简称2号赔偿决定），决定对王某某不予国家赔偿。2018年4月2日，东港区政府对王某某要求履行法定职责的申请作出履行法定职责申请答复书，告知王某某可自收到该答复书之日起60日内到日照市东港区房屋征收与补偿管理办公室签订补偿协议，并答复对王某某的营业损失不予国家赔偿。王某某提起本案诉讼，请求依法判决撤销东港区政府作出的2号赔偿决定；责令东港区政府依法将其涉案房屋恢复原状或按照赔偿时改建地段或就近地段类似房屋的市场价予以赔偿；责令东港区政府赔偿其营业损失1,380,000元、室内物品损失10,000元、律师代理费及差旅费110,000元。

另外，2011年5月21日，东港区政府作出《东关北路改造区域营业性房屋征收补偿安置方案》（以下简称《方案》），对涉案房屋区域制定征收补偿安置方案，实行货币补偿和产权调换两种方式，被征收人可以自由选择。日照市东港区住房和城乡规划建设局依据该方案，与被征收人费某某于2011年5月30日签订房屋征收补偿安置协议。2014年9月4日，东港区政府按照该方案作出东政征字〔2014〕1号房屋征收补偿决定，决定同等区域商业用房每平方米房屋补偿费均价为 9541 元。

山东省日照市中级人民法院一审认为，在庭审过程中，双方当事人对涉案房屋的拆除主体系东港区政府均无异议，予以确认。（1）关于涉案房屋的拆除行为是否合法的问题。东港区政府未履行《国有土地上房屋征收与补偿条例》规定的强制执行程序，涉案房屋被强制拆除前，王某某未得到任何形式的补偿，涉案房屋的强制拆除行为应当确认违法。（2）关于 2 号赔偿决定是否应予撤销的问题。王某某提交的房屋印契，证明涉案房屋虽未依法办理相关建设手续，也未换发房屋所有权证，但王某某翻建、加建的房屋已存续长达 20 余年，故涉案房屋建筑面积应综合考虑建造历史、使用现状等因素，以实际测量面积给予安置补偿。东港区政府强制拆除行为违法，应当对王某某的财产损失按照直接损失给予赔偿，故东港区政府作出的 2 号赔偿决定应予撤销。（3）关于王某某主张的行政赔偿问题。鉴于涉案房屋已被拆除，恢复原状已无法实现。经依法释明及调查，王某某选择货币赔偿方式。①根据《国家赔偿法》第 36 条的规定，王某某的直接损失包括因违法拆除造成的直接财产损失，还包括被征收人依法享有的全部房屋征收安置补偿权益。东港区政府违法拆除涉案房屋造成王某某房屋价值损失，应予赔偿。涉案房屋应当参照《方案》确定价值损失。②根据王某某提供的涉案房屋印契，虽然其未办理房屋变更登记，该契证也未明确记载房屋用途，但该房屋“四至”记载为“南费某某”。综合考虑费某某签订的房屋征收补偿安置协议中房屋产权性质的认定及王某某房屋所处地理位置、实际用途等因素，王某某的房屋亦认定为营业性房屋为宜。③按照《方案》，涉案同区域、同时期对被征收人作出的补偿决定中确认的商业用房补偿费均价为 9541 元/平方米。根据东港区政府拆除行为的违法程度，酌情在该价格基础上再上浮 30%作为涉案房屋平均的赔偿价值，即涉案房屋每层平均赔偿价值为 12,403.30 元/平方米。④根据东港区政府实际测量确认的房屋总面积计算，王某某可以安置的房屋总面积为 322.83 平方米。故东港区政府应赔偿王某某房屋价值损失为 4,004,157 元。结合涉案房屋安置政策，应当赔偿王某某搬迁补助费 3228.30 元，临时过渡安置费（2 个月营业损失）5380 元。

综上所述，依照《行政诉讼法》第74条第2款第1项和《国家赔偿法》第4条第3项，第32条，第36条第4项、第8项之规定，判决撤销东港区政府作出的2号赔偿决定；东港区政府于判决生效之日起30日内赔偿王某某房屋价值损失4,004,157元；东港区政府于判决生效之日起30日内赔偿王某某房屋搬迁补助费3228.30元、临时过渡安置费（2个月营业损失）5380元；驳回王某某的其他诉讼请求。

王某某不服一审判决，向山东省高级人民法院上诉。

山东省高级人民法院二审对一审法院查明的事实予以确认。山东省高级人民法院二审认为，王某某的上诉请求及理由主要系对一审法院判决的赔偿项目和赔偿标准有异议，对一审判决认定涉案房屋强制拆除行为违法和撤销东港区政府作出的2号赔偿决定并无异议。（1）一审法院根据王某某房屋所处地理位置并参照费某某签订的房屋征收补偿安置协议约定的房屋产权性质，将王某某房屋认定为营业性房屋并无不当。在王某某、东港区政府均未提供涉案房屋的权属证书、房屋登记簿等其他法定形式权属证明的情况下，一审法院根据东港区政府提供的《关于王某某房屋情况说明》所载情况，在双方就加盖的二层楼部分是住宅性质还是商用性质存在争议的情况下，将王某某可安置的房屋总面积322.83平方米全部认定为商业用房，并上浮《方案》确定的商业用房补偿费均价，体现了保护房屋被违法强制拆除的当事人获得行政赔偿的权利。（2）就行政赔偿案件而言，赔偿申请人应当提供初步证据证明请求赔偿的相应损失存在。王某某主张应对室内物品损失进行赔偿，但未能提供存在室内物品损失的证据，未尽到初步证明损失存在的举证责任，不予支持。《国家赔偿法》第36条第8项确定了侵犯财产权的赔偿标准是赔偿直接损失。王某某主张的营业损失为预期利益，不属于直接损失。律师代理费及差旅费等也不属于对财产权直接造成的损失，不予赔偿。综上所述，依照《行政诉讼法》第89条第1款第1项之规定，判决驳回上诉、维持一审判决。

王某某不服一审、二审行政判决，向最高人民法院申请再审。最高人民法院经核查，东港区政府在一审诉讼中提交的《关于王某某房屋情况说明》系“日照市东关北路搬迁改造指挥部”于2018年2月11日出具。

【案件焦点】

一审、二审判决确定的被强制拆除的涉案房屋价值是否符合公平补偿原则。

【裁判结果】

最高人民法院经审理认为，在本案诉讼中，东港区政府未提供证据证明强制拆除涉案房屋的行为系遵循法定程序而为，东港区政府强制拆除涉案房屋的行为违法。在本案判决中，一审法院尽管在论理部分作出东港区政府强制拆除涉案房屋的行为应当确认违法等表述，甚至援引《行政诉讼法》第74条第2款第1项为据，但未落实到判决主文中，未形成对强制拆除行为违法性的判决确认。行政行为的违法性已得到确认是判决行政赔偿的基本前提。行政行为的违法性缺乏判决确认，则判决行政赔偿就不具备基础。故一审判决适用法律错误。二审判决对此未予纠正、对一审判决予以维持，亦构成适用法律错误。裁定指令山东省高级人民法院再审本案；再审期间，中止原判决的执行。

【裁判摘要评析】

本案系王某某认为东港区政府于2015年11月15日违法强制拆除涉案房屋而提起的行政赔偿诉讼。依照《国家赔偿法》第4条第4项“行政机关及其工作人员在行使行政职权时有下列侵犯财产权情形之一的，受害人有取得赔偿的权利……（四）造成财产损害的其他违法行为”的规定，王某某因东港区政府违法对涉案房屋实施强制拆除而损害其财产，享有依法取得行政赔偿的权利。人民法院应当依照作出裁判时有效的《关于审理行政赔偿案件若干问题的规定》〔1〕第29条“人民法院审理行政赔偿案件，就当事人之间的行政赔偿争议进行审理与裁判”的规定，对王某某与东港区政府之间的行政赔偿争议作出实体判决。

通常认为，行政赔偿与行政补偿不同。行政赔偿系行政机关实施违法行政行为导致，行政补偿则系行政机关作出合法行政行为引起。对于在国

---

〔1〕 最高人民法院于1997年4月29日颁布，发文字号为法发〔1997〕10号。该司法解释因《关于审理行政赔偿案件若干问题的规定》（法释〔2022〕10号）于2022年5月1日起施行而废止。

有土地上房屋征收补偿背景下发生的行政机关违法强制拆除房屋行为，由于行政补偿方式和行政赔偿方式存在差异，行政补偿方式更为多样全面，故出于依法保障被征收人合法权益的考虑，属于行政补偿范围的内容，例如，被征收房屋的价值、补偿安置方式、搬迁费、临时安置费、停产停业损失等，宜通过行政补偿解决。行政赔偿往往只是解决行政补偿内容之外的行政侵权赔偿问题，例如，行政机关违法强制拆除被征收房屋时造成的室内动产损失。在市、县级人民政府已作出房屋征收补偿决定或房屋征收部门已与被征收人签订房屋征收补偿协议的情况下，尤其应当如此。

不过，本案情形较为特殊。出于实质化解行政争议、诉讼经济、避免处理程序叠加等因素的考虑，宜在本案行政赔偿诉讼中一体解决王某某与东港区政府之间的行政补偿争议。经一审、二审法院查明，王某某的涉案房屋已因东港区政府作出的1号征收决定而被征收，东港区政府所作2号赔偿决定载明未对王某某作出房屋征收补偿决定，且东港区政府所作履行法定职责申请答复书仍要求王某某到日照市东港区房屋征收与补偿管理办公室签订补偿协议。另据一审判决所载，经依法释明及调查后，王某某选择货币赔偿方式。《国家赔偿法》第32条第1款规定：“国家赔偿以支付赔偿金为主要方式”；第2款规定：“能够返还财产或者恢复原状的，予以返还财产或者恢复原状。”由于涉案房屋位于东港区政府所作1号征收决定确定的征收范围内，故对涉案房屋恢复原状已不具备现实基础，就王某某合法权益的救济而言，行政赔偿所要求的填平补齐和行政补偿所要求的公平补偿已经趋同，且在方式上已经一致，即无论是行政赔偿，还是行政补偿，东港区政府承担责任的方式都是支付货币。鉴于此，一审、二审法院在本案诉讼中一体解决王某某与东港区政府之间因房屋征收而产生的行政补偿争议较为得当，亦符合《国家赔偿法》第4条第3项“行政机关及其工作人员在行使行政职权时有下列侵犯财产权情形之一的，受害人有取得赔偿的权利……（三）违法征收、征用财产的”之规定精神。

若在行政赔偿诉讼中一体解决行政赔偿争议，则本案的核心争议为涉案房屋价值的确定。这就涉及公平补偿原则的参照适用。依照《国有土地上房屋征收与补偿条例》第2条“为了公共利益的需要，征收国有土地上单位、个人的房屋，应当对被征收房屋所有权人（以下简称被征收人）给予公平补偿”及《山东省国有土地上房屋征收与补偿条例》第3条第1款“房屋征收与补偿应当遵循决策民主、程序正当、补偿公平、结果公开的原则”的规定，公平补偿系国有土地上房屋征收补偿的一般原则。在确定被征收房屋价值上，公平补偿原则主要体现为《国有土地上房屋征收与补偿条例》第19条第1款的规定，即“对被征收房屋价值的补偿，不得低于房屋征收决定公告之日被征收房屋类似房地产的市场价格。被征收房屋的价值，由具有相应资质的房地产价格评估机构按照房屋征收评估办法评估确定”。该条第2款还规定了对评估确定的被征收房屋价值的异议程序，即“对评估确定的被征收房屋价值有异议的，可以向房地产价格评估机构申请复核评估。对复核结果有异议的，可以向房地产价格评估专家委员会申请鉴定”。从上述规定看，公平补偿原则的核心要义是保障被征收人的生产、生活水平不降低。

基于上述规定，公平补偿原则的适用分为两个维度：一是横向维度，即比较对被征收房屋价值的补偿和房屋征收决定公告之日被征收房屋类似房地产的市场价格，对被征收房屋价值的补偿不应低于房屋征收决定公告之日被征收房屋类似房地产的市场价格。“不得低于”属于一种不得突破的底线，并非按照“房屋征收决定公告之日被征收房屋类似房地产的市场价格”对被征收房屋予以补偿就必然符合公平补偿原则。在一些情形下，即使以房屋征收决定公告之日被征收房屋类似房地产的市场价格确定被征收房屋价值，也可能违反公平补偿原则。例如，在国有土地上房屋征收决定作出之后，房屋征收部门未及时与被征收人订立安置补偿协议，市、县级人民政府在多年之后作出补偿决定时，被征收房屋类似房地产的市场价格已有较大上涨。此时再以多年之前房屋征收决定公告之日被征收房屋类似房地产的市场价格予以补偿，就不符合公平补偿原则。这就产生公平补偿原则的第二个维度，即纵向维度。该维度要求历史地看待被征收房屋对被征收人的居住价值，比较对被征收房屋价值的补偿和被征收人在实际获得补偿安置时购买类似房地产的市场价格，保障被征收人在实际获得补偿安置时能够在市场上购买到类似房地产。[1] 实践中，在绝大多数情形下，只需在横向维度上比较即可，因为房屋征收部门往往及时与被征收人订立安置补偿协议，或经房屋征收部门报请，作出房屋征收决定的市、县级人民政府及时作出补偿决定。只是在个别情形下，才须守住“不得低于房屋征收决定公告之日被征收房屋类似房地产的市场价格”这种底线，并进一步引入纵向维度的比较，保障被征收人获得公平补偿。

具体到本案，在王某某选择货币赔偿的情况下，应当参照适用公平补偿原则确定涉案房屋价值。为确定涉案房屋价值，一审、二审法院查明东港区政府于2014年9月4日按照《方案》作出东政征字〔2014〕1号房屋征收补偿决定，对同等区域商业用房每平方米房屋补偿费均价为9541元。但从一审、二审法院对证据的认定情况看，该均价的确定缺乏该补偿决定、房地产价格评估机构作出的评估报告等相关证据佐证。且从一审、二审法院查明的事实看，该方案系东港区政府于2011年5月21日作出，早于东港区政府作出1号征收决定的2012年2月13日。同时，一审判决于2019年4月9日作出，即在东港区政府于2012年2月13日作出房屋征收决定的七年之后作出，此时以该均价为基础酌情上浮30%作为赔偿价值计算标准的合理性，也缺乏相关证据证明。因此，无论是从横向维度看，还是从纵向维度看，均缺乏相关证据证明以该均价为基础确定涉案房屋价值实属公平，故一审、二审法院对涉案房屋价值的认定，构成认定事实的主要证据不足，王某某所提再审申请符合《行政诉讼法》第91条第3项规定之情形，依法应予再审。

最高人民法院再审合议庭成员：李智明　杨科雄　李纬华

（编写人：李纬华* 审稿人：韩德强）

---

〔1〕 最高人民法院于2018年1月30日公布的“人民法院充分发挥审判职能作用保护产权和企业家合法权益典型案例”中的“许某某诉金华市婺城区人民政府行政强制及行政赔偿案”就体现了从被征收人角度纵向比较被征收房屋价值的裁判思路。在对该案的裁判中，最高人民法院判决责令被诉行政机关用在改建地段或就近地段提供类似房屋的方式予以赔偿，或以作出赔偿决定时的房地产市场评估价格为基准计付赔偿款。

* 李纬华，法学博士，中华人民共和国最高人民法院行政审判庭，三级高级法官。

金月亮林业发展有限公司、吴某甲
申请南宁市公安局
刑事违法查封、扣押、冻结赔偿案

——争点效理论在国家赔偿案件中的应用

【裁判摘要】

刑事一审判决主文虽未明确涉案财物是否属于违法所得，但该判决已将涉案财物作为认定犯罪事实的证据使用，并概括判决由公安机关依法处理，嗣后二审刑事裁定说理部分认定涉案财物系违法所得，并裁定驳回上诉、维持原判的，该生效刑事裁判的认定对后续国家赔偿案件的审理具有拘束力。申诉人未通过审判监督程序推翻前述认定前，无权通过国家赔偿程序主张非法权益。

【案件基本信息】

1. 诉讼当事人

申诉人（赔偿请求人）：金月亮林业发展有限公司（以下简称金月亮林业公司）

申诉人（赔偿请求人）：吴某甲

被申诉人（赔偿义务机关）：南宁市公安局

复议机关：广西壮族自治区公安厅

2. 案件索引与裁判日期

委赔：广西壮族自治区高级人民法院赔偿委员会（2018）桂委赔 12 号国家赔偿决定（2018 年 11 月 1 日）

申诉：最高人民法院赔偿委员会（2020）最高法委赔监 178 号决定（2020 年 6 月 30 日）

3. 案由

刑事违法查封、扣押、冻结赔偿

【简要案情】

2010年，吴某甲与他人套用国家相关政策，以种植山茶油树的名义，以虚假出资的方式将其实际控制的金月亮林业公司与昌顺捷五富通林业发展有限公司（以下简称昌顺捷林业公司）签订所谓的战略合作协议书，建立唯一、排他性的合作关系，公开向社会公众非法吸收资金，数额特别巨大。广西壮族自治区南宁市中级人民法院作出一审刑事判决，以吴某甲犯非法吸收公众存款罪，判处有期徒刑10年，并处罚金人民币50万元，公安机关扣押在案的款物，由公安机关依法处理。吴某甲上诉后，广西壮族自治区高级人民法院作出二审刑事裁定，认为“扣押在案的昌顺捷林业公司、金月亮林业公司及其下属分公司的财物，上诉人赵某某、吴某甲、王某某的现金及账户资金，户名为吴某乙、吴某的账户资金、劳力士手表等涉案款物属于违法所得或向集资参与人、帮助吸收资金人员支付的相关费用，由公安机关依照《办理非法集资刑事案件适用法律若干问题的意见》的规定及时处置。金月亮林业公司向广西建邦农业股份有限公司支付的购买茶油厂的670万元属犯罪所得，应予追缴后依法返还集资参与人，但由于公安机关没有向法院出具查封扣押手续和移送法院处理，对该部分赃款由公安机关依法另行追缴，并依照上述规定一并处置”，裁定驳回上诉，维持原判。

此后，金月亮林业公司、吴某甲以生效判决未对涉案财物作出犯罪所得的认定，也没有判决追缴、没收为由申请刑事赔偿。2018年6月11日，南宁市公安局作出不予国家赔偿决定。金月亮林业公司、吴某甲不服，申请复议。广西壮族自治区公安厅作出桂公赔复决字〔2018〕3号刑事赔偿复议决定，维持前述不予赔偿决定。金月亮林业公司、吴某甲不服，向广西壮族自治区高级人民法院赔偿委员会申请作出赔偿决定。

广西壮族自治区高级人民法院赔偿委员会于2018年11月1日作出（2018）桂委赔12号国家赔偿决定，维持桂公赔复决字〔2018〕3号刑事赔偿复议决定。金月亮林业公司、吴某甲仍不服，向最高人民法院赔偿委员会提出申诉。

【案件焦点】

刑事一审判决主文未明确涉案财物是否属于违法所得，但该判决已将涉案财物作为认定犯罪事实的证据使用，并概括判决由公安机关依法处理，嗣后二审裁定说理部分认定涉案财物系违法所得，并裁定驳回上诉、维持原判的，对后续国家赔偿案件的审理是否具有拘束力。

【裁判结果】

最高人民法院赔偿委员会经审查，于2020年6月30日作出（2020）最高法委赔监178号决定书，驳回金月亮林业公司、吴某甲的申诉。

【裁判摘要评析】

虽然2012年修改的《刑事诉讼法司法解释》进一步规范了涉案财物处置问题，但实践中，因为历史遗留、实务惯性、个案因素等原因，生效刑事判决对涉案财物审查、认定、处理不到位的情况，仍有一定数量，且极易转化为刑事赔偿纠纷。本案即属于刑事一审判决对公安机关扣押在案的财物未作出明确认定，仅判决由公安机关依法处理，而二审裁定驳回上诉、维持原判，故涉案财物如何处置缺乏判项依据的情况。本案借鉴发端于民事诉讼的“争点效”理论，综合一审证据认定和二审说理内容，认为刑事裁判已将涉案财物作为重点进行审查，说理部分作出的违法所得认定已形成类似既判力的拘束力，具有很好的启示和规则意义。

一、关于争点效理论

争点效理论首创于日本的新堂幸司教授。新堂教授认为，在前诉中，被双方当事人作为主要争点予以争执，而且法院也对该争点进行审理并作出判断，当同一争点作为主要的先决问题出现在其他后诉请求的审理中时，前诉法院有关该争点所作判断的通用力，既不允许后诉当事人提出违反该判断的主张及举证，也不允许后诉法院作出与之相矛盾的判断，争点判断的这种能够产生遮断效果的通用力，就是所谓的争点效。

争点效理论的思维基础在于在后诉当中，如果允许当事人对前诉已经法院判断的争执再度进行争执，并提出与之矛盾或者抵触的主张，那么就不可避免地有违诚实信用原则，对当事人也造成了不公平。简而言之，争点效理论是从诚实信用原则或者双方当事人公平原则出发来谋求其理论根据。

争点效基于生效裁判的判断所产生并针对后诉产生通用力，在这一点上与既判力发挥同样的作用。与既判力不同的是，争点效属于裁判理由所产生的效力，而既判力主要针对诉讼请求的妥当与否产生既判力。根据前述，生效裁判中有关诉讼请求妥当与否的判断截然区别于裁判理由的判断，而既判力仅仅及于前者，后者只是具有推导出前者的作用，因此如果仅仅根据既判力制度，后者将不起作用。确立这一原则的旨趣在于两点：第一，使诉讼的最终目标得以明确化，防止由此而产生的突然袭击，实现充分的辩论。第二，使当事人以及法院就前提问题所展开的诉讼活动具有灵活性，不必担心前提问题对于其他诉讼请求的影响。但是，在当事人就前提问题作为主要争点存在争议的情况下，将该争议结果作为判断与之相关联的其他请求的基础，应该更符合公平原则。从法院的立场来看，这种以双方当事人公平观念作为根据的争点效，有助于实现对于关联纠纷的统一解决。因此，争点效理论作为既判力制度的补充，是一种更加充实有效解决纠纷的手段。[1]

二、关于〔2004〕执他字第19号案答复及其理解适用

金月亮林业公司、吴某甲在向最高人民法院赔偿委员会申诉时提出，根据最高人民法院〔2004〕执他字第19号案的答复函，本案二审裁定不具有任何可供执行的依据，唯一执行依据是一审判决相关内容。

经查，此案相关背景是，施工单位依约完成全部工程，但建设单位未依约付款。在索要工程款过程中，双方达成还款协议，其中约定了工程造价、利息、付款期限，还约定了逾期付款则按520元/平方米的造价加上相关费用抵债给施工单位。后因建设单位仍未按协议付款，施工单位起诉。此案经辽宁省营口市中级人民法院审理，认定施工合同、还款协议合法有效，建设单位违约，判决给付工程款及滞纳金、利息。强制执行中，营口

〔1〕 参见江必新、何东宁主编：《最高人民法院指导性案例裁判规则理解与适用民事诉讼卷》(下)，第359-360页。

市中级人民法院对房屋土地进行了评估（980 元/平方米）、拍卖但流拍，只能以物抵债。但在抵债价格上，当事双方发生争议，建设单位同意按评估价，施工单位认为应按还款协议约定价。为此，营口市中级人民法院请示辽宁省高级人民法院，辽宁省高级人民法院又就涉案标的物是按照评估价以物抵债，还是按照生效判决书“本院认为”部分确认合法有效的当事人诉前约定的还款协议确认的价格以物抵债的问题向最高人民法院请示。辽宁省高级人民法院审委会多数意见认为应按还款协议约定价；少数意见认为判决主文只判了给付债权，没有对物的归属及价位予以确认，判决的“本院认为”部分是说理部分，不是执行的依据，若今后法院判决全回到以判决的“本院认为”部分作为依据，容易造成混乱，故执行中只能评估拍卖或按评估价以物抵债。

最高人民法院研究后的复函内容为：同意你院审判委员会少数意见。判决主文是人民法院就当事人的诉讼请求作出的结论，而判决书中的“本院认为”部分，是人民法院就认定的案件事实和判决理由所作的叙述，其本身并不构成判项的内容。人民法院强制执行只能依据生效判决的主文，而“本院认为”部分不能作为执行依据。但在具体处理上，你院可根据本案的实际情况，依法保护各方当事人的合法权益。

但须注意的是，根据相关解读文章，〔1〕该案原告只要求被告给付所欠工程款及滞纳金，并未要求对还款协议的内容进行裁判。所以一审法院在判决主文中只判令被告给付原告工程款及滞纳金和利息，而没有对还款协议进行裁判。

三、关于争点效理论在本案中的借鉴应用

最高人民法院赔偿委员会认为，关于申诉人提出的解除对茶油厂以外其他涉案款物扣押、冻结措施的申诉事由。虽然传统既判力理论曾将既判力的客观范围限于裁判主文中判断的范围，但随着理论和实务的发展，目前，已承认裁判理由中的判断在一定条件下可以产生相当于既判力的拘束

---

〔1〕 参见于泓：《以判决主文或判决理由作为执行依据请示案》，载《强制执行指导与参考》2044 年第 4 辑，法律出版社 2005 年版，第 84 页。

力。本案中，虽然生效刑事裁判关于该部分涉案款物的判决主文不够具体，但一方面，非法吸收公众存款罪的罪名本身即已表明被吸收资金原则上属于犯罪违法所得；另一方面，一审判决已将该部分涉案款物作为认定犯罪事实的证据使用并概括判决由公安机关依法处理，二审裁定在其本院认为部分又进一步明确了该部分涉案款物的违法性和处理方式并维持了一审判决的相关判项。换言之，该节事实已被生效裁判作为重点内容进行了审理和认定。据此，应认定生效刑事裁判的相关说理判断已经形成类似于传统既判力的裁判拘束力。进而可知，申诉人在未能通过刑事审判监督程序推翻前述认定之前，无权通过国家赔偿程序主张非法权益。

最高人民法院合议庭成员：高珂　李晓云　徐超

（编写人：徐超* 　审稿人：韩德强）

---

* 徐超，法律硕士，中华人民共和国最高人民法院赔偿委员会办公室，三级高级法官。

蔡某某申请安徽省宿州市中级人民法院错误执行赔偿案

——错误执行侵犯债权时赔偿范围的界定

【裁判摘要】

错误执行侵犯债权的，赔偿范围一般应当以债权标的额为限，不适用《审理民事、行政诉讼中司法赔偿案件司法解释》第15条第3款赔偿利息的规定。

【案件基本信息】

1. 诉讼当事人

申诉人（赔偿请求人）：蔡某某

被申诉人（赔偿义务机关）：安徽省宿州市中级人民法院

2. 案件索引与裁判日期

自赔：安徽省宿州市中级人民法院（2015）宿中法赔字第00003号决定（2016年2月15日）

委赔：安徽省高级人民法院赔偿委员会（2016）皖委赔2号决定（2017年5月8日）、（2019）皖委赔再1号国家赔偿决定（2019年8月14日）

申诉：最高人民法院赔偿委员会（2018）最高法委赔监60号决定（2018年12月28日）、（2020）最高法委赔监102号国家赔偿决定（2020年9月21日）

3. 案由

错误执行赔偿

【简要案情】

蔡某某诉林某某、灵璧县灵璧石投资发展有限公司（以下简称灵璧石投资公司）民间借贷纠纷一案，江苏省徐州市铜山区人民法院（以下简称铜山区人民法院）在诉讼过程中于2011年12月23日查封灵璧石投资公司位于渔沟镇青龙山东59.3亩土地的使用权（此前，林某某、灵璧石投资公司向孙某某借款1900万元，以正在开发建设的房屋及该土地使用权作为抵押，办理了土地使用权抵押担保登记，抵押担保价值为1187.1772万元，但当时不具备对地上建筑物一并抵押的条件，实际也未办理）。双方就林某某欠蔡某某借款本息总计509.1万元，灵璧石投资公司对上述债务承担连带清偿责任达成调解协议。铜山区人民法院据此于2012年4月10日作出（2012）铜民初字第54号民事调解书。因林某某未按生效民事调解书履行还款义务，蔡某某申请法院强制执行。2012年11月8日，铜山区人民法院为蔡某某执行189.884万元。

孙某某与灵璧石投资公司、林某某就民间借贷纠纷一案，安徽省宿州市中级人民法院（以下简称宿州市中级人民法院）于2012年2月24日依据孙某某的财产保全申请，宿州市中级人民法院作出（2012）宿中民二初字第00025号裁定，查封涉案59.3亩国有土地范围内的地上在建工程及坐西面东的十三间两层商品房；于2012年4月11日作出（2012）宿中民二初字第00025号民事调解书。谷某、彭某某与灵璧石投资公司、林某某就民间借贷纠纷一案，宿州市中级人民法院于2012年2月24日依据谷某、彭某某的财产保全申请，宿州市中级人民法院作出（2012）宿中民二初字第00024号裁定，查封灵璧石投资公司开发的位于灵璧县渔沟镇南路灵璧石国家公园奇石集散交易市场内的部分房屋；于2012年4月11日作出（2012）宿中民二初字第00024号民事调解书。其后，孙某某、谷某、彭某某申请法院强制执行。2013年9月17日，宿州市中级人民法院裁定将灵璧石投资公司所有的上述土地使用权及地上在建工程作价2780.7万元交付孙某某抵偿债务（其中孙某某2420.7万元，谷某、彭某某360万元）。

2013年12月18日，铜山区人民法院以被执行人确无财产可供执行，申请执行人也未能提供被执行人有可供执行的财产线索，且同意终结执行，裁定该院（2012）铜民初字第54号民事调解书终结执行。

蔡某某以错误执行赔偿为由，向宿州市中级人民法院提出国家赔偿申请。赔偿义务机关宿州市中级人民法院逾期未作出赔偿决定，蔡某某向安徽省高级人民法院赔偿委员会申请作出赔偿决定。安徽省高级人民法院赔偿委员会指令宿州市中级人民法院作出决定。宿州市中级人民法院于2016年2月15日作出决定，驳回蔡某某的赔偿申请。蔡某某不服，向安徽省高级人民法院赔偿委员会申请作出赔偿决定。安徽省高级人民法院赔偿委员会于2017年5月8日作出决定，驳回蔡某某的国家赔偿申请。蔡某某不服，向最高人民法院赔偿委员会申请作出赔偿决定。最高人民法院赔偿委员会作出决定，撤销安徽省高级人民法院赔偿委员会决定，指令安徽省高级人民法院赔偿委员会重新审理。

安徽省高级人民法院赔偿委员会重新审理期间，蔡某某向该院赔偿委员会提出的请求事项为：由宿州市中级人民法院赔偿各项损失1391.4801万元。包括：调解书未得到执行的本金319.216万元；2012年6月1日—11月8日，以林某某欠蔡某某借款本息509.1万元为本金，按照同期一年期银行贷款利率6.31%计算所得利息112.6548万元；2012年11月9日至2013年9月17日，以319.216万元为本金，按照同期一年期银行贷款利率6%计算所得利息130.9748万元；2013年9月18日暂至2019年1月28日，以319.216万元为本金，按照同期一年期银行贷款利率6%计算所得利息410.9753万元；因宿州市中级人民法院错误执行，造成蔡某某多笔银行贷款无力偿还，导致法院拍卖了蔡某某名下的1套房产，贷款担保人的2套房产也被贱卖，造成损失合计367.6592万元；精神损失费50万元。

安徽省高级人民法院赔偿委员会经审理，作出（2019）皖委赔再1号国家赔偿决定：撤销宿州市中级人民法院（2015）宿中法赔字第00003号决定；宿州市中级人民法院赔偿蔡某某319.216万元，驳回蔡某某的其他赔偿请求。蔡某某对安徽省高级人民法院赔偿委员会（2019）皖委赔再1号国家赔偿决定仍不服，向最高人民法院赔偿委员会提出申诉。

【案件焦点】

对蔡某某提出的除赔偿本金外还应当赔偿的两项损失是否应予支持。即一是蔡某某主张应当根据法释（2009）6号批复的规定，以欠款总额509.1万元为本金，按照银行贷款利率的四倍，赔偿自2012年6月1日—

11 月 8 日（林某某应还款到期日至铜山区人民法院为蔡某某执行 189.884 万元之日），迟延履行期间的债务利息损失；二是蔡某某主张本案的直接损失是现金，应当根据《审理民事、行政诉讼中司法赔偿案件司法解释》第 15 条的规定，以 319.216 万元为本金赔偿自 2012 年 11 月 9 日至今按照银行贷款利率的四倍赔偿损失。

【裁判结果】

最高人民法院赔偿委员会认为，根据《审理民事、行政诉讼中司法赔偿案件司法解释》第 5 条第 6 项的规定，违法将案件执行款物执行给其他当事人或者案外人的，属于对判决、裁定及其他生效法律文书执行错误。本案中，经铜山区人民法院主持调解，蔡某某与林某某于 2012 年 4 月 10 日自愿达成调解协议，铜山区人民法院于达成调解协议当日制作（2012）铜民初字第 54 号民事调解书，确认上述调解协议内容。蔡某某依据（2012）铜民初字第 54 号民事调解书申请法院强制执行 509.1 万元，铜山区人民法院为其执行 189.884 万元后，林某某尚欠蔡某某欠款 319.216 万元，即蔡某某可依法申请法院执行的余款为 319.216 万元。2013 年 9 月 17 日，宿州市中级人民法院作出（2012）宿中执字第 00069-2 号执行裁定，将涉案 59.3 亩土地上的在建房屋作价 1007.7 万元抵偿给孙某某、谷某、彭某某，把本该属于第一顺位受偿人蔡某某的执行款执行给了他人，违反了人民法院执行程序中的相关规定，属于上述司法解释规定的错误执行情形。在执行监督程序不能弥补蔡某某损失的情况下，宿州市中级人民法院应对其违法行为造成蔡某某 319.216 万元的直接损失承担国家赔偿责任。

根据《国家赔偿法》第 36 条第 8 项“对财产权造成其他损害的，按照直接损失给予赔偿”、《审理民事、行政诉讼中司法赔偿案件司法解释》第 15 条第 3 款“应当返还的财产系现金的，比照本条第一款规定支付利息”的规定，上述法律、司法解释中规定的直接损失是指因不法侵害而致财产直接减少或灭失，“应当返还的财产系现金的”是指实物现金，而非可以以金钱形式实现的债权。本案中，蔡某某主张应由宿州市中级人民法院赔偿自 2012 年 6 月 1 日—11 月 8 日迟延履行期间的利息损失及 2012 年 11 月 9 日至今的利息损失，这些均不属于国家赔偿法规定的直接损失，宿州市中级人民法院错误执行行为造成蔡某某依据生效民事调解书本应实现的债权无法实现，给其造成损失，亦不属于上述司法解释规定的应予赔偿利息损失的情形。因此，驳回蔡某某的申诉。

【裁判摘要评析】

该案为错误执行侵犯债权时赔偿范围如何界定的案件审理树立了标杆，具有积极明确的典型示范意义。错误执行导致债权人的合法债权不能实现的，赔偿范围一般应当以债权标的额为限，不适用《审理民事、行政诉讼中司法赔偿案件司法解释》第15条第3款关于应当返还的财产系现金的，予以赔偿利息的规定。这既能保护债权人的合法债权，也符合《国家赔偿法》和《民法典》规定侵权责任填补损害的功能要求。

一、侵害债权责任的地位

在确定侵害债权的赔偿范围时，首先应当明确侵害债权责任的地位，其是独立的责任抑或是违约责任的补充责任。对此，有观点认为，第三人侵害债权制度是作为违约责任的补充责任出现的。在发生第三人侵害债权的情况时，对受损害一方的救济首先是违约责任，只有在违约责任不足以弥补损失时，才适用侵权责任作为补充。也有观点认为，侵害债权责任是一种独立的责任形式。第一，侵害债权人与违约人之间并非共同侵权人或共同违约人，不存在以侵害债权责任作为违约责任的补充；第二，侵害债权责任的认定与违约责任的认定应分别进行，二者不存在主次之分，也不存在先后之分。[1] 还有观点认为，应将侵害债权的损害赔偿分为侵权人的直接责任和侵权人、债务人共同责任两类，具体包括四种情形：(1) 侵权人直接侵害债权的直接责任。在直接侵害债权的场合，损害赔偿关系的主体是债权人和侵权人即第三人。债权人为赔偿权利人，侵权人即第三人为赔偿义务人，第三人直接向债权人承担侵权损害赔偿的民事责任。这种侵害债权的侵权法律关系的侵权责任形态是自己责任，侵权人自己承担侵权责任。(2) 侵权人间接侵害债权的直接责任。在第三人间接侵害债

〔1〕 参见江必新、何东宁等：《最高人民法院指导性案例裁判规则理解与适用·合同卷一》，中国法制出版社2012年版，第323-324页。

权的场合，如第三人基于侵害债权的故意而伤害债务人、毁损债的标的物，以诈欺、强制等方法阻止债务人履行债务，而债务人本身并无过错的，构成的侵权法律关系仍然是自己责任。其损害赔偿关系的主体仍然是债权人和第三人。债权人为权利人，第三人为义务人，第三人直接向债权人承担侵权损害赔偿等民事责任。(3) 不真正连带责任。在间接侵害债权的场合，第三人诱使债务人不履行债务，如债务人知道或者应当知道第三人为违约引诱，有抵制的余地而不加以抵制，致使债权人债权无法实现的，显然对债务不履行有过错，应承担相应的民事责任，与第三人共同对债权人的债权损失负责。但这种责任不是连带责任，而为不真正连带债务。第三人和债务人各自向债权人承担各自的责任，构成第三人的侵权责任与债务人的违约责任竞合。在此情形下，债权人可以选择追究侵权人的侵权责任或者违约人的违约责任。(4) 连带责任。第三人与债务人恶意串通，侵害债权人债权的，构成侵害债权的共同侵权行为，应当承担连带责任。这种侵权法律关系，债权人为赔偿权利人，第三人和债务人为共同加害人、赔偿义务人，向债权人承担连带赔偿责任。对于第三人以劝说、教唆债务人不履行债务，而债务人明知其有侵害债权的意图而同意的，视为恶意串通。第三人与债务人之间存在共同故意，应共同承担连带责任。[1]

笔者认为，在涉执行司法赔偿领域，补充责任、独立责任这两种责任都可能存在，应区分情况作不同的认定。如执行行为是直接侵权导致债务人的财产灭失，债务人无法向债权人履行，但债务人本身并无过错的，国家本应当对债务人进行赔偿，再由债务人向债权人履行。由于最终损害后果是债务人无法向债权人履行债务，则由国家将赔偿金直接支付给债权人。此时的国家赔偿责任，相对于债务人来说是独立责任，国家赔偿之后不能向债务人追偿。但如果存在第三人的责任，国家可以向第三人追偿，相对于债权人来说，国家赔偿责任仍属补充责任，只有在债务人无法履行的情况下，国家才向债权人承担该赔偿责任。如执行法院和债务人的行为共同

---

〔1〕 参见杨立新：《侵权责任法原理与案例教程》(第3版)，中国人民大学出版社2013年版，第139页。

作用导致债务人的债务无法履行，债权人的债权无法实现的，则这时的国家赔偿责任，无论是连带责任抑或不真正连带责任，均是一种补充责任。国家承担赔偿责任后，在债务人事后恢复履行能力时，国家可以根据具体情况向债务人再行追偿。而在代位执行的情况下，执行法院给被执行人的债权造成了损害时，对于债权人（被执行人）来说，国家应承担独立的赔偿责任。

二、侵害债权的赔偿范围限度

关于债权损失赔偿范围的确定，一般应当以债权标的额为限。

《民法典》第 1184 条规定："侵害他人财产的，财产损失按照损失发生时的市场价格或者其他合理方式计算。"该规定是对侵权赔偿中财产损失计算方式的原则性规定，表述上未明确区分物权和债权，理论上可以涵盖债权被侵权的情形，其所称的"损失发生时的市场价格"一般理解为是客观计算的直接损失，同时规定了可以"其他合理方式计算"财产损失。民法理论一般认为，直接损失是现有财产的减损、既得利益的损失；间接损失是未来财产的减损、可得利益或者期待利益的损失。但债权是请求权而不是支配权，只能通过请求债务人履行债务，才能获得债权的预期利益，将债权的预期利益转变为现实财产利益。债权标的本身就属于可得利益、预期利益，而非现实的既得利益。因此侵害债权造成的损失必然是预期利益的损失。《民法典》第 584 条规定："当事人一方不履行合同义务或者履行合同义务不符合约定，造成对方损失的，损失赔偿额应当相当于因违约所造成的损失，包括合同履行后可以获得的利益；但是，不得超过违约一方订立合同时预见到或者应当预见到的因违约可能造成的损失。"该条规定的是违约情况下的损害赔偿，但可得利益损失是违约损失之一。在计算可得利益损失时，仍应遵循可预见、减轻损害、损益相抵和过失相抵等规则。对侵害债权行为提供救济的范围除可得利益损失之外，一般还包括其他违约损失如为合同履行而支出的必要费用、为防止损失扩大而采取补救措施的费用等。

按照《国家赔偿法》第 36 条的规定，对财产侵权的国家赔偿以赔偿直接损失为原则，这与《民法典》规定侵权责任填补损害的功能要求基本一致。在涉执行司法赔偿领域，对侵害债权造成损害的赔偿，相对于民事领域的侵害债权的赔偿要单纯一些。执行行为损害的债权，通常是生效法律文书确定的债权，该债权由执行法院以强制手段帮助债权人实现，故通常不存在为合同履行而支出的费用、为防止损失扩大而采取补救措施的费用等，只以判决内容即债权标的额为准。执行标的一般包括金钱债权和非金钱债权，非金钱债权的请求权又分为物的交付请求权和行为请求权，其中涉及行为请求权的执行案件较少，因此以实现金钱债权和物的交付请求权的执行为基础，即以债权标的额为准。

在执行过程中，债权标的额一般是生效法律文书所确定的给付范围，以之作为当事人的预期利益范围并无疑义，这也是最直接、可量化的损失。按照这样的赔偿范围，错误执行侵害债权的司法赔偿能较充分地填补债权人的债权损害，既与民事理论保持了基本一致，也符合现行国家赔偿法对于财产损害的赔偿范围一般限于直接损失的原则。

结合本案，关于蔡某某主张根据法释〔2009〕6号批复的规定，赔偿自2012年6月1日—11月8日迟延履行期间的债务利息损失的问题。法释〔2009〕6号《在执行工作中如何计算迟延履行期间的债务利息等问题的批复》第1条规定，人民法院根据《民事诉讼法》第229条计算“迟延履行期间的债务利息”时，应当按照中国人民银行规定的同期贷款基准利率计算。根据《人民法院民事调解工作规定》第19条第2款的规定，不履行调解协议的当事人按照前款规定承担了调解书确定的民事责任后，对方当事人又要求其承担《民事诉讼法》第229条（2017年《民事诉讼法》第253条）规定的迟延履行责任的，人民法院不予支持。本案中，经铜山区人民法院主持调解，蔡某某与林某某于2012年4月10日自愿达成调解协议，铜山区人民法院于达成调解协议当日制作（2012）铜民初字第54号民事调解书。蔡某某依据生效的民事调解书向人民法院申请执行，属于《人民法院民事调解工作规定》第19条第2款规定的情形。蔡某某申诉主张应根据《在执行工作中如何计算迟延履行期间的债务利息等问题的批复》的规定，由宿州市中级人民法院赔偿迟延履行期间的债务利息损失于法无据。此外，根据《民事诉讼法司法解释》第507的规定，被执行人未按判决、裁定和其他法律文书指定的期间履行非金钱给付义务的，无论是否已给申请执行人造成损失，都应当支付迟延履行金。已经造成损失的，双倍补偿申请执行人已经受到的损失；没有造成损失的，迟延履行金可以由人民法院根据具体案件情况决定。根据上述规定，迟延履行金的支付不以给申请执行人造成损失为前提，其目的是通过给迟延履行义务人以惩罚，促使义务人按期履行法律文书确定的义务。迟延履行金制度所具有的惩罚性赔偿的特点，显然与《国家赔偿法》第36条及《审理民事、行政诉讼中司法赔偿案件司法解释》第12条规定的除法律、司法解释明确规定的外，对财产权造成损害的按照直接损失给予赔偿的规定精神不符。

关于蔡某某主张本案的直接损失是现金，应当赔偿利息损失的问题。《审理民事、行政诉讼中司法赔偿案件司法解释》第15条第3款规定："应当返还的财产系现金的，比照本条第一款规定支付利息。"该规定中"应当返还的财产系现金的"系指实物现金，而非可以以金钱形式偿付的债权，否则除交付特定物及完成行为的债权外，任何种类的债权都可以转化为金钱债权，都应当赔偿利息损失，这样理解与《国家赔偿法》第36条及《审理民事、行政诉讼中司法赔偿案件司法解释》第15条的规定精神不符。本案中，宿州市中级人民法院错误执行行为造成蔡某某依据生效民事调解书本应实现的债权无法实现，给其造成损失，但该损失不是实物现金损失，不属于《审理民事、行政诉讼中司法赔偿案件司法解释》第15条第3款规定的应当返还财产系现金的，支付利息损失的情形。

最高人民法院合议庭成员：李延忱　梁清　张元光

（编写人：梁清*　王田**　审稿人：韩德强）

* 梁清，法学博士，中华人民共和国最高人民法院赔偿委员会办公室，二级高级法官。

** 王田，法学硕士，中华人民共和国最高人民法院赔偿委员会办公室，三级高级法官助理。

周某某
诉
广东省东莞市人民政府
工伤行政复议案

——劳动者被认定工伤的权利不因其与工伤责任主体达成并履行民事赔偿协议而排除

【裁判摘要】

1. 因工伤亡被认定为工伤是劳动者的法定权利，要坚持工伤法定原则，该权利不因劳动者与责任主体达成并履行民事赔偿协议而排除。劳动者被认定工伤后，有权主张工伤保险待遇，若已得的民事赔偿高于应得的工伤保险待遇，责任主体无须再行支付；若已得的民事赔偿少于应得的工伤保险待遇，责任主体应当补足差额。

2. 原行政行为正确，行政复议决定撤销原行政行为错误的，行政判决可以在判决撤销行政复议决定的同时，一并恢复原行政行为的法律效力，从而一次性化解行政争议。

【案件基本信息】

1. 诉讼当事人

再审申请人（一审原告、二审上诉人）：周某某

被申请人（一审被告、二审被上诉人）：广东省东莞市人民政府（以下简称东莞市政府）

原审第三人：东莞市东锐机电设备工程有限公司（以下简称东锐机电设备工程公司）

2. 案件索引与裁判日期

一审：广东省东莞市中级人民法院（2017）粤19行初62号判决（2018年4月8日）

二审：广东省高级人民法院（2018）粤行终1134号判决（2018年10月13日）

再审：最高人民法院（2020）最高法行再118号判决（2020年7月30日）

3. 案由

工伤行政复议

【简要案情】

2016年7月25日，东锐机电设备工程公司将其承包的中央空调安装工程分包给“包工头”谢某某负责施工，并签订了分包合同，约定谢某某自行招用施工人员并负责发放薪酬。周某某于2016年8月19日被谢某某招用并安排至东莞市“一村山庄工地”从事焊工工作，由谢某某对其进行管理。2016年8月30日，周某某在工作期间摔伤右脚，随后被送至医院住院治疗。2016年9月24日，周某某出院，医院出具诊断证明，诊断为右侧跟骨粉碎性骨折，并做了复位锁定钢板内固定术。医生建议骨折愈合（1年后）可拆除内固定装置，拆除内固定装置住院总费用约1万元。

2016年12月，周某某向东莞市樟木头仲裁庭申请劳动仲裁，请求确认其与东锐机电设备工程公司存在劳动关系。2016年12月8日，樟木头仲裁庭未支持周某某的仲裁申请。2017年2月8日，周某某以东锐机电设备工程公司为工作单位，向东莞市社会保障局（以下简称东莞市社保局）提出工伤认定申请，东莞市社保局于2017年4月20日受理。在工伤认定审查期间，周某某又于2017年2月21日，以谢某某为被告向东莞市第三人民法院提起民事诉讼，请求法院：解除其与谢某某的雇佣关系；确认谢某某已支付周某某受伤期间的医疗费、手术费、护理费及住院生活费；判令谢某某向周某某支付伤残赔偿金、后续治疗费及营养费、误工费、护理费、精神抚慰金、交通费、在职期间工资待遇等费用共计6万元。该案经东莞市第三人民法院主持调解，周某某与谢某某达成调解协议：确认周某某与谢某某的雇佣关系已解除；谢某某自愿于 2017 年 3 月 5 日前支付周某某损害赔偿款共计 6 万元；双方互不再追究对方其他经济责任。

上述调解书生效后如期履行。2017 年 5 月 18 日，东莞市社保局作出东社保工伤认字 GSRD2203598511 号认定工伤决定书（以下简称认定工伤决定），认定周某某受伤为工伤，东锐机电设备工程公司为责任单位。东锐机电设备工程公司申请行政复议，东莞市政府于 2017 年 9 月 21 日作出东府行复〔2017〕330 号行政复议决定书（以下简称行政复议决定），认为东锐机电设备工程公司将承包的“一村山庄宴会厅”等工程分包给不具备用工主体资格的谢某某，谢某某聘用的周某某从事承包业务时受伤，东锐机电设备工程公司应先行承担工伤保险责任，之后有权向谢某某追偿。周某某在申请工伤认定前已经领取了谢某某支付的损害赔偿款 6 万元，其因工作遭受的事故伤害已经获得了医疗救治和经济补偿，不再具有工伤认定所需保护的权利，故决定撤销东莞市社保局认定工伤决定。周某某不服提起行政诉讼，请求撤销东莞市政府行政复议决定。

一审法院于 2018 年 4 月 8 日作出（2017）粤 19 行初 62 号行政判决，驳回周某某的诉讼请求；二审法院于 2018 年 10 月 13 日作出（2018）粤行终 1134 号行政判决，维持一审判决。

判决生效后，周某某向最高人民法院申请再审，称其与谢某某签订的调解协议显失公平，其医疗费用和各项开支远超协议约定的 6 万元；而且其构成九级伤残，6 万元也远低于其应当享受的工伤保险待遇。请求再审本案，撤销一审、二审判决及行政复议决定，确认认定工伤决定有效。东莞市政府答辩称，周某某若认定工伤，工伤保险责任由东锐机电设备工程公司承担，东锐机电设备工程公司可向谢某某追偿。由于谢某某已经支付了医疗费用及调解款，周某某已获得赔偿，故不再有认定工伤的必要，请求维持二审判决。

最高人民法院经审查，于 2019 年 11 月 20 日作出（2019）最高法行申 5982 号裁定，提审本案。

【案件焦点】

1. 东莞市政府以周某某与谢某某签订调解协议并领取赔偿款为由，撤销认定工伤决定是否合法；

2. 本案能否直接判决恢复认定工伤决定的法律效力。

【裁判结果】

最高人民法院经审理认为，东锐机电设备工程公司与周某某之间并非典型的劳动关系，而是法律拟制的用工主体责任关系，周某某在劳动仲裁机构认定其与东锐机电设备工程公司不存在劳动关系的情形下，对其能否主张工伤保险待遇存在认识不足。而且，民事损害赔偿系周某某在未进行伤残等级鉴定的情况下与谢某某调解达成，赔偿金额可能低于工伤保险待遇。依法享受工伤保险待遇是劳动者享有的法定权利，东莞市政府仅以周某某签订调解协议并领取损害赔偿款为由，撤销认定工伤决定，可能损害周某某的法定权利，应当予以纠正。需要说明的是，周某某在认定工伤、鉴定劳动能力后，若实际获得的医疗费、损害赔偿款少于应当享受的工伤保险待遇，有权要求补齐差额。东莞市政府撤销认定工伤决定，一审、二审法院分别驳回周某某的诉讼请求和上诉，均属于适用法律不当，应一并纠正。遂判决：撤销一审、二审行政判决，撤销行政复议决定，恢复认定工伤决定的法律效力。

【裁判摘要评析】

本案裁判结论实质上是对工伤认定决定的复议撤销决定之再撤销。核心争议是当劳动者与责任主体达成并履行赔偿协议后，人社部门是否还可以认定工伤。司法实践中对该问题无统一认识，最高人民法院采纳了肯定的观点，撤销了行政复议决定。复议决定被撤销后，本案又产生第二个问题，即人民法院如何选择裁判方式，最高人民法院为使伤残职工尽快享受工伤保险待遇，直接恢复认定工伤决定的效力，并释明了主张工伤保险待遇的途径及内容。本案解决了工伤认定中的争议问题，一次性化解了行政争议，最大限度上保护了伤残职工的合法权益。

一、劳动者与责任主体达成并履行民事赔偿协议不影响人社部门认定工伤

工伤保险制度是指劳动者在生产经营或在某些规定情况下，遭遇意外事故，造成伤残、职业病、死亡等伤害，为劳动者提供医疗救治和康复服务，保证劳动者及其家属生活的社会保障制度。工伤保险作为社会保险制度的一种，是通过立法强制实施的，是国家对劳动者履行的社会责任，也是劳动者应该享受的基本权利。劳动者依法享受工伤保险的权利，是由劳动法、社会保险法、工伤保险条例等法律、法规具体保障的。

工伤认定是主张工伤保险待遇的前置程序。工伤认定应坚持工伤法定原则，即工伤情形与视同工伤情形均属法定事项，应严格依法理解与适用，范围不能扩大或限缩。依据《工伤保险条例》第 14 条、第 15 条、第 16 条的规定，劳动者认定为工伤的法定情形包括：(1) 在工作时间和工作场所内，因工作原因受到事故伤害的；(2) 工作时间前后在工作场所内，从事与工作有关的预备性或者收尾性工作受到事故伤害的；(3) 在工作时间和工作场所内，因履行工作职责受到暴力等意外伤害的；(4) 患职业病的；(5) 因工外出期间，由于工作原因受到伤害或者发生事故下落不明的；(6) 在上下班途中，受到非本人主要责任的交通事故或者城市轨道交通、客运轮渡、火车事故伤害的；(7) 法律、行政法规规定应当认定为工伤的其他情形。劳动者视同工伤的法定情形包括：(1) 在工作时间和工作岗位，突发疾病死亡或者在 48 小时之内经抢救无效死亡的；(2) 在抢险救灾等维护国家利益、公共利益活动中受到伤害的；(3) 职工原在军队服役，因战、因公负伤致残，已取得革命伤残军人证，到用人单位后旧伤复发的。另外，劳动者不能认定工伤或视同工伤的法定情形包括：(1) 故意犯罪的；(2) 醉酒或者吸毒的；(3) 自残或者自杀的。

从条例的上述规定看，工伤认定是指人社部门以法律、行政法规为依据，确定劳动者的伤亡是否为工作原因造成的一种事实认定，其中排除了劳动者存在故意或重大过失的情形。因工伤认定只是伤亡性质的认定，所以在此程序中人社部门无须考虑劳动者是否已经得到民事赔偿，以及后续如何享受工伤保险待遇的问题。本案中，东莞市社保局认为周某某在工作

期间摔伤右脚，符合“在工作时间和工作场所内，因工作原因受到事故伤害的”情形，作出《认定工伤决定》，符合立法精神及具体规定。

东莞市政府以周某某已经得到责任主体的民事赔偿为由，复议撤销《认定工伤决定》，不仅存在考虑不相关因素、违法限缩工伤范围的问题，还存在可能损害劳动者实体权益的问题。享受工伤保险待遇是劳动者进行工伤认定的出发点和落脚点，认定工伤后，劳动者便可向承担工伤保险责任的单位请求其按工伤保险待遇标准承担赔偿责任，或向社会保险经办机构申请支付工伤保险待遇。工伤保险待遇是法定、明确的待遇，《工伤保险条例》第五章“工伤保险待遇”明确规定包括医疗费用、交通和食宿费用、康复费用、伤残补助金、伤残津贴、生活护理费等项目。若是劳动者事先得到的民事赔偿低于应得的工伤保险待遇，人社部门不认定工伤，便会损害劳动者的实体权益。

二、原行政行为正确，人民法院可撤销复议决定，一并恢复其效力

根据《行政诉讼法司法解释》第89条的规定，复议决定改变原行政行为错误的情况下，有两种判决方式，一种是撤销复议决定，一并责令复议机关重新作出复议决定；另一种是撤销复议决定，一并判决恢复原行政行为的法律效力。其中，第一种判决方式是对原司法解释的继承，第二种判决方式是新司法解释增加的判决方式，是贯彻行政诉讼法实质化解行政争议目的，对原司法解释规定的完善和发展。人民法院经审理认为，复议决定撤销原行政行为违法，原行政行为认定事实清楚，主要证据充分，适用法律法规正确，程序合法，复议机关已无裁量余地的，应当在判决撤销复议决定的同时，一并判决恢复原行政行为的法律效力，不应再责令复议机关重新作出复议决定〔1〕。

在被诉复议决定撤销原行政行为错误，判决撤销复议决定时，是选择第一种判决方式，还是选择第二种判决方式，需要从实质化解行政争议的角度考虑。如果符合法定条件，人民法院更应当选择撤销复议决定同时恢

〔1〕 参见最高人民法院行政审判庭编著：《最高人民法院行政诉讼法司法解释理解与适用（上）》，人民法院出版社2018年版，第418页。

复原行政行为的法律效力；只有在不具备恢复原行政行为法律效力的情况下，才选择第一种判决方式[1]。而要作出这样的选择，人民法院必须对原行政行为的合法性进行全面审查。当然，如果经过审查，原行政行为违法，但是撤销会给国家利益、公共利益造成重大损害，或者行政行为程序轻微违法，但对原告权利不产生实际影响，复议机关撤销原行政行为不妥，为实质化解行政争议，应当判决撤销被诉复议决定的同时，判决确认原行政行为违法，保留其法律效力。

本案中，周某某因工受伤的事实清楚，东锐机电设备工程公司、东莞市政府对此均无异议，认定工伤决定的程序亦符合法律规定。该认定工伤决定历经行政复议、一审、二审、再审审查及再审程序，周某某从发生工伤事故至本案再审判决作出，历经近四年时间，耗费了大量的精力、财力。若是最高人民法院撤销一审、二审判决及行政复议决定，责令东莞市政府重新作出复议决定，还有引发新一轮诉讼的可能，这是受伤职工所无法承受的。基于以上考虑，最高人民法院再审判决撤销行政复议决定的同时，恢复了认定工伤决定的法律效力，使工伤认定争议至此了结，一次性化解了行政争议。

三、关于劳动者实体权益的救济问题

本案系工伤认定案件，仅解决周某某是否应当认定工伤的问题，但鉴于东莞市政府以周某某的实体权益已经得到救济为由撤销认定工伤决定，周某某对于再审改判后如何主张工伤保险待遇无相应认知，故最高人民法院对周某某的实体权益救济问题进行了适度的释明。

《关于审理工伤保险行政案件若干问题的规定》第 3 条规定："社会保险行政部门认定下列单位为承担工伤保险责任单位的，人民法院应予支持……（四）用工单位违反法律、法规规定将承包业务转包给不具备用工主体资格的组织或者自然人，该组织或者自然人聘用的职工从事承包业务时因工伤亡的，用工单位为承担工伤保险责任的单位……前款第（四）、

---

〔1〕 参见最高人民法院行政审判庭编著：《最高人民法院行政诉讼法司法解释理解与适用（上）》，人民法院出版社 2018 年版，第 419 页。

（五）项明确的承担工伤保险责任的单位承担赔偿责任或者社会保险经办机构从工伤保险基金支付工伤保险待遇后，有权向相关组织、单位和个人追偿。”在司法解释上述条款规定的法律拟制用工主体责任关系中，用工单位承担赔偿责任或者社会保险经办机构支付工伤保险待遇后，有权向相关组织、单位和个人追偿，故承担赔偿责任的最终主体应为不具备用工主体资格的雇主。

如果劳动者已经从雇主处获得民事赔偿，用工单位或社会保险经办机构再向雇主追偿，雇主便面临重复赔偿问题，这有悖于《工伤保险条例》第1条“分散用人单位的工伤风险”的立法初衷。因此有观点认为，如劳动者已经从雇主处获得赔偿，人民法院便不应受理其主张工伤保险待遇的诉讼。但是这种观点在实践中存在一定问题，假如劳动者从雇主处获得的赔偿低于应享受的工伤保险待遇，这样做便会损害劳动者的实体权益。所以，人民法院在劳动者获得雇主赔偿的情况下，应当允许其提起主张工伤保险待遇的诉讼。若是劳动者已经获得的赔偿高于应得的工伤保险待遇，应尊重雇主的意思自治，判决驳回劳动者的诉讼请求；若是劳动者已经获得的赔偿低于应得的工伤保险待遇，应当判令用工单位或者社会保险经办机构补足差额，用工单位或者社会保险经办机构可就差额部分向雇主追偿。

本案中，虽然周某某与雇主谢某某签订并履行了赔偿协议，但并不影响周某某提起主张工伤保险待遇诉讼的权利。人民法院应当对周某某已经得到的赔偿和应得的工伤保险待遇进行比对，若是已得的赔偿低于应得的待遇，应责令东锐机电设备工程公司或社会保险经办机构补齐差额，东锐机电设备工程公司或社会保险经办机构可就差额部分向谢某某追偿。需要说明的是，虽然周某某与谢某某达成的调解协议载明，双方互不再追究对方其他经济责任。但是由于该条款可能损害劳动者的法定权利，故不能以此为依据否定周某某认定工伤并享受工伤保险待遇的权利。而且从本案的实际情况看，该协议签订于周某某治疗康复期间；仲裁机构否认周某某与东锐机电设备工程公司的劳动关系；周某某未进行伤残鉴定，故周某某对其能否享受工伤保险待遇及享受何种标准的工伤保险待遇均无相应认知。

在上述情况下签订的赔偿协议，极有可能损害周某某的合法权益，以此协议否认其工伤认定权、享受工伤保险待遇的权利亦显失公平。因此，即使周某某与雇主谢某某签订并履行了赔偿协议，该调解协议还载明双方互不再追究对方其他经济责任，也不影响周某某认定工伤及主张工伤保险待遇的权利。

最高人民法院再审合议庭成员：寇秉辉　宋楚潇　杨志华

（编写人：寇秉辉*　岑潇**　审稿人：韩德强）

* 寇秉辉，法学博士，中华人民共和国最高人民法院原审判员、第一巡回法庭原主审法官，广东省深圳市中级人民法院行政审判庭法官。

** 岑潇，法学硕士，中华人民共和国最高人民法院第一巡回法庭第六期轮训助理，南宁铁路运输中级法院立案庭法官助理。

海南亿隆城建投资有限公司
诉
海南省文昌市人民政府、
文昌市生态环境局
罚款及行政复议案

——行政机关应准确界定违法主体及违法责任

【裁判摘要】

1. 现行法律规定“建设单位”负有申报环境影响评价文件的义务。实践中，大型建设项目，特别是政府投资项目，往往会出现“项目单位”“代建单位”“施工单位”“业主单位”等不同名称的机构。不同机构在人员组成、职能范围等方面存在交叉重叠。行政机关应准确识别真正的“建设单位”，进而确定环评文件的申报主体、批复对象及违法主体。

2. 大型建设项目的施工周期比较长，其间如果法律条文发生变动，该如何适用法律并确保“过罚相当”是执法实践中的难点。行政机关应认真查明建设项目动工及竣工时间点，并确定应当适用新法还是旧法。

3. 如果违法行为产生的原因既包括建设单位的主观过错，也包括信赖政府指引、维护公共利益等其他因素，也即存在“多因一果”的情形，行政机关应该全面调查，充分考虑建设单位的主观过错程度以及阻却事由，准确界定违法责任，避免处罚显失公正。

【案件基本信息】

1. 诉讼当事人

再审申请人（一审原告、二审被上诉人）：海南亿隆城建投资有限公司（以下简称亿隆城建投资公司）

被申请人（一审被告、二审上诉人）：海南省文昌市人民政府（以下简称文昌市政府）

被申请人（一审被告）：海南省文昌市生态环境局（以下简称文昌市环境局）

2. 案件索引与裁判日期

一审：海南省第一中级人民法院（2019）琼96行初76号判决（2019年9月20日）

二审：海南省高级人民法院（2020）琼行终206号判决（2020年5月6日）

再审：最高人民法院（2021）最高法行再247号判决（2021年9月26日）

3. 案由

罚款及行政复议

【简要案情】

文昌市政府投资建设彩虹大道宝陵河段项目（以下简称涉案项目），文昌市政府设立铜鼓岭国际生态旅游区项目指挥部（以下简称铜鼓岭指挥部）作为开发执行机构，亿隆城建投资公司为项目的建设业主单位。2016年11月18日，文昌市发展和改革委员会批复涉案项目道路总全长3240米，概算总投资为34,199.88万元，由文昌市政府与亿隆城建投资公司按土地成片开发协议规定筹资。2017年3月30日，亿隆城建投资公司获得涉案项目的建筑工程施工许可证，证载合同工期一栏标注开工日期为2016年12月30日。

2017年10月13日，文昌市环境局对涉案项目进行检查，认为涉案项目的环境影响报告表未经环保部门审批，亿隆城建投资公司便开工建设。2018年8月13日，文昌市环境局作出文环保罚决字〔2018〕20号处罚决定书（以下简称20号处罚决定），认定涉案项目未经环保部门审批，擅自开工建设，决定对亿隆城建投资公司作出总投资额34,199.88万元的1%即341.9988万元罚款的行政处罚。2018年10月10日，亿隆城建投资公司向文昌市政府提起行政复议。2018年12月11日文昌市政府作出文府复决字〔2018〕36号行政复议决定书（以下简称36号复议决定），决定维持20

号处罚决定。亿隆城建投资公司不服，提起行政诉讼。

铜鼓岭指挥部于2019年4月30日出具情况说明，载明：为保障文昌火箭发射场2016年火箭首发龙楼镇区道路通行，涉案项目提前开工建设，亿隆城建投资公司自2015年9月起开展对道路的土石方施工作业，在2016年6月火箭首发前完成路基垫层及级配碎石施工，具备基本通行条件。2016年9月20日，涉案项目至山海天大道交界处路段已实现贯通。

2020年12月25日，文昌市环境局在二审结束后向文昌市龙楼镇人民政府（以下简称龙楼镇政府）作出文昌市生态环境局关于批复彩虹大道宝陵河段项目环境影响报告表的函（文环函〔2020〕525号）。该函件的主要内容包括“你单位报送的彩虹大道宝陵河段项目环境影响报告表及相关承诺书等有关材料收悉……我局原则同意该项目按报告表所列建设项目的性质、规模、建设地点以及拟采取的环境保护措施进行建设……”

一审法院于2019年9月20日作出（2019）琼96行初76号判决，撤销20号处罚决定、36号复议决定。二审法院于2020年5月6日作出（2020）琼行终206号判决，撤销一审判决，驳回亿隆城建投资公司的诉讼请求。

判决生效后，亿隆城建投资公司向最高人民法院申请再审，请求撤销二审判决，维持一审判决。

【案件焦点】

1. 关于“未批先建”的违法主体；

2. 关于违法建设时间的认定问题；

3. 关于违法责任的影响因素。

【裁判结果】

最高人民法院经审理认为：

一、关于“未批先建”的违法主体

涉案项目较为特殊，参与建设主体多元。该项目系文昌市政府投资建设的市政道路工程，文昌市政府设立铜鼓岭指挥部作为项目的开发执行机构，亿隆城建投资公司为项目的建设业主单位，龙楼镇政府也承担部分业主单位责任。

本案中，文昌市环境局以亿隆城建投资公司没有依法办理环境影响评价文件审批手续为由对其处罚，但事后文昌市环境局又对龙楼镇政府报送的环境影响评价报告表作出批复。因此，亿隆城建投资公司是否属于《环境保护法》等法律法规规定所指的“建设单位”，文昌市政府对此没有查明事实，亦未说明理由。

二、关于“违法建设时间”的认定问题

铜鼓岭指挥部出具的情况说明证实，亿隆城建投资公司自2015年9月起开展涉案项目道路土石方施工作业，2016年6月火箭首发前完成路基垫层及级配碎石施工，具备基本通行条件。上述证据与经公证的当地相关新闻报道能够相互印证。文昌市环境局20号处罚决定与文昌市政府36号复议决定，错误将建筑工程施工许可证所载开工日期作为实际开工建设日期，认定事实明显错误。

2003年9月1日起施行的《环境影响评价法》[1] 与2016年9月1日起施行的《环境影响评价法》对“未批先建”违法行为的处罚幅度差异较大。现有证据能够证明在2016年6月火箭首发前，涉案项目已经开工建设并具备基本通行条件。本案应适用修改前还是修改后的《环境影响评价法》，关键在于涉案项目是否属于《环境保护部关于建设项目“未批先建”违法行为法律适用问题的意见》所规定的“2016年9月1日之前已经开工建设且之后仍然进行建设”的项目。文昌市环境局对新法实施前后违法建设完成情况未予调查认定，事实认定明显错误。

三、关于违法责任的影响因素

根据《建设项目环境影响评价分类管理名录》[2] （2015年6月1日施行）第2条规定，涉案项目应当编制环境影响评价报告书并报海南省生态环境厅审批。根据《建设项目环境影响评价分类管理名录》（2017年9月1日施行）附表第157项“等级公路”的相关规定，涉案项目应当编制环境影响登记表并报文昌市环境局审批。由此可见，2017年9月1日前后相应的审批机关与审批要求均发生变化。亿隆城建投资公司陈述其曾向海南省

---

〔1〕《环境影响评价法》经过两次修改，目前生效的是2018年修正的版本。

〔2〕《建设项目环境影响评价分类管理名录》2015年版及2017年版均已被废止。目前生效的是生态环境部修订的《建设项目环境影响评价分类管理名录》（2021年版）。

生态环境厅申报环评手续，海南省生态环境厅于2016年8月11日委托海南省环境科学研究院召开了技术评审会，文昌市环境局副局长也参加了评审会，但其被告知环评文件分类和相应的审批权限将调整，被要求在新规实施后再办理相应的报批手续。亿隆城建投资公司陈述的内容是否属实，是否存在因审批机关变更导致未及时报批环评文件，这些因素将最终影响对违法责任的认定以及处罚幅度的确定。文昌市环境局对此应进行认真复核。

综上所述，20号处罚决定及36号复议决定基本事实不清、主要证据不足，选择适用法律及确定处罚幅度未依法说明理由，依法应予撤销。二审判决错误支持20号处罚决定和36号复议决定，应予一并撤销。一审判决虽然正确认定开工建设时间，但未查清涉案项目在新法实施后是否继续建设与新法实施前后的工程量比例等事实，构成适用法律错误，亦应一并撤销。因此，再审判决撤销一审、二审法院行政判决，撤销20号处罚决定及36号复议决定，责令文昌市环境局依法重新调查处理。

【裁判摘要评析】

严格规范环境执法，全面提高执法效能，是切实改善生态环境质量，保障人民群众环境权益的重要举措。行政处罚是常见的环境执法方式，但本案又存在特殊之处：涉案项目属于政府投资的大型项目，公共利益属性强、开发机构和业主单位职能交叉、投资额度大、建设周期长、工程进度紧，又恰逢法律条文修改。反映在法律层面就需要行政机关严格贯彻“全面查清事实、准确适用法律”的基本原则。具体而言包括识别违法主体、违法原因、阻却事由、危害后果、法律适用、处罚幅度等多重因素，规范行使自由裁量权，真正体现“过罚相当”的处罚理念，取得处罚与教育相融合的执法效果。以下主要从违法主体、法律适用、主观过错与责任承担等方面，对裁判理由作进一步说明。

一、如何界定“建设单位”

从字面上解释，建设单位是从事建设活动的主体。这一概念的产生和建设活动密不可分。一般而言，执法实践中对“建设单位”的识别较为简单，并不存在容易混淆的情形。但是随着经济不断发展，建设工程的资金需求量越来越大，项目投资主体越来越复杂，建设活动的参与主体也相应地多元化。“建设单位”这一概念的涵盖面越来越广，往往与“项目单位”“开发机构”等多个概念相互交织。这种交织的情形不仅出现在建设活动实践中，也慢慢遁入法律条文中。

比如，《环境影响评价法》(2003年施行)第31条第1款规定：“建设单位未依法报批建设项目环境影响评价文件，或者未依照本法第二十四条的规定重新报批或者报请重新审核环境影响评价文件，擅自开工建设的，由有权审批该项目环境影响评价文件的环境保护行政主管部门责令停止建设，限期补办手续；逾期不补办手续的，可以处五万元以上二十万元以下的罚款，对建设单位直接负责的主管人员和其他直接责任人员，依法给予行政处分。”《环境影响评价法》(2016年施行)第31条第1款规定：“建设单位未依法报批建设项目环境影响报告书、报告表，或者未依照本法第二十四条的规定重新报批或者报请重新审核环境影响报告书、报告表，擅自开工建设的，由县级以上环境保护行政主管部门责令停止建设，根据违法情节和危害后果，处建设项目总投资额百分之一以上百分之五以下的罚款，并可以责令恢复原状；对建设单位直接负责的主管人员和其他直接责任人员，依法给予行政处分。”上述法律条文均明确规定“建设单位”是环评文件的申报主体。换言之，如果建设单位不履行报批义务，那么该建设单位就是责任主体，也是处罚对象。

但是，《海南省政府投资项目管理办法》(2020年施行)第21条第1款规定：“政府投资项目实行项目单位法人责任制，由项目单位对项目的策划、资金筹措、建设实施、经营管理、债务偿还和资产保值增值实行全过程负责。政府投资项目应当严格实行招投标制、监理制、合同制。项目单位应当建立预算、进度、质量三大控制体系，切实有效地提高政府投资项目效益。”第24条第2款规定：“项目开工建设前，项目单位应当依法取得环境影响评价文件审批意见或者履行环境影响登记表备案手续。”该办法明确规定了“项目单位”才是环评文件的报送主体及批复对象。

上述规定分别出现了“建设单位”和“项目单位”两个不同的概念，而且这两个主体均负有报送环评文件的义务。执法人员在本案生态环境执法过程中应该注意到当前建设活动参与主体多元化的实际情况，并且严格遵循“全面调查”的执法原则。不可否认，在建设工程实践中，“建设单位”和“项目单位”有可能指向的是同一个主体，但这也提醒行政机关在环境执法活动中必须首先查明这个基础事实。同时需要明确的是，行政机关不仅需要查明谁负有环评文件的报送义务，还要确保责任主体与报送主体是同一个单位，否则就会出现“履行义务主体”和“承担责任主体”相互分离的逻辑错误。

在本案的行政处罚阶段，文昌市环境局认定亿隆城建投资公司未依法报送环评文件而擅自动工建设，故对其进行处罚。但是在诉讼阶段，文昌市环境局又对文昌市龙楼镇政府出具了环评批复文件，该批复文件明确载明了涉案项目的环评文件报送主体及批复对象均是龙楼镇政府。由此可知，文昌市环境局对环评文件报送主体的认定结论前后矛盾，而且报送主体与处罚对象不一致，存在逻辑错误。这显然不符合“全面调查”的执法原则。

二、如何准确适用法律

从违法行为发生之日，到行政机关处罚之日，往往会经历一段时间，在此期间，法律条文可能发生变更。面对新法和旧法的不同规定，行政机关必须查明执法所依据的法律，才符合“准确适用法律”的执法原则。

新旧法律适用的难题主要表现为两种形式：第一种是违法状态持续时间较长，从违法状态开始到违法状态结束期间，法律条文发生变更；第二种是违法状态持续时间较短，但是从违法状态结束到处罚结束持续时间较长，在此期间法律条文发生变更。

针对第一种情形，一般认为应该适用新法。比如《环境保护部办公厅关于加强“未批先建”建设项目环境影响评价管理工作的通知》（环办环评〔2018〕18号）规定，建设项目于2016年9月1日新《环境影响评价法》施行后开工建设，或者2016年9月1日之前已经开工建设且之后仍然进行建设的，应当适用新《环境影响评价法》第31条的规定进行处罚。《生态环境部关于“未验先投”违法行为行政处罚新旧法律规范衔接适用问题的意见》（环法规函〔2019〕121号）规定，“未验先投”违法行为发生在旧条例施行期间，一直连续或继续到新条例施行之后的，不属于最高人民法院《关于审理行政案件适用法律规范问题的座谈会纪要》规定的“行政相对人的行为发生在新法施行以前”的情形，不存在新旧条例的选择适用问题，应当适用新条例作出行政处罚。

针对第二种情形，应该遵循“从旧兼从轻”原则。比如《关于审理行政案件适用法律规范问题的座谈会纪要》(法〔2004〕96号)规定：“根据行政审判中的普遍认识和做法，行政相对人的行为发生在新法施行以前，具体行政行为作出在新法施行以后，人民法院审查具体行政行为的合法性时，实体问题适用旧法规定，程序问题适用新法规定，但下列情形除外：(一)法律、法规或规章另有规定的；(二)适用新法对保护行政相对人的合法权益更为有利的；(三)按照具体行政行为的性质应当适用新法的实体规定的。”《行政处罚法》(2021年施行)第37条规定：“实施行政处罚，适用违法行为发生时的法律、法规、规章的规定。但是，作出行政处罚决定时，法律、法规、规章已被修改或者废止，且新的规定处罚较轻或者不认为是违法的，适用新的规定。”

本案显然属于第一种情形。涉案项目的修建时间长，“未批先建”的环境违法状态持续时间长。在此期间，《环境影响评价法》(2003年施行)已被修改并于2016年9月1日施行。前述《环境保护部办公厅关于加强“未批先建”建设项目环境影响评价管理工作的通知》(环办环评〔2018〕18号)明确规定，2016年9月1日之前已经开工建设且之后仍然进行建设的，应当适用新《环境影响评价法》(2016年施行)第31条的规定进行处罚。由此引发两个具体问题需要行政机关查证核实。

第一个问题：涉案项目是否在2016年9月1日之前开工，并在2016年9月1日之后继续建设。

现有证据中建筑工程施工许可证上载明的开工时间为2016年12月30日，但是铜鼓岭指挥部提供的情况说明载明亿隆城建投资公司在2015年9月就开始前期道路施工。这两份证据显然互相矛盾。涉案项目是为了保障火箭顺利发射的通行道路，既然火箭已经在2016年6月发射，那么在此之前如果涉案项目不开工建设，又该如何保障火箭发射顺利进行？由此可见，行政机关没有查明涉案项目是否在2016年9月1日前动工及持续时间，导致认定的基本事实不清，更无法准确适用法律。

第二个问题：《环境影响评价法》（2016 年施行）的处罚力度明显加大，如何适用法律才能避免显失公正的情形。

《环境影响评价法》（2003 年施行）第 31 条第 1 款、第 2 款规定："建设单位未依法报批建设项目环境影响评价文件，或者未依照本法第二十四条的规定重新报批或者报请重新审核环境影响评价文件，擅自开工建设的，由有权审批该项目环境影响评价文件的环境保护行政主管部门责令停止建设，限期补办手续；逾期不补办手续的，可以处五万元以上二十万元以下的罚款，对建设单位直接负责的主管人员和其他直接责任人员，依法给予行政处分。建设项目环境影响评价文件未经批准或者未经原审批部门重新审核同意，建设单位擅自开工建设的，由有权审批该项目环境影响评价文件的环境保护行政主管部门责令停止建设，可以处五万元以上二十万元以下的罚款，对建设单位直接负责的主管人员和其他直接责任人员，依法给予行政处分。"

《环境影响评价法》（2016 年施行）第 31 条第 1 款、第 2 款规定："建设单位未依法报批建设项目环境影响报告书、报告表，或者未依照本法第二十四条的规定重新报批或者报请重新审核环境影响报告书、报告表，擅自开工建设的，由县级以上环境保护行政主管部门责令停止建设，根据违法情节和危害后果，处建设项目总投资额百分之一以上百分之五以下的罚款，并可以责令恢复原状；对建设单位直接负责的主管人员和其他直接责任人员，依法给予行政处分。建设项目环境影响报告书、报告表未经批准或者未经原审批部门重新审核同意，建设单位擅自开工建设的，依照前款的规定处罚、处分。"

综合对比，如果适用 2003 年施行的旧法，罚款金额最多 20 万元。如果适用 2016 年施行的新法，罚款金额最少是总投资额 34,199. 88 万元的 1%即 341. 9988 万元。可见，新法对"未批先建"的处罚力度明显加重。

《行政处罚法》（2021 年施行）第 5 条第 2 款规定："设定和实施行政处罚必须以事实为依据，与违法行为的事实、性质、情节以及社会危害程度相当。"既然法律规定处罚应该和违法性质、违法情节等多个因素相当，那么如何界定不同时间段内的违法性质和违法情节就成为执法机关不可忽视的重点内容。

结合本案现有证据，涉案项目是为了确保火箭顺利发射的配套工程，火箭于2016年6月已经成功发射。可见在2016年6月之前，涉案项目至少具备了基本通行条件，总工程量的绝大部分应已完工。再结合修改后的《环境影响评价法》的实施时间是2016年9月1日，该时间点前后的违法行为承担的法律责任差异巨大，那么在该时间点前后，作为违法情节直观体现的建设工程量就属于应当查明的事实。本案大部分工程在2016年9月1日前完成，如果机械适用2016年9月1日起施行的《环境影响评价法》第31条规定，处罚数额高达341万元，显然和亿隆城建投资公司的违法情节不完全吻合。换言之，文昌市环境局对《环境影响评价法》修改前后违法建设完成情况未予调查认定，就认定涉案项目在2016年9月1日之后开工建设，事实认定明显错误。

三、如何界定主观过错与违法责任

行政相对人的行为虽然不符合法律要求确属违法，但行政机关不得简单以结果违法为由要求行政相对人承担全部违法责任，还需要查明以下关键事实。

（一）行为人对违法行为的产生是否存在主观过错

行政处罚是否应该考察违法者的主观认识，多年来学术界和实务界并未统一观点。有学者认为行政违法行为相比于犯罪行为，社会危害性较低，无考虑相对人主观因素的必要。也有学者认为行政案件数量多，如果需要调查行为人的主观因素，会加重执法机关的负担，降低执法效率。〔1〕新修订的《行政处罚法》（2021年施行）第33条第2款规定："当事人有证据足以证明没有主观过错的，不予行政处罚。法律、行政法规另有规定的，从其规定。"这是主观过错纳入行政处罚考量的一次重要制度创新和突破，也是《行政处罚法》修订的最大亮点之一。

《行政处罚法》（2021年施行）第6条规定："实施行政处罚，纠正违

---

〔1〕参加金成波：《行政处罚中违法者主观认识论纲》，载《当代法学》2022年第4期。

法行为，应当坚持处罚与教育相结合，教育公民、法人或者其他组织自觉守法。”由此可见，教育是处罚的目的，而教育就是对行为人主观认知的塑造，其前提条件是行为人认识到自己的行为与法律要求不一致。为了达到教育的目的，必然要对行为人的主观状态进行考量。如果行为人不具备主观过错或存在认识错误，此时对行为人进行处罚，难以使其信服，自然很难对其进行教育和引导。申言之，有过错才有责任，有责任才有处罚，这是“过罚相当”原则的基本内涵。比如最高人民法院公报案例“苏州鼎盛食品公司不服苏州市工商局商标侵权行政处罚案”〔1〕中，二审判决书强调“苏州工商局未考虑苏州鼎盛食品公司（以下简称鼎盛食品公司）上述主观上无过错，侵权性质、行为和情节显著轻微，尚未造成实际危害后果等因素，同时对鼎盛食品公司并处50万元罚款，使行政处罚的结果与违法行为的社会危害程度之间明显不适当，其行政处罚缺乏妥当性和必要性，应当认定属于显失公正的行政处罚。”最高人民法院行政审判指导案例第96号也确立了类似的裁判规则：行政相对人在生产活动中作出的行为虽不符合法律规定的要求，但存在“多因一果”情形，且相对人并无违法之故意的，行政机关不得以结果违法为由对其作出处罚。〔2〕

（二）是否存在阻却违法责任的因素

即使违法行为人具备“主观过错”，但也并非由该行为人承担全部的违法责任，还需要考虑在违法行为发生的过程中是否存在一些阻却事由，可以消除或减轻违法责任。现行《行政处罚法》没有规定违法性阻却事由，但在其他一些法律文本中确实存在类似规定。比如《渔业港航监督行政处罚规定》（2000年施行）第5条规定：“有下列行为之一的，可免予以处罚：（一）因不可抗力或以紧急避险为目的行为……”可见，“不可抗力”和“紧急避险”是法定的“阻却事由”之一。当然在执法实践中，“阻却事由”还可以包括正当防卫、维护公共利益、义务冲突、政府原

〔1〕《最高人民法院公报》2013年第10期，第36-41页。

〔2〕参见最高人民法院行政审判庭编：《中国行政审判案例》（第3卷），中国法制出版社2013年版，第76页。

因等。[1]

本案中，亿隆城建投资公司陈述其曾委托第三方编制了环评文件并呈报给海南省生态环境厅。海南省生态环境厅于2016年8月11日委托海南省环境科学研究院召开了技术评审会，文昌市环境局副局长也参加了评审会，但被告知环评文件分类和相应的审批权限将调整，被要求在新规实施后再办理相应的报批手续。如果亿隆城建投资公司陈述属实，至少说明亿隆城建投资公司曾经履行了中报的基础性义务，而基于对政府部门的指引存在“高度信赖”，环评文件的申报进程被延缓了。从某种程度上看，“政府指引”就属于阻却事由，部分减轻了“未批先建”的违法责任。

同时，涉案项目属于保障火箭发射的配套工程。显然火箭发射具备公共利益属性，特别是在时间紧迫的情况下，行为人实施了“未批先建”的违法行为，这种违法性的危害后果得以适当减轻。因为行政法是以维护公共利益为核心的法律体系，如果行政相对人的行为目的体现了“维护公共利益”的核心价值，那么“维护公共利益”也属于阻却事由，行政机关应该在衡量责任承担的时候予以充分考虑。执法实践中，“维护公共利益”是否能够构成阻却事由，需要重点考虑两个方面：一是行政相对人的行为是否涉及公共利益。毕竟公共利益本身是一个不确定的法律概念，不能过于扩大解释。二是维护公共利益是否存在紧迫性。只有具备紧迫性，行为人在“不得已”或“无法选择”的情况下作出某种违法行为时，减免其违法责任才具有正当性。

最高人民法院再审合议庭成员：耿宝建　李彤　寇秉辉

（编写人：李彤*　周奇**　审稿人：韩德强）

---

〔1〕 参见熊樟林：《论行政处罚上的违法性阻却事由》，载《行政法学研究》2022年第4期。

* 李彤，法律硕士，中华人民共和国最高人民法院第一巡回法庭，二级高级法官。

** 周奇，法律硕士，广东省江门市江海区人民法院，二级法官。

文昌盈海清澜水务有限公司
诉
海南省文昌市生态环境局、
海南省文昌市人民政府
环保行政处罚及行政复议案

——实施行政处罚应当审慎与善意，考虑当事人主观过错，坚持过罚相当

【裁判摘要】

1. 环境保护设施竣工验收主体变革以及75%验收监测期间工况要求被取消后，环保监管部门应厘清自身职权，不得继续执行旧法规、旧标准，否则将构成越权执法，不仅对企业运营造成不必要困难，也不符合“放管服”的改革方向。

2. 法律不应强人所难：行政机关在行政处罚时考虑处罚必要性与当事人主观过错，全面、客观、公正地作出判断与处理，坚持过罚相当。

【案件基本信息】

1. 诉讼当事人

再审申请人（一审原告、二审上诉人）：文昌盈海清澜水务有限公司（以下简称盈海水务公司）

被申请人（一审被告、二审被上诉人）：海南省文昌市生态环境局（以下简称文昌市环境局）

被申请人（一审被告、二审被上诉人）：海南省文昌市人民政府（以下简称文昌市政府）

2. 案件索引与裁判日期

一审：海南省第一中级人民法院（2020）琼96行初41号判决（2020年8月27日）

二审：海南省高级人民法院（2020）琼行终658号判决（2020年12月24日）

再审：最高人民法院（2022）最高法行再329号判决（2022年6月24日）

3. 案由

环保行政处罚及行政复议

【简要案情】

2012年3月5日，被申请人文昌市水务局与再审申请人盈海水务公司签订文昌市清澜污水处理厂项目特许经营（BOT）补充合同。2017年4月24日，文昌市政府批复同意再审申请人盈海水务公司运营的清澜污水处理厂从2017年1月1日起试运营3个月，环保验收监测合格后可向文昌市环境局申请办理环保验收。11月23日，海口恒科检测技术有限公司向文昌市水务局出具验收文件称，清澜污水处理厂生产负荷未达到设计能力75%以上，文昌市环境局不同意该项目进行竣工环保验收。

2018年8月20日，文昌市环境局作出38号责令改正违法行为决定书，认为清澜污水处理厂的环保设施未经验收合格，擅自投入使用，责令盈海水务公司于2018年11月30日前办理环保验收手续。8月24日，文昌市环境局作出关于清澜污水厂的监测报告，认为污水处理量、污水进水浓度、污染物处理效率未达设计要求，污水经处理后达到排放标准要求。监测报告建议加快清澜地区污水收集管网的改造与建设，解决“两低”难题。11月17日，文昌市环境局作出29号行政处罚决定书，对盈海水务公司罚款30万元。

文昌市水务局于2018年两次函告盈海水务公司，要求其对相关地区污水进行接收处理。2018年12月20日，盈海水务公司请求文昌市水务局牵头做好清澜污水处理厂环境竣工验收工作。2019年4月14日，清澜污水处理厂通过竣工环保验收。2019年9月23日，文昌市环境局作出51号《行政处罚决定书》，认为清澜污水处理厂的环境保护设施未经验收合格，擅自投入使用，且逾期不改正环境违法行为，决定对盈海水务公司罚款 100 万元。盈海水务公司不服，向文昌市政府申请行政复议。文昌市政府复议维持 51 号处罚决定。盈海水务公司遂提起本案行政诉讼，请求撤销 51 号处罚决定和文昌市政府的复议决定。

一审法院经审理认为，责令改正期限届满，当事人未按要求改正，违法行为仍处于继续或连续状态的，可认定为新的环境违法行为，盈海水务公司逾期不改正的行为已属于新的违法行为。其已于 2019 年 5 月 15 日通过环保验收备案的理由，不能阻却其违法性质的认定。其关于环境保护验收无法完成应当归责于文昌市水务局的主张，系其与文昌市水务局之间的合同纠纷，可通过其他途径另行解决。综上所述，一审判决驳回盈海水务公司的诉讼请求。盈海水务公司不服，提起上诉。

二审法院认为，市政府仅批准 3 个月试运营期，且要求作出通过环保验收后方可申报正式运营，盈海水务公司关于文昌市水务局、文昌市环境局同意清澜污水处理厂继续运营，不应予以行政处罚的上诉理由，不能成立。违法行为产生的原因，不属于行政诉讼中对行政行为合法性审查的范围，盈海水务公司关于未能通过环保验收原因在于政府的上诉理由不能成立。盈海水务公司后改正违法行为，不能否定违法事实的存在。综上所述，二审判决驳回上诉，维持原判。

裁判生效后，盈海水务公司向最高人民法院申请再审，请求撤销一审、二审判决，撤销 51 号处罚决定和 44 号复议决定。

【案件焦点】

1. 关于涉案环境保护设施竣工验收主体的变革问题；
2. 关于盈海水务公司环保设施未竣工验收的原因问题；
3. 关于盈海水务公司对“未验收先运营”是否具有主观过错的问题；
4. 关于被诉处罚决定是否具备合法性与必要性的问题。

【裁判结果】

最高人民法院经审理认为，关于环保竣工验收主体、验收标准变革问题，为响应政府职能转变和行政审批体制改革，修订后的《环境保护法》

《建设项目环境保护管理条例》等法规已将竣工验收的主体由环保部门调整为建设单位，并改环保部门事前验收许可为事中事后监管。此外，新的技术规范取消了验收监测期间工况应达75%以上的要求，明确了验收监测应在确保主体工程工况稳定、环境保护设施运行正常的情况下进行，如实记录监测时的实际工况即可。文昌市环境局在新法律法规实施后，本应主动进行行政指导，及时告知盈海水务公司尽快自行组织验收，但其却告知检测单位不同意竣工验收，且仍继续执行75%验收工况标准，既有违新条例规定和改革方向，又客观上造成清澜污水处理厂试运营期满后即面临"未验收先运营"困境。就行政处罚必要性及行政相对人主观过错问题，清澜污水处理厂生产负荷未达设计能力的75%，系因污水收集配套管网建设不到位而造成的"两低"所致，清澜污水处理厂对此不具有主观过错；此外，清澜污水处理厂之所以"未验收先运营"，系根据相关部门要求与污水处理的客观需要实施，其自身善意无主观过错，虽形式上违反法律规定，但与法律原则和立法精神一致，且不会造成环境污染恶果。因此文昌市环境局作出100万元的罚款决定，既不合法，也不合理，亦无必要。因此，依照《行政诉讼法》第70条、第89条第1款第2项，《行政诉讼法司法解释》第119条第1款、第122条之规定，判决撤销一审、二审行政判决，撤销44号复议决定、51号行政处罚决定。

【裁判摘要评析】

相当长一段时期，环境保护设施项目竣工验收都执行着严格的竣工验收行政审批制度和严格的工况标准要求。而在"放管服"的大背景下，随着环保制度从事前监管向事中、事后监管的转变，行政机关的部分行政审批权限亦因法律法规修订而被移除。本案就历经竣工验收制度演变——从行政审批至自主验收；竣工验收条件的设定及改变——从75%工况要求到工况稳定；试生产试运营与竣工验收期限的演变——从行政审批到自主公开调试日期。以上无不体现环境行政管理方面的政府职能转变和行政审批体制改革的深入推进。因此，行政机关更应紧扣新规，厘清自身职权，及时向相关企业做好行政指导，而不能越权执法。同时，新《行政处罚法》将"主观过错"作为行政机关做出行政处罚决定的考量因素，以实现对行政相对人利益的保护。本案虽发生在新《行政处罚法》施行之前，但以行政机关实施行政处罚时“必须全面、客观、公正地调查，收集有关证据”的规定为基础，认为应将违法行为客观原因与“主观过错”等因素与情节纳入考量范围为理由，以达到过罚相当，这对进一步贯彻实施《行政处罚法》，全面深化精细化执法和包容审慎监管具有促进作用。

一、法律法规修订致行政机关职权变动时，行政机关应当厘清自身职权，不得越权行政

（一）竣工验收制度演变——从行政审批至自主验收

行政机关在行政管理活动中，除应在本部门、本级别、本行政辖区内行使行政职权外，还应当在法定事务的职权范围内行使职权。在国家大力推进简政放权、“放管服”的大背景下，行政机关的部分行政审批权限因法律法规修订而被移除之后，更应厘清自身职权，及时向相关企业做好行政指导，而不能越权执法。

本涉案及的“三同时”制度指的是建设项目中防治污染的设施，应当与主体工程同时设计、同时施工、同时投产使用。“三同时”制度是我国环境保护法律所确认的重要管理制度，其中，建设项目竣工环境保护验收制度作为监督建设项目落实环境影响评价文件要求的保障性措施，是“三同时”制度的重要组成部分，对于促进建设项目环境保护设施建设和运行，防治污染，减少生态破坏，具有重要意义。1989 年制定的《环境保护法》第 26 条第 1 款规定“建设项目中防治污染的设施，必须与主体工程同时设计、同时施工、同时投产使用。防治污染的设施必须经原审批环境影响报告书的环境保护行政主管部门验收合格后，该建设项目方可投入生产或者使用”。同时，国务院 1998 年制定的《建设项目环境保护管理条例》将“三同时”制度作了细化，明确了建设项目环境保护设施竣工验收的审批时限、审批部门、验收监测等具体规定。

党的十八大以来，随着政府职能转变和行政审批体制改革的深入推进，简政放权、放管结合已成为国家行政管理的必然趋势。2014 年修订的《环境保护法》第 41 条删除了修订前第 26 条中“防止污染的设施必须经原审批环境影响报告书的环境保护行政主管部门验收合格后，该建设项目方可投入生产或者使用”的规定。2016 年 7 月 15 日环境保护部印发的《“十三五”环境影响评价改革实施方案》中，明确强调落实行政审批改革和政府职能转变要求，统筹“放管服”的工作原则，在第九点中突出了要创新“三同时”管理，取消环保竣工验收行政许可。

为减少审批环节，加快转变政府职能，同时与上位法保持一致，2017 年修订的《建设项目环境保护管理条例》（以下简称《条例》）第 17 条也取消了建设项目竣工环境保护验收的行政许可，改为由建设单位自主验收。这也反映了取消环保设施验收审批，加强事中事后管理，强化“三同时”监管的改革精神，有效缩短了企业验收周期，提高办事效率。此外，2018 年后，《水污染防治法》《固体废物污染环境防治法》等其他关于污染防治的法律也针对允许建设单位自主验收改革作出配套的修订。

由建设单位自主开展建设项目竣工环境保护验收，不只是赋予建设单位自主验收权利，更是明确建设单位在环保问题上的主体责任。在《建设项目环境保护管理条例》修订前，环保部门以行政许可的方式负责建设项目竣工环境保护验收，实际上是对环保设施的有效运行进行背书，一定程度上造成了落实“三同时”制度责任主体不明确，一些建设单位甚至在验收之后便轻视了环保问题。取消行政部门在环保验收上的行政审批并不意味着验收工作的取消，而是通过变更责任主体的方式进一步理顺机制，更好地发挥验收的积极作用：建设单位对验收监测报告内容、结论和所公开信息的真实性、准确性和完整性负责，接受社会监督，在完善、提高自身环境管理水平和污染治理能力方面的自主能动性进一步增强；社会各界对企业环境管理情况的参与度、知情度进一步提高；环保部门则重点做好事中事后的监管，实现对建设项目从设计到施工再到投产使用的全过程监管方式。

综上所述，在新《建设项目环境保护管理条例》实施后，建设单位自行组织验收并如实编制验收合格报告，即可正式运营。此时，文昌市环保监管单位已无行政许可权限，本应主动进行行政指导，及时告知盈海水务公司尽快自行组织验收，但其却告知检测单位不同意竣工验收，越权执法。

（二）竣工验收条件的设定及改变——从75%工况要求到工况稳定

为规范和指导建设项目竣工环境保护验收工作，原国家环境保护总局发布了多项验收技术规范。2000年国家环境保护总局发布的《建设项目环境保护设施竣工验收监测技术要求（试行）》[1] 第9.1.1条规定，工业生产型建设项目，验收监测应在工况稳定、生产达到设计生产能力的负荷达75%以上的情况下进行。2007年国家环境保护总局发布的《建设项目竣工环境保护验收技术规范生态影响类》（HJ/T 394-2007）第4.5.1条亦对75%的工况要求作出了规定，同时还规定了如果短期内生产能力确实无法达到设计能力75%或以上的，验收调查应在主体工程运行稳定、环境保护设施运行正常的条件下进行。

为贯彻落实新修改的《建设项目环境保护管理条例》，规范建设项目竣工后建设单位自主开展环境保护验收的程序和标准，2017年环境保护部制定了《建设项目竣工环境保护验收暂行办法》，2018年生态环境部制定了《建设项目竣工环境保护验收技术指南污染影响类》，[2] 并对原有的验收技术规范进行修订。新的验收技术规范取消了验收监测期间工况应达到75%以上的要求，明确了验收监测应在确保主体工程工况稳定、环境保护设施运行正常的情况下进行，如实记录监测时的实际工况即可。与本案污水处理相关技术规范，如《污水监测技术规范》（HJ91.1-2019）替代《地表水和污水监测技术规范》（HJ/T91-2002）中污水监测技术规范部分，该规范未对污水处理设施竣工验收工况条件作出要求。

本案中，市环境局在75%验收工况标准的相关文件被废止后，仍继续执行75%验收工况标准，行使竣工验收权，客观上造成清澜污水处理厂未及时竣工验收并形成“未验收先运营”困境。相应不利后果，不应由清澜污水处理厂全部承担。

二、执法单位应谨记“无主观过错不罚”，包容审慎监管

修订前的《行政处罚法》未对行政处罚时是否考量当事人的主观过错

---

〔1〕 该文件已废止。

〔2〕 根据2018年国务院机构改革方案，组建生态环境部，不再保留环境保护部。

进行明确规定。《行政处罚法》(2021 年修订)第 33 条第 2 款规定，除法律、行政法规另有规定外，当事人有证据足以证明其没有主观过错的，不予行政处罚。此款规定旨在将“主观过错”作为行政机关做出行政处罚决定的考量因素，以实现对行政相对人利益的保护。此外，行政相对人需要对自己没有过错承担举证责任。在行政案件中，举证责任一般由行政机关承担，但在《行政处罚法》第 33 条的规定中，“当事人有证据足以证明其没有主观过错的”之规定明确将“不存在过错”的举证责任转移给当事人，即如果行政相对人没有证明自己没有过错，则行政相对人可能需要承担不利后果。在行政相对人承担举证责任后，举证责任自动转移到行政机关，如行政机关不能举证证明推翻行政相对人的证据，则不能认定行政相对人的行为应受行政处罚。此举最大限度保证行政相对人的合法利益，也在一定程度上避免执法成本的增加。

当前，从中央到地方出台了许多深化精细化执法和推进包容审慎监管的意见和法规，为企业和群众提供更加包容、更具活力、更有温度的发展环境。中共中央、国务院印发的《法治政府建设实施纲要(2021—2025年)》也明确提出，要全面推行轻微违法行为依法免予处罚清单，广泛运用说服教育、劝导示范、警示告诫、指导约谈等方式，努力做到宽严相济、法理相融，让执法既有力度又有温度。农业农村部在《行政处罚法》修订之后，也发布了一批农业行政执法指导性案例(农法发〔2022〕1 号)，其中的山东省青岛市徐某某经营假种子案也体现了《行政处罚法》第 33 条第 2 款“无主观过错不罚”之规定。该案中，尽管徐某某作为零售商销售的种子属于假种子，但是鉴于现行种子法律法规未要求种子零售商对其经营种子的质量和真伪进行检验检测，同时，徐某某的进货查验流程和方法符合一般农资经营门店的进货习惯，且按规定将种子信息向农业农村部门作了备案，已尽到了种子零售商应尽的法律义务和注意义务，其提供的证据足以证明确实无主观过错。

地方也在回应中央全面推行轻微违法行为依法免予处罚清单的倡导，目前北京、上海、天津、重庆、山东、浙江、广东、四川、甘肃等多地也都已出台轻微违法行为依法免予处罚清单，深化精细化执法和包容审慎监管。如江西省市场监管局、江西省司法厅联合印发的《江西省市场监管领域轻微违法行为不予处罚清单》中，明确了“经营食品不符合食品安全标准，但履行了《食品安全法》规定的进货查验等义务，如营业执照、生产经营许可证、出厂检验合格证或涉案产品品类的合格证明文件等，有充分证据证明不知道所采购的食品不符合食品安全标准，能如实说明其进货来源”“销售不知道是假冒专利的产品，但能够证明该产品合法来源的，没有违法所得”等四种情形属于《行政处罚法》第 33 条第 2 款规定的“无主观过错不罚”的情形。

本案虽然发生在新的《行政处罚法》施行之前，但当时有效的《行政处罚法》（2017 年修正）第 36 条规定，“除本法第三十三条规定的可以当场作出的行政处罚外，行政机关发现公民、法人或者其他组织有依法应当给予行政处罚的行为的，必须全面、客观、公正地调查，收集有关证据；必要时，依照法律、法规的规定，可以进行检查”。因此，行政机关实施行政处罚时应当全面、客观、公正地调查并收集对当事人不利及有利的证据，亦应将违法行为客观原因与主观过错等因素与情节纳入考量范围，其有关不应考虑违法行为客观原因等主张，不符合“必须全面、客观、公正地调查，收集有关证据”的规定。本案中的“两低”问题主要系政府污水收集配套管网建设不足所致，此均非盈海水务公司所能控制，也非其责任，其不具有主观过错，其对“未验收先运营”状态未能及时消除亦并不存在主观过错。原审判决认为盈海水务公司违法行为产生的原因，不属于行政诉讼中对行政行为合法性审查的范围的观点，显然未全面、客观、公正地收集违法行为相关证据，于法不合，应予纠正。

三、行政机关应考虑处罚必要性，过罚应相当

在环境行政处罚中贯彻过罚相当原则，要求行使行政处罚自由裁量权，必须以事实为依据，处罚种类和幅度应当与当事人违法过错程度相适应，与环境违法行为的性质、情节以及社会危害程度相当，衡量事实原因、责任过错、违法情节、危害程度以及改正情况等因素，作出适当的处罚及确定处罚幅度。对于没有造成危害后果的轻微违法行为，当事人及时纠正的，行政机关应当保持审慎与善意，坚持过罚相当，依法不予行政处罚，体现善意文明执法和包容审慎监管理念，以支持中小企业发展，优化营商环境。

《行政处罚法》（2021年修订）第5条规定，设定和实施行政处罚必须以事实为依据，与违法行为的事实、性质、情节以及社会危害程度相当。此条为过罚相当原则在我国立法上的具体呈现，也为行政主体公正合理地实施行政处罚提供了规则指引。行政处罚的力度，应当与违反行政法义务，破坏行政管理秩序的程度、再犯的可能性以及行政处罚能否实现法律、法规的目的之间成正比，以避免发生处罚过于轻或者过于重的不合理情形。《环境行政处罚办法》第6条第1款规定，行使行政处罚自由裁量权必须符合立法目的，并综合考虑以下情节：违法行为所造成的环境污染、生态破坏程度及社会影响；当事人的过错程度；当事人改正违法行为的态度和所采取的改正措施及效果。生态环境部《关于进一步规范适用环境行政处罚自由裁量权的指导意见》第1条第1项规定了适用行政处罚自由裁量权的基本原则，其中亦包括过罚相当原则。过罚相当原则指行使行政处罚自由裁量权，必须以事实为依据，处罚种类和幅度应当与当事人违法过错程度相适应，与环境违法行为的性质、情节以及社会危害程度相当。因此，行政机关所作的处罚决定必须与违法行为的事实、性质、情节以及社会危害程度相当，应针对影响的程度，既要保证行政管理目标的实现，又要兼顾保护相对人的权益，以达到行政执法目的和目标为限，尽可能使相对人的权益遭受最小的侵害。

法律不强人所难。如果行政机关作出的行政处罚明显违背“过罚相当原则”，使行政处罚结果与违法程度不相适应，则应当认定属于行政处罚显失公正。在保证行政管理目标实现的同时，兼顾保护行政相对人的合法权益，行政处罚以达到行政执法目的和目标为限，并尽可能使相对人的权益遭受最小的损害。行政机关如果未考虑应当考虑的因素，违背过罚相当原则，导致行政处罚结果显失公正的，人民法院有权依法判决撤销或者变更。

行政处罚兼具惩罚和教育的双重功能，通过处罚既应达到纠正违法行为的目的，也应起到教育违法者及其他公民自觉守法的作用。如果处罚过度，则非但起不到教育的作用，反而会使被处罚者产生抵触心理，甚至采取各种手段拖延或抗拒执行处罚，无形增加了行政机关的执法成本，也不利于树立行政处罚的公信力。《行政处罚法》（2021 年修订）第 6 条规定，实施行政处罚，纠正违法行为，应当坚持处罚与教育相结合，教育公民、法人或者其他组织自觉守法。行政处罚的目的并不在于罚款本身，而是通过惩戒性的措施教育公民、法人或者其他组织自觉守法。在盈海水务公司积极取得环保验收手续，表明已经认识到行为的违法性，并采取积极措施改正，应当适用过罚相当、惩罚与教育相结合原则，在自由裁量权范围内，合理考量相关因素依法从轻、减轻处罚或免除处罚，使行政处罚更为合理。综上所述，文昌市环境局在作出该处罚决定时，未准确衡量事实原因、责任过错、环境损害后果等因素，不符合过罚相当原则，应予撤销。

最高人民法院再审合议庭成员：耿宝建　熊劲松　陈娅

（编写人：耿宝建*　张巧云**　审稿人：韩德强　王惠诗涵）

---

* 耿宝建，法学博士，中华人民共和国最高人民法院第一巡回法庭，二级高级法官。

** 张巧云，法律硕士，中华人民共和国最高人民法院第一巡回法庭，三级高级法官助理。

万某某
诉
江西省丰城市人民政府
政府信息公开案

——政府信息公开案件中公开义务机关的判断

【裁判摘要】

1. 政府信息公开中“谁制作，谁公开；谁保存，谁公开”的原则，即行政机关制作的政府信息，制作该政府信息的行政机关为公开义务机关；行政机关从公民、法人或者其他组织获取的政府信息，保存该政府信息的行政机关为公开义务机关。该原则不仅保证了公开主体的明确性，同时也明确了政府信息公开的审查主体和审查责任。

2. 作为某项具体政府信息的原始制作者的行政机关比其他行政机关更加了解该政府信息内容及相关背景资料，能够更加全面地把握权衡该政府信息是否公开，对拟公开的政府信息进行审查，防止在公开政府信息的过程中泄露国家秘密、商业秘密、个人隐私，危及国家安全、公共安全、经济安全和社会稳定。因此，由行政机关制作的政府信息，该信息的公开义务机关应为制作机关。

【案件基本信息】

1. 诉讼当事人

再审申请人（一审原告、二审上诉人）：万某某

被申请人（一审被告、二审被上诉人）：江西省丰城市人民政府（以下简称丰城市政府）

2. 案件索引与裁判日期

一审：江西省宜春市中级人民法院（2019）赣 09 行初 12 号判决（2019 年 6 月 3 日）

二审：江西省高级人民法院（2019）赣行终 338 号判决（2019 年 9 月 26 日）

再审：最高人民法院（2021）最高法行再 8 号判决（2021 年 9 月 13 日）

3. 案由

政府信息公开

【简要案情】

2018 年 11 月 7 日，万某某向江西省丰城市人民政府邮寄了一份丰城市政府信息公开申请表，申请公开：（1）《丰城市城中村改造指导性意见（试行）》（丰府发〔2018〕2 号）；（2）《丰城市河洲片区城中村改造安置补偿办法》（丰府办发〔2018〕58 号）；（3）该项目的征地批复文件及与其相对应的“一书四方案”（建设项目呈报说明书、农用地转用方案、补充耕地方案、征地方案、供地方案）；（4）农用地转用审批手续、用地预审报告及用地预审批准文件；（5）该项目的地籍调查表、地上附着物登记表；（6）该项目的征收土地公告、征地补偿安置方案公告、征地补偿安置情况及勘测定界图。丰城市政府于 2018 年 11 月 9 日对该邮件进行签收，并于 2018 年 11 月 30 日向万某某邮寄了“《丰城市城中村改造指导性意见（试行）》（丰府发〔2018〕2 号）、《丰城市河洲片区城中村改造安置补偿办法》（丰府办发〔2018〕58 号）、《丰城市政府关于河洲片区潭埠下万城中村改造项目房屋征收决定公告》（2018 第 04 号）、《丰城市城中村改造项目社会稳定风险评估报告》的部分内容”等政府信息，万某某于 2018 年 12 月 1 日予以签收。万某某认为，丰城市政府没有履行法定答复义务，于 2018 年 12 月 24 日起诉，请求判令：责令丰城市政府在指定期限内履行政府信息公开职责。

江西省宜春市中级人民法院于 2019 年 6 月 3 日作出（2019）赣 09 行初

12 号判决：驳回万某某的诉讼请求。万某某不服提起上诉后，江西省高级人民法院于 2019 年 9 月 26 日作出（2019）赣行终 338 号行政判决：驳回上诉，维持一审判决。

判决生效后，万某某向最高人民法院申请再审，请求撤销一审、二审判决，将案件发回重审或依法改判支持其诉讼请求。

【案件焦点】

由行政机关制作的政府信息，该信息的公开义务机关应为制作机关，还是保存机关；或制作机关和保存机关均为公开义务机关。

【裁判结果】

最高人民法院经审理认为，修订前的《政府信息公开条例》[1] 第 21 条第 3 项规定："对申请公开的政府信息，行政机关根据下列情况分别作出答复……（三）依法不属于本行政机关公开或者该政府信息不存在的，应当告知申请人，对能够确定该政府信息的公开机关的，应当告知申请人该行政机关的名称、联系方式。"《审理政府信息公开行政案件的规定》第 12 条第 1 项规定："有下列情形之一，被告已经履行法定告知或者说明理由义务的，人民法院应当判决驳回原告的诉讼请求：（一）不属于政府信息、政府信息不存在、依法属于不予公开范围或者依法不属于被告公开的。"本案中，丰城市政府于 2018 年 11 月 9 日收到万某某的政府信息公开申请，于当月 30 日向万某某邮寄政府信息公开回复函，针对万某某申请公开的第一项、第二项信息，依法予以了公开；针对万某某申请公开的第三项至第六项信息，由于并非丰城市政府制作，丰城市政府遂告知其向其他行政机关咨询。因此，针对万某某提出的政府信息公开申请，丰城市政府已经在法定期限内依法履行了信息公开的法定职责，故一审判决驳回万某某的诉讼请求，二审判决驳回其上诉，并无不当。因此，判决维持二审法院行政判决。

---

〔1〕 2019 年 4 月 3 日中华人民共和国国务院令第 711 号公布修订后的《政府信息公开条例》，自 2019 年 5 月 15 日起施行。

【裁判摘要评析】

一、政府信息公开案件中公开义务机关的判断

修订前的《政府信息公开条例》第 17 条规定：“行政机关制作的政府信息，由制作该政府信息的行政机关负责公开；行政机关从公民、法人或者其他组织获取的政府信息，由保存该政府信息的行政机关负责公开。法律、法规对政府信息公开的权限另有规定的，从其规定。”原条例实施以来，政府信息公开诉讼中对于“制作与保存”机关的公开义务一直争议不断，争议主要集中在以下四方面：一是如何理解“谁保存，谁公开”。由于信息的易复制、广分布性，某个信息或者说某信息载体可能被多个行政机关获取、保存，那么行政机关从行政管理相对人处获取的信息，是由最早获取信息的行政机关公开，还是所有保存该信息的行政机关均可公开；二是行政机关因工作原因获取的其他行政机关制作的信息，是由原制作机关公开，还是也可由已经保存的行政机关公开；三是“谁制作，谁公开”是否仅适用于主动公开，而不适用于依申请公开；四是如果允许非初始制作、非初始从管理相对人获取的行政机关公开，那么对于“传来”行政机关公开的信息可能已经发生变化，或者已经更正、修改或者改变的，对此类原因引发的信息“失真”，是否影响信息公开制度设计本意。

实务界普遍认为，原条例第 17 条未明确行政机关获取的其他行政机关制作的信息由谁公开，导致责任不清，可能出现同一政府信息由制作机关和保存机关重复公开的情况，也可能出现制作机关与保存机关相互推卸责任，拒绝履行政府信息公开义务的情形。为回应争议，2019 年《政府信息公开条例》规定，行政机关获取的其他行政机关的政府信息，由制作或者最初获取该政府信息的行政机关负责公开。但是，看似已经十分明确的规定在实践中又再次产生了争议，此次争议的焦点问题在于如何判断谁是“最初获取该政府信息”的行政机关。

其实，对于制作与保存机关的公开义务问题，我们还是应当回归对“谁制作，谁公开；谁保存，谁公开”原则的理解上，因为“谁制作，谁公开；谁保存，谁公开”原则“有利于明确最初掌握某项具体政府信息的行政机关，保证公开主体的明确性。作为某项具体政府信息的制作者、采集者，该行政机关比其他行政机关更加了解政府信息的内容以及相关背景资料，能够更加全面地把握权衡该政府信息是否公开，对拟公开的政府信息进行审查，防止在公开政府信息的过程中泄露国家秘密、商业秘密、个人隐私，危及国家安全、公共安全、经济安全和社会稳定。"[1] 因此，摆脱掉对具体条文文字理解的争议，回归到"谁制作，谁公开；谁保存，谁公开"原则的本意，笔者认为，具有政府信息公开义务的制作和保存机关应当是，制作该政府信息的行政机关以及对公民、法人或者其他组织的信息直接进行采集并保存的行政机关。如果某行政机关并非该政府信息的制作机关，亦非直接从公民、法人或者其他组织处采集该政府信息的行政机关，则其就不应当是该政府信息的公开义务主体。换句话说，如行政机关获取的是其他行政机关制作的政府信息，其并非公开义务机关。行政机关并非自己采集，而是获取的其他行政机关从公民、法人或者其他组织处采集的信息的，其亦并非公开义务机关。行政机关如是直接从公民、法人或者其他组织处采集并保存的信息，无论其是否最初获取，其都是公开义务机关。

需要强调的是，对行政机关之间互相获取和保存的信息，在坚持"谁制作，谁公开"原则的同时，行政机关根据便民原则向申请人提供从其他行政机关获取的政府信息，并不违反新条例的规定。当然，实践中不具有法定制作或者保存职责的行政机关，基于便民原则，将其持有的政府信息依申请公开，人民法院也应当予以支持。

二、本案还须注意的问题

再审审理期间，在本院协调下，万某某收到河洲街道办事处邮寄的政府信息公开答复材料，已获取其申请公开的第三、四项信息和获知其申请公开的第五、六项信息不存在的情况，万某某的知情权已经得到保障。政府信息公开案件的审理，重点在于审查政府信息是否应当依法予以公

---

[1] 参见曹康泰主编:《中华人民共和国政府信息公开条例读本》(修订版)，人民出版社 2009 年版，第 78 页。

开，至于万某某认为“征地批复不包含其所在的××村，其耕地及建设用地也不在征地红线图内”，系对政府信息内容合法性的质疑，不属于政府信息公开案件的审查范围。

最高人民法院再审合议庭成员：周觅　贯力　李绍华

（编写人：周觅* 审稿人：韩德强）

---

* 周觅，法学博士，中华人民共和国最高人民法院行政审判庭，三级高级法官。

附录

中华人民共和国最高人民法院案例选
电子书二维码

《中华人民共和国最高人民法院案例选（第一辑）》

《中华人民共和国最高人民法院案例选（第二辑）》

《中华人民共和国最高人民法院案例选（第三辑）》

《中华人民共和国最高人民法院案例选（第四辑）》

《中华人民共和国最高人民法院案例选（第五辑）》

《中华人民共和国最高人民法院案例选（第六辑）》

《中华人民共和国最高人民法院案例选（第七辑）》